Pädagogische Perspektiven in kritischer Tradition

Edgar Weiß (Hrsg.)

Pädagogische Perspektiven in kritischer Tradition

Freundesgabe für Wolfgang Keim

PETER LANG
Frankfurt am Main · Berlin · Bern · Bruxelles · New York · Oxford · Wien

Bibliografische Information der Deutschen Nationalbibliothek
Die Deutsche Nationalbibliothek verzeichnet diese Publikation
in der Deutschen Nationalbibliografie; detaillierte bibliografische
Daten sind im Internet über http://dnb.d-nb.de abrufbar.

Umschlaggestaltung:
Olaf Glöckler, Atelier Platen, Friedberg

Gedruckt auf alterungsbeständigem,
säurefreiem Papier.

ISBN 978-3-631-60676-6
© Peter Lang GmbH
Internationaler Verlag der Wissenschaften
Frankfurt am Main 2011
Alle Rechte vorbehalten.

Das Werk einschließlich aller seiner Teile ist urheberrechtlich
geschützt. Jede Verwertung außerhalb der engen Grenzen des
Urheberrechtsgesetzes ist ohne Zustimmung des Verlages
unzulässig und strafbar. Das gilt insbesondere für
Vervielfältigungen, Übersetzungen, Mikroverfilmungen und die
Einspeicherung und Verarbeitung in elektronischen Systemen.

www.peterlang.de

Vorwort

Der vorliegende Band wurde aus Anlass des 70. Geburtstages Wolfgang Keims erstellt und vereinigt Beiträge aus dem Kreis ehemaliger und gegenwärtiger Mitglieder des "Oedelsheimer Kreises", der – seinerzeit auf Initiative Wolfgang Keims hin gegründet – seit 1992 das im Peter Lang-Verlag erscheinende "Jahrbuch für Pädagogik" herausgibt. Diesem Periodikum, das seither wohl beanspruchen darf, eines der wenigen Publikationsorgane zu sein, die die je aktuellen Herausforderungen der Pädagogik (durchaus sowohl im Sinne des Genitivus obiectivus wie des Genitivus subiectivus) kontinuierlich ernsthaft und facettenreich auf der Basis eines *dezidiert kritisch-pädagogischen Selbstverständnisses* annehmen, hat Wolfgang Keim einen maßgeblichen Teil seiner Arbeitskraft gewidmet, bis er 2009 – gemeinsam mit Hans-Jochen Gamm – den Kreis der Herausgeberinnen und Herausgeber verließ, um das "Jahrbuch" Jüngeren zu überlassen; selbstverständlich ist er ihm eng verbunden geblieben.

Der vorliegende Band möchte insbesondere dieses Engagement, das neben der Wahrnehmung der mit einem Ordinariat verbundenen Aufgaben und diverser anderweitiger publizistischer Betätigungen einschließlich der Abfassung eines bedeutenden Standardwerkes[1] entfaltet wurde, würdigen. Eine "Festschrift" will er nicht sein; zwar ist deren Genre nicht prinzipiell anstößig[2], für Autorinnen und Autoren mit kritischen Ansprüchen aber gewöhnlich kaum von ambivalenten Konnotationen frei, – repräsentiert es doch allzu oft mit eben diesen Ansprüchen schwerlich kompatible salbungsvolle und huldigende Textsammlungen; für gleichwohl auf "Ehrung" bedachte "Antifestschriften" fehlen unterdessen greifbare Modelle.[3] So soll der Band – ganz unprätentiös – eine "Freundesgabe" sein: eine dem Freund Wolfgang Keim zugeeignete Sammlung von Beiträgen, die bewusst auf einen gemeinsamen Themenschwerpunkt verzichten und die den Autorinnen und Autoren, die Zeit und Kraft zur Beteiligung gefunden haben, Raum für einen Text eigener Wahl aus jeweils individuellen Arbeitszusammenhängen gelassen hat.

Gleichwohl galt es, nachdem einem Anstoß Jürgen-Matthias Springers folgend der Entschluss zur Durchführung des Buchprojektes getroffen war, einen Titel zu finden, der einerseits offen genug wäre, die verschiedenen Kontexten entstammenden Beiträge umgreifend zu decken, andererseits aber prägnant genug, um eine fundamentale Gemeinsamkeit Wolfgang Keims und der Autorinnen und

---

[1] Wolfgang Keim, Erziehung unter der Nazi-Diktatur, Darmstadt 1995/97, 2 Bde. (Bd. I: Antidemokratische Potentiale, Machtantritt und Machtdurchsetzung; Bd. II: Kriegsvorbereitung, Krieg und Holocaust).

[2] Daher erschien vor zehn Jahren trotz aller Bedenken durchaus ein entsprechendes Unternehmen als legitim: Martin Dust u.a. (Hg.), Pädagogik wider das Vergessen. Festschrift für Wolfgang Keim, Kiel/Köln 2000.

[3] Vgl. Jürgen Habermas, Zum Geleit, in: ders. (Hg.), Antworten auf Herbert Marcuse, Frankfurt a.M. 1978, S. 9.

Autoren bündig zu bezeichnen. Der Anspruch, Pädagogik in *kritischer Tradition* zu betreiben, markiert zweifellos ein solches verbindendes Charakteristikum, und er leitet gewiss auch die nachstehenden Beiträge, die im übrigen ohne vorgängige Inhaltsverweisungen für sich stehen mögen.

Nichtsdestoweniger könnte der Titel Skepsis insofern provozieren, als die Legitimität einer "affirmativen" Verknüpfung von "Kritik" und "Tradition" bezweifelt werden könnte. Immerhin hatte Horkheimer in seinem programmatischen Aufsatz aus dem Jahre 1937 "kritische" gerade unter Abgrenzung gegen "traditionelle Theorie" konkretisiert[4], und der kritische Theoretiker Adorno hat den Traditionsbegriff als letztlich "feudale Kategorie" analysiert, deren Medium die "unreflektierte Verbindlichkeit sozialer Formen" sei und die damit zur Rationalität immer schon im Widerspruch stehe.[5]

Dennoch ist es im Umkreis Kritischer Theorie nicht unüblich, von einer "Tradition kritischer Theorie" zu sprechen.[6] Und dafür sprechen zweifellos gute Gründe, – auch Horkheimer und Adorno dachten dialektisch genug, um sich keineswegs zu einer blanken Perhorreszierung alles Tradierens verführen zu lassen. Für Horkheimer schließt kritische Theorie durchaus Elemente traditioneller Theorie notwendig ein[7], für Adorno ist die "autoritätsgläubige Berufung auf Tradition" so irrational und überwindungsbedürftig wie andererseits "das absolut Traditionslose naiv"[8]: Keine Tradition ist ihm zufolge "gegenwärtig zu beschwören"; "ist aber", so fährt er fort, "eine jegliche ausgelöscht, so beginnt der Einmarsch in die Unmenschlichkeit".[9]

Auf den Spuren dieser Dialektik aber lässt sich präzisieren: *Traditionalismus* – d.h. autoritär-unhinterfragter Rekurs auf Traditionelles – jeder Art ist genuin irrational und markiert eine Haltung, die zu überwinden grundlegende Ambition

---

[4] Max Horkheimer, Traditionelle und kritische Theorie, in: Zeitschrift für Sozialforschung, 6. Jg., 1937, S. 245-294.

[5] Theodor W. Adorno, Über Tradition, in: ders., Ohne Leitbild. Parva Aesthetica, Frankfurt a.M. 1969, 3. Aufl., S. 29-41, hier: S. 29.

[6] Vgl. z.B. Jürgen Habermas u.a., "Dialektik der Rationalisierung". Jürgen Habermas im Gespräch mit Axel Honneth, Eberhard Knödler-Bunte und Arno Widmann, in: Ästhetik und Kommunikation, 45/46, Oktober 1981, S. 130. – Helmut Dubiel/Alfons Söllner, Die Nationalsozialismusforschung des Instituts für Sozialforschung – ihre wissenschaftsgeschichtliche Stellung und ihre gegenwärtige Bedeutung, in: dies. (Hg.), Wirtschaft, Recht und Staat im Nationalsozialismus. Analysen des Instituts für Sozialforschung 1939-1942, Frankfurt a.M. 1981, S. 7. – Axel Honneth, Kritik der Macht. Reflexionsstufen einer kritischen Gesellschaftstheorie, Frankfurt a.M. 1986, S. 333. – Helmut Dubiel, Herrschaft oder Emanzipation? Der Streit um die Erbschaft der Kritischen Theorie, in: A. Honneth u.a. (Hg.), Zwischenbetrachtungen. Im Prozeß der Aufklärung, Frankfurt a.M. 1989, S. 504. – Michael Th. Greven, Kritische Theorie und historische Politik. Theoriegeschichtliche Beiträge zur gegenwärtigen Gesellschaft, Opladen 1994, S. 10 f.

[7] Horkheimer, a.a.O., S. 279, 292.

[8] Adorno, a.a.O., S. 34.

[9] Ebd., S. 35.

kritischer Theorie seit jeher ist. Traditionen sind allemal zu reflektieren, nicht umstandslos zu perpetuieren. Zugleich aber ist das Tradieren – wörtlich: die Weitergabe – des rationaler Reflexion Standhaltenden nicht nur unverdächtig, sondern im Sinne kritischer Theorie im Dienste der Vermeidung des "Einmarsches in die Unmenschlichkeit" nachgerade gefordert. Kritische Theorie zumal müsste sich der Selbstdestruktion überantworten, wollte sie auf die Tradierung der sie kennzeichnenden Haltung – eben der auf soziale und individuelle Emanzipation abstellenden kritischen – verzichten.

Sie müsste es aber auch, würde sie beanspruchen, dogmatisch als Set fester Theoreme, als unhinterfragter Lehrbestand, tradiert zu werden, womit sie ihren kritischen Charakter notwendig verlöre. Nur im Kontext kritisch-prüfender Selbstreferenz vermag kritische Theorie fortzuleben, nur als entwicklungs-offene ist sie tradierbar: "Die kritische Theorie ist nicht zuletzt kritisch gegen sich selbst."[10]

Vor dem Hintergrund dieses Begriffsverständnisses sind die Anknüpfung an kritische Tradition und deren lebendige Fortsetzung möglich, und in diesem Sinne beansprucht der vorliegende Band, pädagogische Perspektiven in kritischer Tradition zu offerieren.

Stellvertretend für alle Autorinnen und Autoren sei der Hoffnung Ausdruck gegeben, dass Wolfgang Keim der vorliegenden "Freundesgabe" die eine oder andere Anregung abzugewinnen vermag. Dass damit die besten Zukunftswünsche verbunden sind, sollte nicht eigens der Erwähnung bedürfen. Bliebe der Band darüber hinaus nicht ganz ohne Wirkung auf die pädagogische Forschung, wäre sein Zweck erst recht vollauf erfüllt.

Dank für die Initiierung des Bandes und dessen Inverlagnahme gebührt dem Geschäftsführer des Peter Lang-Verlages, Jürgen-Matthias Springer, Dank für mannigfache Hilfen und die Fertigstellung einer druckreifen Vorlage Elvira Both-Weiß.

Siegen, im Oktober 2010 Edgar Weiß

---

[10] Herbert Marcuse, Philosophie und kritische Theorie, in: Zeitschrift für Sozialforschung, 6. Jg., 1937, S. 646.

Inhalt

Hans-Jochen Gamm
Ablösung an den russischen Lagertürmen 11

Martin Dust
*Vom Wert historischer Reflexionen scheinbar unzweifelhafter
aktueller Tendenzen und Funktionen der Weiterbildung* 13

Klaus Himmelstein
*Kaiser, Kanzel und Paraden. Zur politischen Sozialisation
Eduard Sprangers* 23

Dieter Kirchhöfer
*Die Rezeption Marxscher Dialektik im wissenschaftlichen
Denken der DDR-Pädagogik* 49

Karl Christoph Lingelbach
Politische Perspektiven des Schulmodells Tiefensee 59

Gerd Steffens
Maciek und Johann – Zwei Kindheiten 1933-1945 im autobiographischen Roman 81

Christa Uhlig
*"Erziehung zur Demokratie" – Notizen von Käte und Hermann
Duncker aus der Zeit ihres Exils in den USA* 93

Hasko Zimmer
Pädagogische Vergangenheitspolitik nach 1945. Notizen zur Erinnerungsgeschichte und -kultur der akademischen Pädagogik 113

Edgar Weiß
*Adorno als Pädagoge – Erziehungs- und bildungstheoretische
Positionen eines "Negativisten" und die Frage ihrer Aktualität* 129

Hans-Jochen Gamm

Ablösung an den russischen Lagertürmen[*]

Wachtritt am Drahtzaun erklingt.
Einer der Russen singt
heller.

Lehmgrau in Kitteln und kahl
Jauchzen von Mal zu Mal
schneller,

die ihren Dienst abgemacht
stampfen hinein in die Nacht.
Wachen.

Wer den Kämpfen entkam,
mag zwischen Lüge und Scham
schwanken.

Wachtritt am Draht erklingt.
Einer der Russen singt
heller.

---

[*] Editorische Fußnote: Dieses Gedicht schrieb Hans-Jochen Gamm im Herbst 1945 in seiner Zeit als Kriegsgefangener.

Martin Dust

Vom Wert historischer Reflexionen scheinbar unzweifelhafter aktueller Tendenzen und Funktionen der Weiterbildung

Paderborn in den ersten Monaten des noch neuen Jahres 1999.[1] In der Arbeitsgruppe von Wolfgang Keim werden die Veranstaltungen des kommenden Sommersemesters vorbereitet, unter anderem eine Vorlesung zur Historie der Erwachsenenbildung mit dem Titel "Geschichte der Erwachsenenbildung von der Aufklärung bis zur Gegenwart". Es ist die Zeit der großen Reader, der umfangreichen Materialsammlungen, die den Studierenden als Quellen an die Hand gegeben werden. Für diese Veranstaltung wird soviel Material zusammen getragen, dass es letztlich sogar auf zwei Reader verteilt werden muss. Der Hauptreader zur Vorlesung, der an die Studierenden herausgegeben wird, umfasst allein 515 Seiten.[2] Der Ergänzungsreader zur Vorlesung, der in der Arbeitsgruppe des Lehrstuhls verbleibt, und in welchem die quasi übrig gebliebenen Quellen gesichert werden, hat immerhin noch ein Volumen von 437 Seiten.[3] Eine quellengesättigte Sammlung von fast 1.000 Seiten zur Geschichte der Erwachsenenbildung in zwei Bänden. Noch sieben Jahre später dienten diese umfangreichen Materialsammlungen als Grundlage für eine Neuauflage im Sommersemester 2006.[4]

Was mir jedoch aus jenem ersten großen Materialkonvolut als eigenständiger Text in wichtiger Erinnerung geblieben ist und auch heute noch als Grundlage für manche Überlegungen im Berufsalltag der Weiterbildung in öffentlicher Verantwortung dient, sind die einleitenden "Thesen zum erkenntnisleitenden Interesse" der Vorlesung.[5] Geben Sie doch einen kurzen, aber doch komplexen Einblick sowohl in das Wissenschaftsverständnis als auch in die methodisch-didaktische Vorgehensweise von Wolfgang Keim und fernerhin in das Selbstverständnis der Arbeitsgruppe zum Ende der neunziger Jahre. Darüber hinaus können diese Thesen im Alltagsgeschäft der Weiterbildung immer wieder neu An-

---

[1] Der Autor studierte von 1995 bis 1998 Erziehungswissenschaft mit Abschluss als Diplom-Pädagoge an der Universität Paderborn, war von 1998 bis 2000 als wissenschaftlicher Mitarbeiter in der Arbeitsgruppe von Wolfgang Keim tätig und führt heute – nach Leitungstätigkeiten in Volkshochschulen in Baden-Württemberg und Nordrhein-Westfalen – die Geschäfte des Verbands der Volkshochschulen des Saarlandes als Verbandsdirektor.
[2] Keim 1999a.
[3] Ders. 1999b.
[4] Ders. 2006. Die im Folgenden in diesem Beitrag zitierten einleitenden Thesen wurden für diesen Reader neu verfasst. Sie tragen nunmehr den Titel "Warum Geschichte der Erwachsenenbildung – Einleitende Thesen zur Vorlesung". A.a.O., S. II ff.
[5] Ders. 1999a, 32 ff. Auch die Überschrift dieses Artikels geht auf diese einleitenden Thesen zurück, die im Reader den Untertitel tragen "Die Notwendigkeit einer Hinterfragung quasi 'selbstverständlicher' aktueller Funktionen der Erwachsenenbildung". A.a.O., S. 32.

lass geben, die eigene tagesaktuelle Praxis mittels eines historischen Hintergrundwissens kritisch zu hinterfragen.

Diese einleitenden Thesen der Vorlesung sind nachfolgend dokumentiert. Daran anschließend werden einige aktuelle Tendenzen der heutigen Weiterbildung expliziert, die gegenwärtig als quasi unzweifelhaft und selbstverständlich angesehen werden. Diese Tendenzen werden abschließend anhand der dokumentierten Thesen einer kritischen Analyse unterzogen.

Thesen zum erkenntnisleitenden Interesse der Vorlesung "Geschichte der Erwachsenenbildung von der Aufklärung bis zur Gegenwart" im Sommersemester 1999

"1. Funktionen der Erwachsenenbildung

Funktionen und Aufgaben heutiger Erwachsenenbildung sind ohne Kenntnis ihrer Geschichte und das heißt ihres ideengeschichtlichen wie auch sozialgeschichtlich-politischen Zusammenhangs nicht sinnvoll zu reflektieren. Bereits die Bezeichnungen für den Gegenstandsbereich der Erwachsenenbildung (Volksbildung, Arbeiterbildung, Weiterbildung, Dritter Bildungsweg, Erwachsenenqualifizierung etc.), erst recht ihre definitorischen Bestimmungen verweisen auf entsprechende Bezüge. Eine ahistorische Praxis wie auch Betrachtungsweise von *Erwachsenenbildung* ist in der Gefahr, beliebige Intentionen zu übernehmen und zu legitimieren.

2. Weiterqualifizierung als Motiv von Erwachsenenbildung und was sonst?

Zentrales Motiv von Erwachsenenbildung heute ist die ständige Weiterqualifizierung der Menschen zum Zwecke des Mithaltenkönnens mit dem immer rascher vonstatten gehenden technologischen Fortschritt, mehr noch des Funktionierenkönnens in den bestehenden Systemstrukturen, um diese zu erhalten. Die Frage: cui bono? Wem nützt das? Wer hat einen Vorteil davon? wird kaum noch gestellt, obwohl ein Drittel der Menschen von gesellschaftlicher Arbeit und gesellschaftlichem Reichtum ausgeschlossen sind und immer mehr Menschen unter den gesellschaftlichen Bedingungen physisch und psychisch leiden.

Nun hat Erwachsenenbildung seit ihren Anfängen im ausgehenden 18. Jahrhundert immer schon Qualifikationsaufgaben übernommen – dies ein auch historisch zentrales Motiv ihrer Einrichtung (Frühindustrialisierung, Industrialisierung). Sie hat sich allerdings darin nicht erschöpft, vielmehr verband sich damit als zweite zentrale Aufgabe Erwachsenen*bildung*.

3. Erwachsenenbildung und der 'Ausgang aus der selbstverschuldeten Unmündigkeit'

Erwachsenenbildung war seit ihrer Entstehung in der frühbürgerlichen Gesellschaft einerseits aufs engste verbunden mit der Befreiung zunächst des Bürgertums aus feudalen und ständischen Abhängigkeiten ('Ausgang aus der selbstverschuldeten Unmündigkeit'), später mit dem Kampf der Arbeiterbewegung um gleichberechtigte Teilhabe an Wirtschaft und Gesellschaft (Wissen ist Macht!) Sie hat jedoch *andererseits* auch den jeweils Herrschenden dazu gedient, Emanzipation zu verhindern (Bildung als Mittel zur Lösung der sozialen Frage, Volksbildung als Volk-Bildung). Erwachsenenbildung ist also auf engste verbunden gewesen mit dem gesellschaftlichen Emanzipationsprozeß seit dem ausgehenden 18. Jahrhundert und hat im Kampf um Befreiung der Menschen aus ungerechtfertigten Zwängen und Abhängigkeiten, dem Kampf um die Realisierung einer vernünftigen, menschengerechten Gesellschaft eine zentrale Rolle gespielt. Sie war gleichsam Motor von Emanzipation und zugleich Mittel zu deren Verhinderung und Unterdrückung.

4. Mögliche Intentionen historischer Erwachsenenbildung

Geschichte der Erwachsenenbildung zu betreiben, kann Unterschiedliches intendieren, nämlich

a. die Wissenschaft von der Erwachsenenbildung (= Erwachsenenbildung, Andragogik) als vollwertige Disziplin auszuweisen bzw. die Erwachsenenbildung durch ihre Tradition aufzuwerten;

b. in einem antiquarischen bzw. nostalgischen Sinne festzuhalten, was früher einmal unter Erwachsenenbildung verstanden bzw. wie Erwachsenenbildung betrieben wurde;

c. den Stellenwert heutiger Funktionen wie Aufgaben von Erwachsenenbildung im ideengeschichtlichen wie auch sozialgeschichtlichen Zusammenhang besser erkennen zu können und

d. vergessene Intentionen wie auch Ansätze und Modelle in Erinnerung zu rufen.

Unter dem Aspekt, über vergessene Dimensionen der Erwachsenenbildung aufzuklären, das heutige Selbstverständnis von Erwachsenenbildung kritisch zu hinterfragen, sind vor allem die unter Punkt 3 und 4 genannten Intentionen von Bedeutung.

5. Erwachsenenbildung als Ideen-, Sozial-, Institutionen- und Personengeschichte

Der Gegenstand einer Geschichte der Erwachsenenbildung läßt sich sehr unterschiedlich definieren, nämlich als

a. Ideengeschichte, in deren Mittelpunkt die Rekonstruktion der für die Entstehung und Entwicklung der Erwachsenenbildung wichtigen gedanklichen Anregungen als auch die Abfolge unterschiedlicher Konzepte der Erwachsenenbildung steht;

b. Sozialgeschichte, die sich mit den realen historisch-gesellschaftlichen Bedingungen wie auch den auf sie einflußnehmenden politischen und ökonomischen Interessen befaßt, unter denen Erwachsenenbildung sich entwickelt hat und betrieben wird;

c. Institutionengeschichte, die sich mit den einzelnen Einrichtungen, in denen Erwachsenenbildung abläuft, wie Volkshochschule, Bücherei, Volksbühne, etc. beschäftigt und

d. Personengeschichte, die mit Hilfe biographischer Forschung die Entwicklung der Erwachsenenbildung zu rekonstruieren versucht.

Unter dem Aspekt kritischer Aufklärung ist sowohl die ideen- als auch die sozialgeschichtliche Dimension von Bedeutung, die Geschichte der Erwachsenenbildung ist jedoch immer auch mit Personen verbunden gewesen, die nicht nur der Erwähnung verdienen, sondern auch als Leitfiguren dienen können, ich nenne nur Kant, Liebknecht, Reichwein oder Weitsch.

Ebenso ist die Institutionengeschichte einzubeziehen, sollen nicht nur Ideen vorgestellt, sondern auch die konkreten Ansätze und Konzepte von Erwachsenenbildung mitbehandelt werden.

6. 'Objektivität' von historischer Erwachsenenbildungsforschung und die Frage nach ihren erkenntnisleitenden Interessen

Geschichte wie auch Geschichte der Erwachsenenbildung kann nicht 'objektiv' in dem Sinne betrieben werden, daß der Forscher sich als erkennendes Subjekt mit seinen eigenen Interessen an der Geschichte wie auch seinen konkreten gesellschaftlichen Zeitbezügen völlig auslöscht. Die Annahme, von solchen erkenntnisleitenden Interessen und Bezügen absehen zu können, muß dazu führen, daß diese unerkannt in die Forschung eingehen und diese bestimmen. Deshalb erscheint es notwendig, sich über die eigenen erkenntnisleitenden Interessen klar zu werden, und diese kritisch zu hinterfragen. Zu solchen erkenntnisleitenden Interessen gehören z.b. auch Grundannahmen normativer Art, bspw. über 'Menschenwürde', 'gerechtes' und 'ungerechtes' menschliches Zusammenleben, Lebenssinn etc. Um solche erkenntnisleitenden Interessen durchschaubar und damit kritisierbar zu machen, ist es notwendig, sie wenigstens kurz – wie im Rahmen dieser Thesen – zu erläutern und zu diskutieren.

Die Problematisierung einer Vorstellung von Objektivität im Sinne von Auslöschung erkenntnisleitender Interessen des erkennenden Subjekts heißt selbstverständlich *nicht* Verzicht auf Objektivität im Sinne von Wissenschaftlichkeit. Die Auswahl und Interpretation von Quellen wie auch ihre Verknüpfung müssen gut begründet und nachvollziehbar, sie dürfen in keinem Falle willkürlich sein. 'Objektivität' im Verständnis von Wissenschaftlichkeit ist deshalb selbstverständliche Voraussetzung jeder historischen Erwachsenenbildungsforschung. Man könnte die hier bezogene Position von 'Objektivität' als Objektivität unter den reflektierten Bedingungen des erkennenden Subjektes umschreiben oder – weitergehend – davon sprechen, daß zur Objektivität von Wissenschaft immer auch die Klärung des erkenntnisleitenden Interesses dazugehört, unter denen Forschung betrieben wird."[6]

Wie ist es vor dem Hintergrund dieser Ausführungen um die aktuelle Situation der Weiterbildung bestellt? Dazu aus dem Berufsalltag drei Entwicklungstendenzen in einer zugegebener Weise subjektiven Sicht eines Praktikers im Bereich der Volkshochschulen als den Weiterbildungszentren in öffentlicher Verantwortung. Diese Tendenzen werden im folgenden kurz skizziert und abschließend einer kritischen Würdigung unterzogen.

1. Die öffentliche Verantwortung für die Weiterbildung nimmt immer mehr ab

Die siebziger und in Teilen auch die achtziger Jahre des vergangenen Jahrhunderts waren geprägt von einem starken institutionellem Ausbau der Weiterbildungseinrichtungen verbunden mit einer fast durchgängigen Professionalisierung. Den Anschub dazu gaben die jeweiligen Erwachsenenbildungsgesetze der Länder mit ihren entsprechenden Förderbestimmungen. In der Folge nahmen sowohl die Teilnehmerzahlen als auch die geleisteten Unterrichtseinheiten stark zu. So stieg die Zahl der Unterrichtsstunden der Volkshochschulen im Zeitraum von 1970 bis 1989 von 2,8 auf 13,5 Millionen; im gleichen Zeitraum stieg die Zahl der Teilnehmer von 2,2 auf 5,6 Millionen.[7] Es bestand bei den Akteuren im

---

[6] Ders. 1999a, 32-34.
[7] DIE 2010b.

Feld die nicht unberechtigte Hoffnung, dass die Weiterbildung nun tatsächlich zu einer vierten selbstständigen Säule des Bildungswesens ausgebaut werden sollte. Doch traf einhergehend mit dem gesellschaftlichen Umbau der neunziger Jahre das Gegenteil ein. Die öffentliche Verantwortung für die Weiterbildung wurde zunehmend aufgegeben. In einer Vielzahl von Novellierungen wurde den Erwachsenenbildungsgesetzen der Länder ihre strukturbildende Kraft immer mehr genommen.[8] Der Länderanteil an der Finanzierung der Weiterbildung nahm stetig ab. So sanken die Landeszuschüsse nach den jeweiligen Weiterbildungsgesetzen im Bereich der alten Bundesländer nach Abzug der Preissteigerungsrate im Zeitraum von 1991 bis 2001 um fast 20 Prozent.[9] In einigen Bundesländern beträgt der Landeszuschuss am Gesamt der Einnahmen der Volkshochschulen mittlerweile weitaus weniger als zehn Prozent.[10] Auch seitens der Träger, der Städte, Gemeinden und Landkreise, gerieten die Einrichtungen unter einen immer stärker werdenden finanziellen Druck. Kürzungen der Landeszuschüsse gehen einher mit Kürzungen der kommunalen Zuschüsse, Gebührenerhöhungen, Personalabbau im Bereich des hauptamtlichen Personals und der zunehmenden Verpflichtung der Einrichtungen zur erhöhten Akquise der Drittmitteleinnahmen.[11] Eine nicht ökonomischen Zwecken dienende Bildung erfährt keine gesellschaftliche und politische Wertschätzung mehr. Die Einrichtungen werden so politisch gezwungen eine reine Nachfrageorientierung als leitendes Prinzip der Angebotsgestaltung umzusetzen.

2. Die Integration von beruflicher, allgemeiner und politischer Weiterbildung führt zu einer Dominanz der beruflichen Qualifizierung und einer Fokussierung auf Beschäftigungsfähigkeit

Die Grenzen zwischen beruflicher, allgemeiner und politischer Weiterbildung verschwinden in den letzten Jahren immer mehr. So weisen ganz erhebliche Teile des Angebots der allgemeinen Weiterbildung deutliche berufliche Bezüge auf. Andererseits dehnen sich viele Anforderungen an die Beschäftigungsfähigkeit immer mehr in Bereiche aus, die traditionell als personale oder soziale Kompetenzen dem Bereich der Persönlichkeitsentwicklung zugeordnet wurden. Auch die Teilnehmer folgen immer mehr dem Trend, Weiterbildungsangebote ausschließlich nach deren funktionalem Nutzen auszuwählen.

Schließlich zeigen ebenso die aktuellen Entwicklungen um den europäischen und deutschen Qualifikationsrahmen deutlich, wie auch in diesen Ordnungssystemen für das europäische Bildungswesen die letzten Winkel des menschlichen Lebens kompetenzorientiert erhellt und für den Arbeitsmarkt nutzbar gemacht werden. Der Einzelne ist dann letztlich nur noch das, was er in den Ar-

---

[8] Vgl. dazu Kuhlenkamp 2003.
[9] A.a.O., 133.
[10] So bspw. im Kalenderjahr 2009 in Baden-Württemberg 5,6 %, in Bayern 5,4%, in Hessen 8,0% und in Schleswig-Holstein 5,4%. DIE 2010b. Vgl. dazu auch DIE 2010a, S. 49 f.
[11] Vgl. dazu Hebborn 2010, S. 5.

beitsmarkt an verwertbarem und distinktionsfähigem Wissen und Können als Humankapital einzubringen hat.[12]

Dann ist es im Grunde nur konsequent, wenn ausgerechnet der Kulturausschuss des Deutschen Städtetages bereits vor vierzehn Jahren den Vorschlag unterbreitete, die Institutionen der allgemeinen Erwachsenenbildung in öffentlicher Verantwortung "aus ihren kultur- und bildungspolitischen Fixierungen herauszulösen" und stärker mit der Struktur- und Beschäftigungspolitik zu verbinden.[13] In eine ähnliche Richtung weisen die Handlungsoptionen der letzten Evaluation der Wirksamkeit des Weiterbildungsgesetzes in Nordrhein-Westfalen. Hier wurde vorgeschlagen, die öffentlich geförderte Weiterbildung in "ein Korrespondenzverhältnis zur Arbeitspolitik zu setzen" und damit konsequent am "Aufbau von Selbstmanagement der eigenen Lebensbiografie zu orientieren". Dies bedeute zwar keinesfalls die Besonderheiten der allgemeinen Weiterbildung "zugunsten von berufsorientierender Qualifizierung einzuschleifen", doch Ziel ist letztlich wieder die "Beschäftigungsfähigkeit" im Sinne des Rahmenkonzepts des Ministeriums für Wirtschaft und Arbeit.[14]

Dabei verkennt all dies den genuinen Eigensinn von allgemeiner und politischer Weiterbildung, der neben der individuellen Selbstentfaltung auch und vor allem die Fähigkeit umfasst, gesellschaftliche Verantwortung zu übernehmen. Zudem besteht Lebensqualität eben nicht allein in beruflicher Leistung und der Steigerung des Einkommens, sondern auch in der Ausübung von Interessen jenseits des Berufs und außerhalb beruflicher Hierarchien.

3. Die allgemeine und politische Weiterbildung reagiert auf diese Tendenzen mit einer gesellschaftsbezogenen Funktionalisierung

Überall dort, wo gesellschaftliche Bedarfe und Fehlstellen von solcher Tiefe entstehen, dass seitens der Politik und Verwaltung finanzielle Mittel bereitgestellt werden, ist die allgemeine und politische Weiterbildung schnell präsent. Deutlich zeigte sich dies im Bereich der Migration mit der Einführung der Integrationskurse im Jahr 2005. Schnell wurden die Einrichtungen der allgemeinen Weiterbildung zum größten anerkannten Sprachkursträger des neu gebildeten Bundesamtes für Migration und Flüchtlinge.[15] Ebenso schnell standen die Einrichtungen bereit, als im Jahr 2008 der verpflichtende Staatsbürgerkundetest im

---

[12] Vgl. dazu Dust 2011.
[13] Vgl. dazu Strunk 2002, S. 45.
[14] LFQ NRW 2004, S. 136. Nach diesem Rahmenkonzept ist "beschäftigungsfähig", "wer dauerhaft am wirtschaftlichen und sozialen Leben aktiv teilhaben kann." A.a.0. Dabei ist jedoch zum einen die Reihenfolge der Aufzählung zu beachten und zum anderen gezielt zu analysieren, ob und wie der Begriff des "sozialen Lebens" im folgenden mit Inhalten gefüllt wird.
[15] Weiss 2005, S. 4 ff. Der Autor zeigt in diesem Artikel zudem einleitend die vielfachen Veränderungsprozesse im Bereich der Deutschkurse für Zugewanderte seit Mitte der 90er Jahre auf.

Bereich der Zuwanderung eingeführt wurde.[16] Ähnliches ließe sich für den Bereich der Alphabetisierung[17], die Einführung des Rechtsanspruchs auf einen Hauptschulabschluss oder die Diskussion um die Bildungs-Chipkarte für Hartz-IV-Kinder anführen. Die Einrichtungen der Weiterbildung mutieren damit immer mehr zum gesellschaftlichen Reparaturbetrieb. Mit dieser gesellschaftsbezogenen Funktionalisierung sichern sie jedoch gleichzeitig ihren Einfluss und ihre Position, indem sie sich für Politik und Verwaltung als unabkömmlich darstellen und erweisen.

Fazit

Unternimmt man den Versuch, diese Tendenzen vor dem Hintergrund der einleitend dargestellten Thesen mittels eines historischen Hintergrundwissens zu analysieren, so stellen sich eine Reihe von Fragen an diese scheinbar unzweifelhaften Entwicklungen und Funktionen der Weiterbildung.

Dazu ist jedoch zunächst der gesellschaftliche und soziale Zusammenhang zu analysieren, in welchen diese Tendenzen eingebettet sind. Die Bundesrepublik Deutschland als ein gemeinwohlorientierter Sozialstaat, in welchem Bildung über Jahrzehnte als ein öffentliches Gut in öffentlicher Verantwortung galt, ist nach wie vor auf dem besten Weg, sich in eine "Deutschland AG" umzuwandeln, in der Bildung nunmehr eine Ware unter vielen anderen ist. Die Verantwortlichen in der Weiterbildung stehen daher vor der Frage, ob sie diesen Trend in ihren Einrichtungen fraglos unterstützen oder zumindest kritisch analysieren und nach Möglichkeit auch gesellschaftlich wirksam thematisieren.

Vor diesem Hintergrund stellt sich – diese Überlegungen aufgreifend – ferner zweitens die Frage, ob die Weiterbildung in der Lage ist, nicht nur die Konzepte des kompetenzorientierten lebenslangen Lernens kritisch zu analysieren, sondern darüber hinaus auch das Widerstandspotential der Bildung im Sinne einer sowohl individuellen als auch gesellschaftlichen Emanzipation zu mobilisieren.[18] Die einzig vorherrschenden bildungspolitischen Grundprinzipien von Leistung, Effektivität und Effizienz müssen dringend kritisch hinterfragt werden. Die humane Balance von sozialen, wirtschaftlichen und kulturellen Interessen des einzelnen wie der Gesellschaft muss dagegen ebenso nachdrücklich wieder in ein vernünftiges Gleichgewicht gebracht werden. Dem Entstehungszusammenhang der Weiterbildung in der Aufklärung würde dies in besonderer Weise gerecht werden.

Darüber hinaus stellt sich drittens die Frage, ob und inwieweit die Weiterbildung bestehende Systemstrukturen im tagespolitisch aktuellen Wechsel oft schon quasi vorauseilend stützen oder systemkonform bedienen muss. Noch bis in die sechziger Jahre des vergangenen Jahrhunderts war die Rede von der "freien Erwachsenenbildung" als einem Bereich des Bildungssystems, der dem direkten

---

[16] Brussel/Heidecke 2008.
[17] Kraft 2008.
[18] Vgl. dazu Hufer 2005, S. 70 f.

staatlichen Zugriff entzogen war. Gerade die wegweisenden Projekte der Erwachsenenbildung in der Weimarer Republik in den zwanziger und dreißiger Jahren zeichneten sich häufig durch eine große inhaltliche und auch finanzielle Unabhängigkeit aus. Zwar war die Staatsnähe eine wesentliche Voraussetzung für den Ausbau der Weiterbildung in den siebziger und achtziger Jahren, doch wurde diese – mit den sich daraus ergebenden ökonomischen und inhaltlichen Abhängigkeiten – auch um einen hohen Preis erkauft. Neben diesen ökonomischen und inhaltlichen Abhängigkeiten ist zudem noch eine strukturelle zu nennen, die bisher kaum im Blickfeld der Kritik steht. So hat die Einordnung der Weiterbildung in die Amtsstruktur der kommunalen Gebietskörperschaften, der Bezirksregierungen und der Landesbehörden zumindest in einigen Bundesländern einen mancherorts erstarrten Apparat der Bildungsverwaltung geschaffen, von dem kaum zu erwarten ist, dass er sich durch systemkritische Fragestellungen auszeichnen und durch die Umsetzung innovativer Ideen glänzen kann.

Mit Sicherheit ließen sich noch eine ganze Reihe anderer Fragen formulieren, doch macht allein diese kurze Auswahl deutlich, dass diese Fragen nur sehr bedingt ohne fundierte Kenntnisse der Geschichte der Weiterbildung aus einer sozialkritischen Perspektive formuliert werden können. Diese Kenntnisse können dabei einerseits helfen, eine kritische Distanz zu gewinnen und somit eine andere Perspektive einzunehmen, sie können andererseits aber auch historische Gegenmodelle aufzeigen, die auch heute noch – bei allem Zeitbezug – geeignet erscheinen, als Lösungsansätze auf die gegenwärtigen Fragen zu dienen.

In diesem Sinne sind sowohl die Geschichte der Weiterbildung selbst als auch mit ihr die "Thesen zum erkenntnisleitenden Interesse" zur Geschichte der Weiterbildung hochaktuell.

Literatur

Brussel, Evy van/Heidecke, Kerstin: Volkshochschulen bieten seit September Einbürgerungstests und -kurse an. In: dis.kurs. Das Magazin des Deutschen Volkshochschul-Verbandes e.V. 3/2008, S. 10-11.
Deutsches Institut für Erwachsenenbildung (Hrsg.): Trends der Weiterbildung. DIE-Trendanalyse 2010. Bonn 2010, (zitiert: DIE 2010a).
Deutsches Institut für Erwachsenenbildung (Hrsg.): Volkshochschul-Statistik 2009. Bonn 2010, (zitiert: DIE 2010b).
Dust, Martin: EQF, ECVET, DQR und DECVET oder die Formalisierung und Standardisierung des Lernens im Lebenslauf. In: Ders./Mierendorff, Johanna (Red.): Der vermessene Mensch. Ein kritischer Blick auf Messbarkeit, Normierung und Standardisierung. Erscheint als Jahrbuch für Pädagogik 2010. Frankfurt am Main 2011.

Hebborn, Klaus: Finanzkrise und Volkshochschule. Die Wirtschaftskrise geht auch an Volkshochschulen nicht spurlos vorbei. Was also tun? In: dis.kurs. Das Magazin des Deutschen Volkshochschul-Verbandes e.V. 3/2010, S. 4-6.

Hufer, Klaus-Peter: Der Eigensinn der Autonomie. Von der Bedeutung der Bedeutungslosigkeit ... und der Wirkung einer Idee. In: Hessische Blätter für Volksbildung 55 (2005), S. 65-71.

Keim, Wolfgang (Hrsg.): Geschichte der Erwachsenenbildung von der Aufklärung bis zur Gegenwart. Reader zur Vorlesung im Sommersemester 1999. Paderborn 1999 (zitiert: Keim 1999a).

Keim, Wolfgang (Hrsg.): Geschichte der Erwachsenenbildung von der Aufklärung bis zur Gegenwart. Ergänzungsreader zur Vorlesung im Sommersemester 1999. Paderborn 1999 (zitiert: Keim 1999b).

Keim, Wolfgang (Hrsg.): Geschichte der Erwachsenenbildung von der Aufklärung bis zur Gegenwart. Reader zur Vorlesung im Sommersemester 2006. Paderborn 2006.

Kraft, Susanne: Aktuelle Projekte: DVV stärkt Alphabetisierung und Grundbildung. In: dis.kurs. Das Magazin des Deutschen Volkshochschul-Verbandes e.V. 1/2008, S. 4-7.

Kuhlenkamp, Detlef: Von der Strukturierung zur Marginalisierung. Zur Entwicklung der Weiterbildungsgesetze der Länder. In: Hessische Blätter für Volksbildung 53 (2003), S. 127-138.

Landesinstitut für Qualifizierung NRW (LfQ NRW) (Hrsg.): Evaluation der Wirksamkeit des Weiterbildungsgesetzes NRW. Gutachten. Soest 2004.

Strunk, Gerhard: Zwischen Eigensinn und Fremdbestimmung. Anmerkungen zur aktuellen Bildungspolitik. In: Heger, Bardo/Hufer, Klaus-Peter (Hrsg.): Autonomie und Kritikfähigkeit. Gesellschaftliche Veränderung durch Aufklärung. Schwalbach/Ts. 2002, S. 15-47.

Weiss, Michael: Deutschkurse in schwerer See. Vom schwierigen und notwendigen Strukturwandel. In: dis.kurs. Das Magazin des Deutschen Volkshochschul-Verbandes e.V. 3/2005, S. 4-6.

Klaus Himmelstein

Kaiser, Kanzel und Paraden
Zur politischen Sozialisation Eduard Sprangers

Vorrede

Im Mai 1952, kurz vor seinem 70. Geburtstag, verlieh der Bundespräsident Theodor Heuss dem Philosophen und Pädagogen Eduard Spranger das Große Bundesverdienstkreuz mit Stern und Schulterband. Und 1957 ließ die baden-württembergische Regierung Gebhard Müller anlässlich Sprangers 75. Geburtstag von dem Tübinger Bildhauer Gerhard Halbritter eine Büste mit drei Bronzegüssen anfertigen. Die Liste staatlicher Ehrungen ließe sich fortsetzen. Nach Eduard Spranger sind Schulen und Straßen benannt. Eine Reihe von Universitäten im In- und Ausland verliehen ihm die Ehrendoktorwürde; er wurde Mitglied oder Ehrenmitglied namhafter wissenschaftlicher Akademien. Und nicht zuletzt bildete sich seit den zwanziger Jahren des vorigen Jahrhunderts unter konservativen Wissenschaftlern, Wissenschaftlerinnen und Intellektuellen eine "Eduard-Spranger-Gemeinde" (Luchtenberg 1957, S. 123), die ihn als "Tempelhüter der Philosophie" (ebd.), als "letzten Grandseigneur des Geistes" (Fetscher 1995, S. 403) oder als "Inkarnation des Jahrhunderts" (Jens, Begegnung 1962, S. 593) verehrten und verehren. Vielleicht wandelt sich die Spranger-Gemeinde, der Zeit angemessen, noch in eine "Eduard-Spranger-Gesellschaft"[1]. Ein Beitrag über Spranger (Löffelholz 1995) wurde auch in das von Lothar Gall fortgeführte Sammelwerk "Die großen Deutschen unserer Epoche" aufgenommen. Und im Sommer 2001 begründete eine Nichte Sprangers die "Eduard-Spranger-Stiftung" zur Förderung der Geisteswissenschaften, angesiedelt beim Universitätsbund der Universität Tübingen, der letzten Wirkungsstätte Sprangers. Dieser ist mithin als vorbildhafter "Gelehrter und Deutscher" in das wissenschaftlich-kulturelle Gedächtnis der Bundesrepublik eingeschrieben.

Doch 1980, rund 17 Jahre nach dem Tod Sprangers, stellt der Philosoph Manfred Riedel, bedauernd fest, dass man an Schulen oder Universitäten "dem Namen Eduard Sprangers, des großen Pädagogen und Repräsentanten europäischer Bildungskultur in der ersten Hälfte unseres Jahrhunderts", kaum noch begegnet, obwohl Spranger, wie Riedel hervorhebt, "die Wirkung ins Weite, über Deutschland und Europa hinaus, wie ins Enge, in Herz und Gesinnung einer ganzen Generation" (Riedel 1980, S. 41) beschieden gewesen sei. Riedel macht für den raschen Verlust der Bedeutung Sprangers im universitären Wissenschaftsbetrieb, wie sollte es anders sein, die 68er verantwortlich. Sie hätten einen Paradigmenwechsel in der Pädagogik eingeleitet, eine Verwissenschaftlichung der Pädagogik, welche, so Riedel, die Verbindung von Philosophie und

---

[1] Vgl. http://www.eduard-spranger-gesellschaft.de.

Pädagogik, wie sie noch Spranger in Personalunion verkörpert habe, aufgegeben und sich einer von Spranger lebenslang bekämpften "szientistischen Konzeption in die Arme geworfen" (ebd.) habe.

Riedel trifft mit seiner zugespitzten Anmerkung über die Veränderungen in den Geisteswissenschaften der Bundesrepublik seit den 60er Jahren allerdings nur einen Grund für den Bedeutungsverlust Sprangers als Wissenschaftler. Der andere liegt im Inhalt dessen, was Riedel als Wirkung "in Herz und Gesinnung einer ganzen Generation" bezeichnet. Es sind dies die ideologischen und politischen Überzeugungen Sprangers in ihrer besonderen Verknüpfung mit seinen Theorien, die ihn in der demokratischen Entwicklung der Bundesrepublik als vorbildlichen "Gelehrten und Deutschen" fragwürdig werden ließen.

Schon vor 1933 hatte der Schulreformer Fritz Helling "die Entwicklung Sprangers bis in die Nähe zum Nationalsozialismus" (Helling 2007, S. 313 f.; Helling 1933) an dessen Schriften aufgezeigt und seine Analyse 1966 (Helling 1966) erweitert. Hellings Beiträge stießen vor 1933 und 1966 auf heftige Ablehnung, weil Spranger, wie Helling sarkastisch feststellte, zu den "pädagogischen Heiligen" (Helling 2007, S. 314) gehörte. Es hat lange gedauert, bis die kritische Auseinandersetzung mit Spranger fortgesetzt wurde. Bernd Weber hat 1979 in seiner Dissertation die "politischen Optionen von Pädagogikhochschullehrern" im Zusammenhang mit der extrem rechten Entwicklung des Konservatismus in der Weimarer Republik untersucht und dabei, neben anderen, auch Sprangers politische Auffassungen. Er kommt zu dem Ergebnis, dass Sprangers politische Optionen vor 1933 "eine ideologisch-programmatische Nähe zu faschistischen Vorstellungen" (Weber 1979, S. 323) zeigen, was dann weitere wissenschaftshistorische Arbeiten (zuletzt Ortmeyer 2009) bestätigen.

Spranger, so lässt sich heute folgern, beteiligte sich als Hochschullehrer der Philosophie und Pädagogik seit dem Kaiserreich bis in die 60er Jahre der Bundesrepublik – auch in der NS-Zeit – an den ideologischen Auseinandersetzungen unterschiedlicher Interessengruppen in Deutschland um die Vorherrschaft bei der nationalen Identitätsstiftung. Oder in der Sprache Sprangers: "Im Kampf der Bildungsideale spiegelt sich die leidenschaftliche Auseinandersetzung zwischen den geistigen Mächten unserer Zeit" (Spranger 1929, S. 52). Im Bildungsideal eines Deutschseins, zusammengesetzt aus protestantischer Religiosität und nationalkonservativen Mythen – unter Ausschluss alles Nichtdeutschen, insbesondere des Jüdischen (Himmelstein 2001) – wollte Spranger die religiösen, sozialen und politischen Unterschiede in Deutschland imaginär aufheben. Dies machte seinen großen Einfluss als "Gelehrtenpolitiker" (Friedrich Meinecke) – aus heutiger wissenschaftshistorischen Sicht: als konservativer Intellektueller (Himmelstein 2004, S 108 ff.) – in der ersten Hälfte des 20. Jahrhunderts aus. Sprangers an Fichte und Wilhelm von Humboldt anknüpfendes Konzept einer "Deutschheit", das er im nationalkonservativen Sinn jeweils an die unterschiedlichen politischen Herrschaftssysteme in Deutschland anzupassen suchte, wurde seit den 60er Jahren zunehmend Gegenstand kritischer Auseinandersetzungen, die nicht zuletzt durch Wolfgang Keim seit den 90er Jahren (Keim 1990, Keim 1995 u.1997) wichtige Anstöße erhielten.

Im Folgenden nun wird, bezogen auf die ideologische und politische Entwicklung Sprangers, ein begrenzter Untersuchungsausschnitt gewählt. Spranger selbst teilt sein Leben in vier Abschnitte ein und beginnt den ersten mit seinem Studium um 1900 an der Berliner Friedrich-Wilhelms-Universität (Spranger 1953, S. 343). Diese Einteilung erweitere ich um einen fünften Abschnitt: die Kindheit und Jugend Sprangers. Über diese Lebensphase Sprangers ist aus der Perspektive historischer Mentalitäts- und Sozialisationsforschung bisher wenig bekannt. Ausgehend von vorliegenden Quellen[2] und der Forschungslage[3] frage ich deshalb, inwieweit in diesem Lebensabschnitt ein nationaler Konservatismus grundgelegt wurde, und konzentriere mich dabei auf die Personen, Institutionen, Ereignisse und Orte, die für die mentale Formung und politische Sozialisation Sprangers entscheidend waren: die Eltern, die Stadtmitte Berlins, die Kirche und die Schule.

Bis ins Letzte geformt

"Geboren bin ich 1882 in Berlin-Lichterfelde als Sohn eines selbständigen Kaufmanns" (Spranger 1961, S. 13), schreibt Eduard Spranger in einer kurzen Selbstdarstellung über seine Herkunft, die Mutter bleibt dabei unerwähnt. Genauer müsste er sagen: "Geboren bin ich am 27. Juni 1882 in Groß-Lichterfelde, damals eine Gemeinde am Rande von Berlin, als Sohn einer Spielwarenverkäuferin. Meine Geburt war unehelich." Die Mutter, Henriette Bertha Schönenbeck, und der Vater des Kindes, Franz Spranger, heirateten anderthalb Jahre später, am 3. Januar 1884. Der Vater erkannte Eduard Spranger juristisch als seinen Sohn an. Henriette Schönenbeck war im Spielwarengeschäft von Franz Spranger angestellt und zog 1884 mit ihrem Kind zu ihm in die Friedrichstraße 79A im Zentrum Berlins. Dort wohnte die Familie im zweiten Stock, über dem Geschäft. (Vgl. dazu Schraut 2007a, S. 352 u. Schraut 2008, S. 11 f.)

---

[2] Von besonderer Bedeutung ist hier der Briefwechsel zwischen Eduard Spranger und seiner Freundin Käthe Hadlich. Die in teilweise schwer lesbarer deutscher Schreibschrift gehaltene Korrespondenz – rund 4.600 Briefe und Postkarten zwischen 1903 und 1960 – befindet sich mittlerweile im Bundesarchiv Koblenz im Nachlass von Eduard Spranger (N-1182). Ich danke Werner Sacher, Prof. em. der Friedrich-Alexander-Universität Erlangen-Nürnberg, dass er mich Einblick nehmen ließ in die von ihm mit Unterstützung der Deutschen Forschungsgemeinschaft verantwortete Transkription der Korrespondenz. Bei der Bibliothek für Bildungsgeschichtliche Forschung in Berlin ist das Projekt einer wissenschaftlichen Computeredition des Briefwechsels von Eduard Spranger und Käthe Hadlich begonnen worden. – Im Folgenden sind die Briefpartner mit den Kürzeln ES und KH zitiert.

[3] Hier knüpfe ich vor allem an die Arbeiten von Alban Schraut an. Er hat in seiner Dissertation und zwei weiteren Veröffentlichungen viel Material zur Kindheit und Jugend Sprangers ausgewertet, vgl. Schraut 2007a, 2007b u. 2008.

Wann Spranger sich bewusst wurde, dass er unehelich geboren war, lässt sich nicht feststellen. Sicher war dieser Umstand im prüden, wilhelminisch geprägten Bürgertum der Jahrhundertwende kein reputierlicher Hintergrund für eine Professorenlaufbahn. Auch wenn er sich bei Spranger nicht als Karrierehindernis erwies, trug er aber zu den auffallenden Unsicherheiten in Sprangers Lebensgefühl bei. "Ich ... bin das Kind – wenn ich einmal den besten Fall annehme – einer leidenschaftlichen Aufwallung. Das lebt nun einmal auch in mir. Wollte ich die bürgerlichen Maßstäbe zu letzten machen, so hätte ich ja wohl überhaupt kein Daseinsrecht", reflektiert noch der 33-jährige Spranger Anfang 1925 in einer depressiven Phase seine Gemütslage und sieht sich dabei zugleich in eine ständige, psychische Abwehr der Lebensmaßstäbe seines Vaters "verstrickt" (Martinsen/Sacher 2002, S. 244 f.).

Spranger war sein Leben lang ständig auf Bestätigung angewiesen, im Privaten wie im Beruflichen. Er zeigte, insbesondere in der beruflichen Anfangszeit als Universitätsphilosoph und -pädagoge, immer wieder eine krasse Überhöhung oder extreme elitäre Stilisierung seiner selbst: er verstand sich als ein geistig tief Wurzelnder, geistig den anderen Überlegener, alles Durchschauender und Verstehender. Bei der geringsten Kritik aber verlor er sofort sein Selbstbewusstsein und fiel dabei nicht selten in eine tiefe, anhaltende Niedergeschlagenheit. Die Briefe Sprangers an die Freundin Käthe Hadlich aus den Jahren 1903 bis 1960 geben darüber beredte Auskunft.

So ist er anfänglich überzeugt, dass sein Lebenswerk "das Werk eines zweiten Hegel" werden könne, dass er "einer der echtesten Philosophen, die gelebt haben" sei, dass ihm "ein neues Verständnis des Lebens und damit neue Ziele des Lebens" gelingen könnten, dass er die "neue, zukunftsreiche Psychologie" überlegt habe, die den anderen fehle.[4] Von den Texten, die er als Professor schreibt, ist er grundsätzlich überzeugt, dass sie meisterhaft gelungen sind ebenso wie seine Vorträge. Kritiker an seinen Vorträgen oder Texten sind Menschen, die seine Geistigkeit nicht verstehen und denen es an geistigem Tiefgang fehlt.

Spranger lebte für die öffentliche Anerkennung und das Erreichen wissenschaftlicher und intellektueller Macht in einer permanenten Überlastungssituation, insbesondere seit er 1912 in Leipzig Professor geworden war und damit zunächst einmal sein berufliches Ziel erreicht hatte. "Es ist wirklich nicht zu beschreiben, wie ich mit unvermeidlichen Nebenfunktionen überlastet bin" (ES an KH, 16.12.1913), bleibt eine Standardaussage Sprangers bis nahezu an sein Lebensende. "Hast", "Zersplitterung" "Freudlosigkeit", "extreme Erschöpfung" und "Müdigkeit", häufige Neuralgien bis hin zu wiederkehrenden Krankheiten, vor anderen sind das anhaltende Erkältungen und Zahnentzündungen, begleiten seine Arbeit dauerhaft, ohne dass er diesen Zustand ändert oder ändern will.

---

[4] Zitate aus ES an KH, 30./31.01.1915, 27.09.1913, 03.05.1915 und 30.06.1918.

Die Unsicherheiten und extremen Schwankungen in seinem Lebensgefühl bearbeitete Spranger schon sehr früh mit einer strengen Lebensführung und Lebensplanung, um ein Philosoph und Kulturführer zu werden, wie er die angestrebte intellektuelle Machtposition bezeichnete. Otto Friedrich Bollnow, der in den 20er Jahren in Berlin auch bei Spranger studierte und 1953 sein Nachfolger auf dem Tübinger Lehrstuhl wurde, stellt im Blick auf Sprangers intellektuelles Leben fest, dass dieser "ein Mann der Disziplin," war, der "seine ganze ungeheure Arbeitsleistung einem immer nur zarten Körper abgerungen hat", dem nichts "aus natürlicher, überquellender Fülle wie von selbst hervor gewachsen ist, sondern alles ist in strenger Disziplin erworben, um nicht zu sagen: erzwungen. Darum ist auch alles an ihm so bis ins letzte geformt." (Bollnow 1964, S. 94)

Seinem Leben fehle Wärme und Poesie, bemerkte Spranger am Beginn seiner Professorenlaufbahn in Leipzig (ES an KH, 26.11.1913). Harte Selbstdisziplin begrenzte die aus seiner Herkunft bedingten Unsicherheiten im Selbstwertgefühl. Dem entsprach die selbstverständliche Einfügung Sprangers in die autoritären, staatlichen Erwartungen an den Philosophieprofessor in den wechselnden Herrschaftsformen der deutschen Gesellschaft in der ersten Hälfte des 20. Jahrhunderts. Spranger fasste diese Haltung in die konservative Formel: "freies Dienen" (Spranger 1924, S. 66), mit dem Ziel des Intellektuellen, "zur Kraft des echten Herrschens ... durch die Schule des Gehorchens" (Spranger 1928a, S. 79) zu kommen.

Nähe zur Mutter

Eduard Spranger blieb Einzelkind – immerhin war die Mutter, 1847 geboren, bei seiner Geburt 35 Jahre alt und der Vater, 1839 geboren, bereits 43 Jahre alt. Sprangers Mutter arbeitete nach der Geburt des Sohnes weiterhin im Geschäft, was wohl auch aus ökonomischen Gründen notwendig, aber in den kleinbürgerlichen Kaufmanns-Verhältnissen im Ausgang des 19. Jahrhunderts nicht alltäglich war. Spranger erlebte also berufstätige Eltern, d.h. auch eine berufstätige Mutter, und wuchs mit wechselnden Erzieherinnen auf. Bei der Feier seines 50. Geburtstages 1932 ging Spranger in seiner Ansprache kritisch auf diese Lebenssituation ein und betonte, dass er, obwohl Erzieherinnen ihn betreut hätten, "als einziges Kind sehr einsam aufwuchs" (Spranger, Ansprache, 02.07.1932) und hob hervor, dass dadurch allerdings sein pädagogisches Interesse geweckt worden sei. Er habe sich oft Gedanken darüber gemacht, "was die Erwachsenen sich eigentlich über Kinder dächten und wie wenig sie von Jugendlichen wirklich verstünden" (ebd.). Dies ist ein Hinweis auf die Verständigungsschwierigkeiten Sprangers mit seinem erzieherischen Umfeld in der Pubertätszeit. Dabei arbeitete er sein "erwachendes Kraftgefühl" (ES an KH, 16.06.1906), die sich entwickelnde, noch relativ unbestimmte Männlichkeitskonstruktion, in Gegenüberstellung zu den wechselnden Erzieherinnen, es waren überwiegend junge Frauen, konfliktreich ab. Anders verlief die Beziehung zur Mutter.

Bei allem Zeitmangel vermittelte die Mutter ihm doch Nähe und Wärme, Anteilnahme und Verständnis. Dies sind Begriffe, mit denen Spranger sein Sohn-Mutter-Verhältnis kennzeichnete. Sie förderte durch Zuhören die philosophischen und religiösen Neigungen des Jungen. Ihn beeindruckte dabei in besonderer Weise ihre mystisch-protestantische Frömmigkeit. In Sprangers Leben blieb Frömmigkeit bzw. die Erfahrung von Frömmigkeit als Empfänglichkeit "für eine Sinnquelle ganz anderer Art" (Spranger 1947, S. 164) ein wiederkehrendes religiöses Thema und Teil seiner Weltauffassung, dem er immer wieder versucht hat, Ausdruck zu geben (etwa Spranger 1947; vgl. Strecker 1973).

Die Mutter ist es auch, die gegen die Einwände und das Unverständnis des Vaters, Sprangers frühe Entscheidung für die Philosophie als Studienfach mit trägt. Die Nähe zur Mutter hielt auch in schwieriger Lebenslage. Spranger war 27 Jahre alt, lebte noch im Haushalt seiner Eltern und bereitete sich auf die Habilitation vor, als seine Mutter 1909 auf Grund einer Tuberkuloseerkrankung pflegebedürftig wurde Er organisierte die Pflege und beteiligte sich selbst daran, steckte sich dabei wohl auch an und erkrankte in den folgenden Jahren immer wieder an einer tuberkulösen Infektion, bis er 1916 einen längeren Kuraufenthalt einlegen musste (Martinsen/Sacher 2002, S. 394; Schraut 2007, S. 152). Am 19. März 1909 starb Sprangers Mutter im Alter von 62 Jahren (Schraut 2007a, S. 354).

Noch 1953 diente Spranger seine Mutter in einem Vortrag über "Mutterliebe" bei einer Tagung der Mütterschul-Leiterinnen in Stuttgart als Beispiel für "d i e m i t l e b e n d e L i e b e" (Spranger 1954, S. 40); Mutterliebe sah er als eine der "alten Quellen in uns rauschen" (Spranger 1928b, S. 70). Die Erfahrung der "Liebeskraft der Mütterlichkeit" (Spranger 1928b, S. 69) auf Mutterschaft und Familie bezogen, erweiterte Spranger dann zur Konstruktion von "Mütterlichkeit" als volkserzieherische Kraft. Angesichts der von ihm im konservativ-kulturkritischen Gestus diagnostizierten Zerrissenheit in der politischen und kulturellen Entwicklung "unser[es] Volksleben[s]" (Spranger 1902, S. 200) nach der Jahrhundertwende in Deutschland, sah er die Notwendigkeit, Mütterlichkeit über die Familie hinaus zu einer nationalen, volkserzieherischen Kraft zu erweitern. Die Frauen – bei Spranger ist immer die bürgerliche Frau gemeint – sollten sich "mütterlich zur Zukunft der Nation zu stellen" (Spranger 1919, S. 32). In der Mütterlichkeit sah Spranger die "tiefste Totaloffenbarung über Lebensgang und Lebenssinn", als "immer tragende Liebe", als "Ton von Ewigkeit", als "ewig ruhende(s) Zentrum der Einheit", als "seelische Heimat", als "ewiges Wunder, mitten in der Welt und mitten in der Zeit", als "Sammlung in der Hast des Lebens", als Stimme, die "versöhnt und läutert und zuletzt erlöst" (alle Zitate aus Spranger 1928b, S. 69 f.). Sprangers Konstruktion von Mütterlichkeit als "kultursynthetische" (Spranger 1930, S. 12) Kraft wird zu einer mythischen Konfiguration, mittels derer Weiblichkeit, d.h. Dauer, Einheit, Ewigkeit einerseits, und Männlichkeit, d.h. Geschichte, Entwicklung, Veränderung andererseits, "versöhnt" werden sollen.[5]

In konfliktreicher Spannung zum Vater

Der Vater Sprangers stammte aus einer Berliner Handwerker- und Buchbinderfamilie (Schraut 2007a, S. 126 ff.), die wiederum mit hugenottischen Einwanderern "mannigfach verwandt" (Spranger 1955a, S. 21) war, wie Spranger mit einem gewissen Stolz betonte. Und in dem Berliner Viertel, in dem Spranger aufwuchs, in der Friedrichstadt mit Französischem Dom und Französischer Straße, lebte damals "noch ein großer Teil der Französischen Kolonie beisammen" (Spranger 1955a, S. 20), erinnerte sich Spranger, ebenso, dass es für seinen Vater noch selbstverständlich war, im Alltag französische Ausdrücke zu gebrauchen.

Wahrscheinlich liegt in dem hugenottischen Bezug eine durch den Vater vermittelte, mentale Grundierung Sprangers für seine staatszentrierte Einstellung, für seine reformiert-protestantische Religiosität, für sein enges Verhältnis zu Preußen, zum Preußischen und seine Verehrung der Hohenzollern. Die französischen Protestanten, die Hugenotten, die im 17. Jahrhundert aus Frankreich flüchteten, von denen ein Teil vom Preußischen Kurfürst Friedrich Wilhelm von Brandenburg, dem Großen Kurfürsten, angeworben, auch nach Berlin kam, bildeten dort um 1700 etwa ein Drittel der Einwohner, "und diese reformierten Franzosen blieben unbedingt staatstreue preußische Untertanen von hoher Disziplin" (Hubatsch 1988, S. 36), fasst der Historiker Walther Hubatsch die Forschung über die Haltung der Einwanderer und der ihnen folgenden Generationen zusammen.

Am Vater bewunderte Spranger die Leichtigkeit, mit der sich dieser im gesellschaftlichen Umfeld bewegte. Doch zunehmend litt er unter dem Unverständnis des Vaters gegenüber seinen musikalischen und philosophischen Ambitionen. Hinzu kamen "schwere seelische Belastungen", die, wie Spranger sich ausdrückt, ihn früh noch mehr in sich hineindrängten (Spranger 1961, S. 13). Die Belastungen entstanden durch die Lebenshaltung und Lebensführung des Vaters. Der Vater nahm es mit dem Geldausgeben und der ehelichen Treue nicht so genau, so dass es zu dauernden Spannungen zwischen den Eltern kam, welche die Mutter bis zu ihrem Tod hinter einer gutbürgerlichen Fassade verbarg. Der Vater hatte sich zudem durch Lotto spielen finanziell ruiniert (vgl. Martinsen/Sacher 2002, S. 391; Schraut 2007a, S. 168 ff.). Spranger war nach dem Tod der Mutter gezwungen, seinen und des Vaters Unterhalt durch Unterrichtstätigkeit mitzufinanzieren und wohnte mit ihm zusammen, bis zu seiner Berufung als Professor an der Universität in Leipzig 1912. Auch die Freundin Sprangers in Heidelberg, Käthe Hadlich, half Spranger finanziell, die materiell schwierige Zeit insbeson-

---

[5] Zu Sprangers Geschlechterkonstruktion u. Mütterlichkeitskonzept vgl. Himmelstein 1994.

dere während der Krankheit seiner Mutter und der Vorbereitung seiner Habilitation durchzustehen.

Zur weiteren, inneren Abkehr vom Vater kam es, als Spranger wahrnahm, dass dieser ihn in Geldangelegenheiten ständig belog. Verbittert stellte er schließlich fest, dass sein Vater für ihn geistig gestorben sei: "Was übrigbleibt, ist sentimentale Kindheitserinnerung. Und wer käme davon los?" (ES an KH, 08.09.1915)

Ein Jahr nach dem Tod des Vaters, 1923, meldete sich bei Spranger eine außereheliche Tochter seines Vaters. Diese erwartete, aufgrund ihrer juristischen Anerkennung als außereheliche Tochter, eine zugesagte Erbschaft anzutreten. Spranger teilte ihr mit, dass das im Juli 1900 zu ihren Gunsten errichtete Kodizill aufgehoben worden sei und fügte hinzu, dass sein Vater kein Vermögen besessen habe, vielmehr habe er seinen Vater seit 1909 "restlos ... erhalten" (ES an KH, 08.09.1923). Spranger, der frühzeitig von den außerehelichen Eskapaden des Vaters wusste, empfand seine "persönliche Erinnerungssphäre und *dasjenige* Selbstgefühl, das jeder gesunde Mensch aus dem ehrenwerten Charakter seiner Eltern zieht" (ES an KH, 14.09.1923) durch das "Doppelleben" des Vaters (ES an KH, 05.01.1923) endgültig zerstört. Er entfernte das Bild seines Vaters vom Schreibtisch.

Mit diesem theatralischen, symbolischen Akt schien die Abkehr vom Vater als Identifikationsfigur gleichsam abgeschlossen. Doch, wie Alban Schraut in seinen "Biografischen Studien zu Eduard Spranger" detailliert herausarbeitet, litt Spranger noch lange nach dem Tod des Vaters an dessen Lebensführung und war unsicher, inwieweit die aus seiner Sicht moralisch unsägliche Lebenshaltung des Vaters auf ihn selbst abgefärbt habe (Schraut 2007a, S. 178 ff.). Über eine Reaktion Sprangers aus seiner Unsicherheit über den möglichen Einfluss des Vaters auf ihn, berichtete Ludwig Englert, der Arzt und Freund Sprangers aus den Tübinger Jahren: Spranger habe sich ursprünglich zu einem zölibatären Leben verpflichtet gefühlt (Strecker 1973, S. 129, Anm. 12). Ein Indiz dafür ist, dass Spranger erst spät, 1934, da war er bereits 52 Jahre alt, Susanne Conrad heiratete; Kinder hatten sie keine.

Die Lebenshaltung des Vaters und die uneheliche Geburt führten bei Spranger nicht zur Abkehr von der doppelbödigen, wilhelminisch geformten Vaterwelt. Sie förderten vielmehr die strenge Selbstdisziplin in seiner Lebenshaltung und begründeten zugleich Sprangers "Schauer vor einem Abgrund", dem Sexuellen, "das eintönig Wiederholbare einer leiblichen Bedürfnisbefriedigung", dem er den von Plato abgeleiteten Eros entgegenstellt. "Denn der Eros strebt nach F o r m und G e s e t z und W e r t, nach Dreieinigkeit von Schönheit, Wahrheit, Güte" (Zitate aus Spranger 1922, S. 264 u. 266). Die Freudsche Tiefenpsychologie und Psychoanalyse, in der Weimarer Republik von konservativen Intellektuellen als "jüdisch" abgewertet, lehnte Spranger als "dekadent" (ES an KH, 24.02.1926), als "naturalistischen Pansexualismus" (Spranger 1926, S. 133) ab und machte sie 1933, in seiner wissenschaftspolitischen Bilanz der Weimarer Republik verantwortlich für die Zerstörung der Volksgesundheit und des Volkszusammenhangs (Spranger 1933, S. 401 f.). Weiterhin führte Sprangers Abkehr vom Vater zur frühen Orientierung auf andere, ihm vorbildlich erscheinende, deutsche Vaterfiguren, wie Bismarck, Hindenburg oder Kaiser Wilhelm II., die er ein Leben lang verehrte. So besuchte er z. B. im September 1926, nach seiner Teilnahme am 8. Psychologenkongress im niederländischen Groningen, den Exkaiser Wilhelm II. in seinem Exil in Doorn, um Seiner Majestät seine "pietätvollen Gefühle ausdrücken zu dürfen" (ES an Hofmarschallamt). Er durfte, nach drei Tagen des Wartens, am 13.09.1926, beim Frühstück des Ex-Kaisers, rechts neben ihm sitzend (Spranger 1959).

Berlin-Mitte als Erlebnisbrennpunkt

Spranger erhielt in seinem frühen Kinderleben vielfältige Anregungen durch das Spielzeuggeschäft des Vaters und die zugehörigen Lagerräume. Hier konnte er "ein reiches Phantasieleben führen" (Spranger 1961, S. 13). Mit zunehmendem Alter erweiterte Spranger seinen Spiel- und Erfahrungsraum. Die Friedrichstrasse und der Stadtteil, die Friedrichstadt, kamen hinzu. "Das damalige Stadtzentrum von Berlin war 17 Jahre meine Lebensluft" (Spranger 1953, S. 343), bestimmt Spranger den Raum seiner Kindheit und Jugend. Dort erfuhr er eine Vielzahl von Eindrücken und Anregungen durch den städtebaulichen und sozialen Umbruch Berlins im Ausgang des 19. Jahrhunderts.

Berlin war 1871 Hauptstadt des neuentstandenen Deutschen Reiches geworden und hatte rund 830 000 Einwohner. Bei Sprangers Geburt 1882 waren dies schon mehr als 1,1 Millionen und um die Jahrhundertwende, rund 20 Jahre später, fast 2 Millionen. Die Hauptstadt entwickelte sich in schnellem Tempo zur Wirtschafts- und Kulturmetropole Deutschlands. Die großen Banken und Unternehmen waren hier vertreten. Berlin wurde Schwerpunkt des Maschinenbaus und der Elektroindustrie, die besonders gegen Ende des 19. Jahrhunderts zu den boomenden Sektoren bei der raschen Industrialisierung in Deutschland wurden und die Hochkonjunkturphase bis zum Beginn des 1. Weltkrieges kennzeichnen. Die größten Unternehmen dieser Branchen gewannen führende Positionen in Europa und auf dem Weltmarkt. Nach der Jahrhundertwende konzentrierten sich beispielsweise über 60 Prozent der Elektroindustrie in Berlin. Ein anhaltender Reallohnanstieg minderte zwar den sozialen Druck in den Verteilungskämpfen und erweiterte die sozialpolitischen Möglichkeiten der Arbeiterbewegung. Aber Armut, Wohnungselend und zunehmende Prostitution bei den Arbeitern und im Kleinbürgertum begleiteten die Entwicklung Berlins als Hauptstadt und europäischer Metropole.

Spranger wohnte mit seinen Eltern in der Friedrichstraße, zwischen der Französischen Straße und der Behrensstraße. An der Ecke der Friedrichstraße zur Behrensstraße verfolgte Spranger erstmals als Kind, wie "Steinlage zu Steinlage" eine Mauer entstand, doch: "Es kam dann einer der großen Bierpaläste heraus, die ringsum bald wie Pilze emporwuchsen" (Spranger 1955a, S. 24), fasst der erwachsene Spranger in seiner Erinnerung ironisch die Differenz zwischen dem Erlebnis des Kindes und dem realen Ergebnis des Bauvorgangs zusammen. In der Friedrichstraße, damals eine der Hauptverkehrsstraßen Berlins, wurde vor der Jahrhundertwende gebaut, umgebaut, abgerissen, neu gebaut oder aufgestockt. Und wie Spranger sah, entstanden Bierpaläste, Weinrestaurants und sogar schon Automatenrestaurants. Aufgrund der starken Zunahme der Unterhaltungsbetriebe und Kneipen in der Friedrichstraße vor der Jahrhundertwende nannten sie die Berliner die "Saufstraße" (ebd.), keine kinderfreundliche Umgebung. Zudem galt die Friedrichstraße als "Zentrum der berlinischen Sündhaftigkeit", auf deren Trottoir "sich die gefährlichen Mädchen wie auf Seide bewegten", erinnert der Schriftsteller Franz Hessel, zwei Jahre älter als Spranger, in seinem "Spaziergang in Berlin" (Hessel (1929) 1984, S. 243) an das damalige Nachtleben in der Straße.

Schräg gegenüber der Wohnung und des Geschäftes der Sprangers, an der Ecke Behrensstraße und Friedrichstraße, lag die "Passage", die 1873 eröffnete Kaisergalerie mit Wachsfigurenkabinett, einem Spiegellabyrinth, den Auftritten von "exotischen Völkerschaften" oder den Gastspielen eines Flohzirkusses (Spranger 1955a, S. 25). Seit 1880 befand sich im ersten Stock der Passage das Kaiser-Panorama, ein sehr erfolgreiches Medienunternehmen. Dieses hatte bis zu seiner Schließung 1939 rund 250 Filialen in Mitteleuropa und einen stereoskopischen Bildverleih, der bis 1905, beim 25jährigen Geschäftsjubiläum, 648 Zyklen aufgelegt hatte (Bienert/Senf 2000, S. 7 ff.). "Im Kaiserpanorama saßen die Betrachter farbiger Landschaftsbilder auf Stühlen um einen großen polygonen Kasten herum", beschreibt Spranger den Ablauf, "und jeder blickte durch sein Guckloch ins Innere. Alle zwei Minuten machte es 'kling', und ein neues Bild rückte vom Nachbarn heran" (Spranger 1955a, S. 26). Spranger bricht hier den Erinnerungstext gleichsam ab, verbleibt bei der konkreten Darstellung des Ablaufs, die erinnerte Wirkung der Bilder oder bestimmter Bilder auf das Kind bleibt aus.

Im Kaiser-Panorama wurden nicht nur stereoskopische Landschaftsserien gezeigt, zum Bestand gehörten vor allem Stadtansichten Berlins, die die besondere Stellung der Hohenzollern spiegelten. Weiterhin gab es Zyklen aus anderen Ländern zu sehen und zu herausragenden aktuellen Ereignissen.

1897 erlebte der 15jährige Spranger die ersten Filmversuche im Apollotheater in der Friedrichstraße (Spranger 1955a, S. 26). 1892 wurde in Berlin das erste Auto zugelassen, 1902 konnte die erste U- und Hochbahn vom Halleschen Tor bis zur Warschauer Brücke in Betrieb genommen werden. Der Ausbau der Stadtbahn, die ersten Autobuslinien ab 1905, die zügige Elektrifizierung der Stadt um die Jahrhundertwende, sichtbar in Straßenbeleuchtung und Lichtreklame veränderten die Lebensverhältnisse im Zentrum Berlins nachhaltig.

Spranger behauptete nach 1945 aus einer konservativ-kulturkritischen Perspektive und im Hinblick auf die Ursachen für den Nazismus, dass die Entwicklung Berlins um die Jahrhundertwende so schnell ging, dass sie für seine Generation, die in der Metropole Berlin aufwuchs, nicht richtig verarbeitet werden konnte. "Die Aufmerksamkeit wurde so stark nach außen gezogen, dass das Innere in Gefahr stand, leer zu bleiben" (Spranger 1946, S. 13), so kennzeichnet Spranger den "Erlebnisbrennpunkt" (a.a.O., S. 14) seiner bildungsbürgerlichen Schicht und deren Anfälligkeit für rechtsextreme kulturelle und politische Perspektiven, bis hin zum Nazismus. Spranger positionierte sich als Intellektueller angesichts der vielfältigen und widersprüchlichen kulturellen Entwicklungen frühzeitig innerhalb des Nationalkonservatismus.

Die Kaisermetropole

Nach der Gründung des deutschen Reiches entwickelte sich die Hauptstadt Berlin recht schnell zur politischen, wirtschaftlichen und kulturellen Metropole des neuen deutschen Staates. Kaiser Wilhelm II. wollte aus der einstmaligen preußischen Residenz auch eine Kaisermetropole machen und damit zwei Aspekte vereinen. Zum einen sollte Berlin die wirtschaftlich gewachsene Macht des Reiches repräsentieren und nach dem Vorbild der Londoner City oder der Pariser Innenstadt verändert und modernisiert werden. Ein Beispiel hierfür war die Projektierung der Kaiser-Wilhelm-Straße als eines Boulevards, für den "sogar ein Teil des zum Schloss gehörenden Hofapothekenflügels abgerissen wurde" (Lehnert 1998, S. 18).

Zum anderen beanspruchte Wilhelm II. als allerhöchste Person, Berlin im Sinne einer idealen und staatserhaltenden Kunst zu verschönern. Die entsprechenden Pläne des Kaisers beinhalteten die volkserzieherische Absicht, das Schicksal des Volkes mit dem des Monarchen und dem Nationalen, dem Deutschen, derart zu verbinden, dass eine stabile, nationalmonarchische Einheit entstehe. Wilhelm II. erfasste damit eine realistische ideologische Möglichkeit, denn "erst mit der Gründung des Reiches war eine Harmonie von monarchischem und deutschem Nationalgefühl wieder bruchlos möglich geworden" (Nipperdey 1968, S. 141), beurteilt der Historiker Thomas Nipperdey die Perspektive symbolischer Politik im Kaiserreich. Dabei stellten Denkmäler ein bedeutendes Medium monarchischer Einflussnahme dar.

In einer Reihe von Denkmalsgründungen begann Wilhelm II., die Hohenzollern-Monarchie prunkvoll zur Schau zu stellen, angefangen mit dem 1897 eingeweihten Nationaldenkmal des Kaisers Wilhelm I. vor dem Berliner Schloss. Einen Höhepunkt bildete die 1901 abgeschlossene Umgestaltung der Siegesallee zwischen dem damaligen Königs-Platz mit der Siegessäule und dem Kemper-Platz mit 32 Denkmalgruppen der Herrscher Brandenburgs und Preußens. Der Königs-Platz mit Siegessäule und die Siegesallee mit der "dynastischen Denkmalreihe" (Lehner 1998, S. 37) bildeten im Selbstverständnis des Kaisers symbolische Gegengewichte zum 1894 eingeweihten Reichstagsgebäude, dem Parlamentsgebäude als dem Symbol einer sich allmählich entwickelnden Demokratisierung.

Spranger wohnte im Zentrum der Reichshauptstadt Berlin und erlebte unmittelbar die Umsetzung der nationalmonarchischen Architekturpolitik des Kaisers, d.h. die Schaffung symbolischer Orte "weihevoller Volkspädagogik", an denen der Einzelne teilhat am Kult der Nation und der "Sakralisierung von Geschichte und Politik", (Zitate aus Assmann 1993, S. 48 u. 49) wie die Konstanzer Kulturwissenschaftlerin Aleida Assmann die Funktion der Denkmäler erklärt. Das "ganze kaiserliche, künstlerische, altbürgerliche Berlin der Vor-Kurfüstendammzeit" (Spranger 1961, S. 13) bezeichnete Spranger in einem autobiographischen Rückblick für sich selbst als maßgebend, als maßgebend für seine politische Orientierung, wie anzumerken bleibt. Die kaiserliche Sichtweise der symbolisch-sakralen Verknüpfung von Volk, Nation und Monarch nahm Spranger zunächst auf und setzt nach dem Ende des Kaiserreichs an die Stelle des Monarchen den Staat.

Zu den positiven Erinnerungen Sprangers an die Kaiserzeit gehörte auch die militärische Zurschaustellung der Hohenzollernmonarchie. Durch die Friedrichstraße zogen die in Berlin-Mitte stationierten Regimenter zur Übung auf das damals noch unbebaute Tempelhofer Feld. Als Kind beobachtete Spranger die Aufmärsche vom Fenster der Wohnung in der Friedrichstraße. Den "Gipfel der Erlebnisfülle im Jahr" (Spranger 1955a, S. 27) bedeuteten ihm jedoch die Paraden vor dem Kaiser, zunächst vor Kaiser Wilhelm I., nach dessen Tod 1888, vor Wilhelm II. Spranger erinnerte sich:

"Obwohl er meist finster blickte, schien ihn doch der allgemeine Jubel auf dem Pferde, dessen Zügel er eigenartig hielt, vorwärts zu tragen.
Auch mich, das Kind, trugen diese Eindrücke vorwärts – von dem überwiegenden Wohlgefallen an dem leidenschaftlichen Kesselpauker des Regiments Garde du Corps mit den golden blitzenden Rüstungen bis zu dem erwachenden Verständnis, dass das der Staat war, der sich hier von einer seiner Seiten darstellte, dass es historische Männer waren, die an dem Schauspiel mitwirkten, dass aber diese Männer Ämter, Ideen und Gegnerschaften verkörperten." (Spranger 1955a, S. 27)

Soweit zurück in seiner Lebensgeschichte lokalisierte Spranger die Grundlegung zweier zentraler Themen seiner ideologischen und politischen Einstellung, beeinflusst durch den kaiserlichen Nationalkult, durch die Freude an den Kaiser-Paraden und deren militärischen Prunk. Es ist dies zum einen die von Spranger später in seinen politischen Überlegungen als notwendig dargestellte Verkörperung des Staates und der Nation in einer besonderen Führer-Person, zum anderen gilt es nach Spranger, das Nationale in herausragenden Kundgebungen, Festen und Feiern symbolisch zu repräsentieren (vgl. u.a. Spranger 1924, S. 74 f.). Für Spranger als Kind repräsentieren "der" Kaiser und die ihn umgebenden Männer, zunächst Bismarck und Moltke, mit ihren Ideen den Staat. Es ist die monarchisch-militärische Macht-Repräsentanz sowie die nationale, von oben nach unten erfolgende Gemeinschaftsbildung durch eindringliche Symbole und Mythen, welche Sprangers autokratische Vorstellung vom Politischen und Ideologischen frühzeitig prägen.

Kritik an der ideologischen Anordnung von Kaisertreue und Kaiserbegeisterung im wilhelminischen Bürgertum, vor allem in satirisch zugespitzter Form, erregte Sprangers Unwillen. Noch im Abstand von rund 30 Jahren galt seine Abscheu insbesondere dem Roman "Der Untertan" von Heinrich Mann, den er seit seinem Erscheinen im Dezember 1918 kannte. Spranger war zu der Zeit Professor an der Leipziger Universität. Ein Kollege und Freund, Eduard Biermann, hatte ihm das Buch zu Weihnachten geschenkt, was er diesem "fast übelgenommen" hatte (vgl. Martinsen/Sacher 2002, S. 365 f.; ES an KH, 29.12.1918). Dies ist verständlich, liest sich doch die Schilderung der Kaiserbegeisterung von Manns Romanfigur Diederich Heßling als parodierende Unterlegung Sprangerscher Texte, wie beispielsweise zu dem oben zitierten. Heinrich Mann schildert in einer 1892, anlässlich der Februarunruhen in Berlin, angesiedelten Szene einen Ausritt Wilhelm II. und dessen Eindruck auf Heßling:

> "Auf dem Pferd dort ... und mit Zügen steinern und blitzend ritt die Macht! Die Macht, die über uns hingeht und deren Hufe wir küssen! ... Gegen die wir nichts können, weil wir sie alle lieben! Die wir im Blut haben, weil wir die Unterwerfung darin haben! ... Jeder einzelne ein Nichts, steigen wir in gegliederten Massen als Neuteutonen, als Militär, Beamtentum, Kirche und Wissenschaft, als Wirtschaftsorganisation und Machtverbände kegelförmig hinan, bis dort oben, wo sie selbst steht, steinern und blitzend! Leben in ihr, haben teil an ihr ..." (Mann 1960, S. 56 f.)

1947 liest Sprangers Freundin Käthe Hadlich den "Untertan" und schreibt ihm, "sowohl die Art der Darstellung als auch das geschilderte Objekt hat mich höchst unsympathisch und verstimmend berührt" (Martinsen/Sacher 2002, S. 365). Spranger, mittlerweile Professor in Tübingen, antwortet, dass er mit ihrem Urteil übereinstimme und dass "der Schmarren noch auf dem Seminar" sei, "er gehört zu den wenigen Büchern, die ich nicht wieder in mein Haus bringen wollte" (Martinsen/Sacher 2002, S. 366). Immerhin – Spranger hatte den "Schmarren" seinerzeit nicht weggeworfen, sondern beließ das Buch seit 1918 an seinem jeweiligen Arbeitsplatz. "Diesen 'Mann' haben soeben die Berliner zum Ehrendoktor gemacht. Da sieht man gleich, aus welcher Kiste die sind" (ebd.), verdeutlicht er 1947 seine tiefe, anhaltende Abneigung gegen Heinrich Mann und die Entwicklung in der sowjetischen Besatzungszone, in deren Bereich die Berliner Universität, sein einstiger Arbeitsplatz, lag.

Hut ab und Front machen

Als der fast 80-jährige Spranger in einem Tübinger Mädchengymnasium 1960 über Bilder aus seinem Leben sprach, begann er mit Kindheitserinnerungen an den Kaiser und berichtete unter anderem:

> "Ich erinnere mich noch ganz genau des Vormittags am 9. März 1888, als der Laufbursche unseres Geschäftes in die Wohnung hinaufkam und das Extrablatt brachte, dass der alte Kaiser gestorben wäre. Dies war ein historischer Moment. An seine Stelle trat nun Kaiser Friedrich, der bisherige Kronprinz." (Spranger, Bericht v. 25.02.1960)

Eine Begegnung mit dem Kronprinzen sei ihm unauslöschlich in Erinnerung geblieben, als er mit seinem Vater im Tiergarten an der Spree spazieren ging, erzähle Spranger den Tübinger Mädchen:

Kinderbild Eduard Spranger[6]

"Plötzlich rief mein Vater: 'Junge, nimm den Hut ab, das ist ja der Kronprinz!' Im gleichen Augenblick ging der Kronprinz mit seiner Gemahlin, einer englischen Prinzessin, an uns vorbei, lächelte ein wenig; dahinter kam aber der Leibjäger mit einem Helm, der einen gewaltigen Busch hatte. Das imponierte viel mehr als das Ehepaar in Zivil voran." (Ebd.)

Auch wenn Einzelheiten, die Spranger hier vortrug, teilweise nachträglich konstruiert sein mögen oder von ihm ausgeschmückt wurden, so sind doch die Haltung des Vaters und die Gefühlsfärbung des Erinnerten bemerkenswert. Zum ersten: Für den Vater Sprangers war die Huldigung preußisch-monarchischer Repräsentation und Autorität ganz selbstverständlich, was zur reibungslosen Gewöhnung des Sohnes an die Personen und Symbole der preußisch-deutschen Monarchie beitrug. Zum anderen spiegelt das angehängte "der Kronprinz lächelte ein wenig" eine Erwartung an den Monarchen wider, einen Grundzug in Sprangers monarchischer Orientierung. Es ist das wohlwollend Patriarchale im Monarchischen, das diese Herrschafts- und Machtform nach Sprangers Auffassung überzeugend bleiben lässt in der volklichen Einigungsmöglichkeit. Dazu ein Ausblick, der zugleich den Aufbau der ideologischen Orientierung aus Sprangers unwillkürlicher Haltung nachvollziehbar werden lässt: 1904, Spranger war 22 Jahre alt und stand vor dem Ende seines Studiums, fuhr er während einer Sommerreise mit einem Bekannten zur Insel Mainau. Im Hof des Schlosses auf der Mainau trafen sie auf den Großherzog von Baden.

"Da trat uns in grauem Hut und Anzug ein alter Herr mit einer kleinen schwarzgekleideten Dame entgegen. Ich hatte den Großherzog nie gesehen. Aber ich wusste im Augenblick, dass er es war. Front machend, empfing ich den Gruß dieses von mir schwärmerisch verehrten Paares. Ein kleiner Hund, der ihnen folgte, sprang umtreibend und eifrig zurück, um die Diener, die die Stühle nachtrugen, zu größerer Eile zu ermuntern. Dies Bild passt so zu meinen ganzen Vorstellungen." (ES an KH 1905, <Sommerreise 1904>)

Spranger nahm 1904 seine Begeisterung über die Begegnung mit Friedrich I., dem damaligen Großherzog von Baden und dessen Frau, Luise von Preußen, einzige Tochter des ersten deutschen Kaisers Wilhelm I., zum Anlass, der

---

[6] Ich danke dem Verlag Quelle & Meyer für die Abdruckerlaubnis.

Freundin Käthe Hadlich seine monarchische Auffassung zu erläutern. Und bezogen auf die Person des Großherzogs schrieb er ihr, dass dieser

"ein Mensch sei auf dem Throne, ein Sonnenschein im deutschen Lande. Deshalb freut es mich heut, einen von seinen Strahlen erhascht zu haben. Denn die Begeisterung für das Gute geht über alle Stände hinweg, und wenn er mich auch nicht kannte und kennen wird, so wird sein Geist vielleicht auch in der Art meiner Staatsauffassung zum bescheidenen Teile fortleben." (Ebd.)

In der Monarchiebegeisterung Sprangers wird das ideologische Moment erkennbar, das ihn immer wieder beschäftigt, das er zeitlebens bearbeitet. Es ist dies die Möglichkeit, in einer aus Sprangers Sicht notwendigerweise hierarchisch gestuften Gesellschaft eine Einheit im Imaginären von oben zu formen. Im deutschen Kaiserreich ist es für Spranger der Kaiser, sind es die Monarchen der Länder, welche die Einheit in einer ständischen Gesellschaftsordnung von oben nach unten formen und erhalten können. In Sprangers Auslegung ist der Großherzog von Baden eine monarchische Idealgestalt, in der sich Einheitlichkeit und gesellschaftlich Allgemeines verkörpern, hier noch diffus als das Gute bezeichnet, für das sich alle Stände unterschiedslos einsetzen können.

Doch entgegen der gefühligen Seite seiner Monarchiebegeisterung betont Spranger zugleich: "Ich bin monarchisch gesinnt; nicht aus Gefühl, sondern gegen mein natürliches Gefühl, aus *Gründen,* die ich allein meinem Nachdenken verdanke" (ebd.). Die monarchische Gesinnung widerspricht eigentlich dem "natürlichen Gefühl" des Bürgers; zudem will der angehende Philosoph nicht seinem Gefühl, sondern allein seinem Nachdenken Raum geben mit dem Ergebnis, dass er – bis 1918 – die Erhaltung der monarchischen Gesellschaftsstruktur als notwendig denkt.

Die Verehrung des Adels und der Monarchie, insbesondere der Hohenzollern und der preußischen Monarchie bilden ein bleibendes Zentrum der politischen Orientierung Sprangers. Die Adelsverehrung bei Spranger erweist sich als bleibendes Einstellungsmuster. Monarchiebegeisterung und Adelsverehrung werden in der Kindheit Sprangers angeregt durch die positive Einstellung des Vaters zu den Hohenzollern, sie beeinflussen Sprangers Auffassung von staatlicher Struktur, von Eliteherrschaft sowie seine Vorstellungen von Ehre und Männlichkeit.

In der milden Wärme des Kulturprotestantismus

Am 16. März 1897, Spranger war 14 Jahre alt, wurde er konfirmiert bzw. "eingesegnet" (Spranger o.J./1, 1966, S. 141). Spranger nahm als Kind und Jugendlicher selbstverständlich an den religiösen Betätigungen der Eltern teil. Seit dem Anfang der 90er Jahre, Spranger war zwischen 8 und 10 Jahre alt, begleitete er die Eltern regelmäßig zum Sonntagsgottesdienst in die am Gendarmenmarkt gelegene Neue Kirche, auch Deutscher Dom genannt. Im Winter gehörte auch die Teilnahme an Gemeindeabenden und Abendgottesdiensten zur religiösen Betätigung der Familie Spranger.

Die Neue Kirche wurde am Anfang des 18. Jahrhunderts gegenüber dem Französischen Dom gebaut. Die Gemeinde und ihre Pfarrer spielten in der Entwicklung des Protestantismus in Berlin und Preußen (cujus regio, ejus religio), in dem teilweise seit dem 17. Jahrhundert erbittert geführten Streit zwischen Lutheranern und Reformierten um die theologischen Prinzipien der Reformation und die Verfassung der evangelischen Kirche als Geistlichkeits- oder Gemeindekirche, eine bedeutende Rolle. Dabei verstanden sich die Mitglieder der Neuen-Kirche-Gemeinde von Anfang an als reformierte Protestanten, die gegenüber der Orthodoxie der Lutheraner und deren Betonung einer konfessionell homogenen Kirche die individuelle Frömmigkeit und Religiosität innerhalb der Kirche stärker berücksichtigten.

Die preußischen Kurfürsten und Könige, zunächst Lutheraner, jedoch seit dem 17. Jahrhundert, aufgrund staatspolitischer Erwägungen, den Reformierten nahe stehend, waren bestrebt, die Glaubensgegensätze im Protestantismus in Grenzen zu halten. Sie zwangen zunächst Reformierte und Lutheraner dieselben Kirchen zum Gottesdienst zu benutzen. Die Niederlage Preußens gegen Napoleon führte am Beginn des 19 Jahrhunderts zu einer starken religiösen Einigungsbewegung in Preußen, der "Union" von Reformierten und Lutheranern. Die reformierte Gemeinde der Neuen Kirche schloss sich 1830 mit der lutherischen Gemeinde der benachbarten Jerusalemskirche zu den "vereinigten Evangelischen Gemeinden der Jerusalems- und Neuen Kirche" (Kirmß 1908, S. 58) zusammen. Beide Gemeinden repräsentierten im 19. Jahrhundert das protestantische Bildungs- und Wirtschaftsbürgertum des Berliner Stadtzentrums.

In allen kirchenpolitischen Auseinandersetzungen blieb auf beiden Seiten, bei Lutheranern wie bei den Reformierten, die Treue zum preußischen König stets unbestritten. Selbst die blutigen Kämpfe des Bürgertums 1848 um eine neue Verfassung in Preußen änderten nichts an dieser Haltung. Der Prediger der Neuen Kirche, Carl Sydow, der im Auftrag des Magistrats der Stadt Berlin am 22. März 1848 bei der Beisetzung der von den königlichen Truppen in Berlin Getöteten die Trauerrede hielt, sah zwar den "sonst so klaren, königlichen Blick" kurzzeitig getäuscht, es gelte aber um "der ruhigen, ordnungsmäßigen Gestaltung des Ganzen" willen, sich "in treuem vaterländischen Gemeinsinn um unseren teuren König" (zitiert bei Kirmß 1908, S. 70) zu scharen. Und noch Paul Kirmß, einer der beiden Gemeindepfarrer der Neuen Kirche zur Zeit Sprangers, beschwört im März 1897 anlässlich des hundertsten Geburtstags des ersten deutschen Kaisers Wilhelm I. in einer Predigt, die der 14-jährige Spranger kurz nach seiner Konfirmation sicher gehört hat, "die sittliche Größe" des Hohenzollernherrschers, der im Kriegsjahr 1870 wie bei seinem Tod, alle "ohne Unterschied des Standes" einte:

"Unser Volk setzt eine Krone des Lebens auf das Haupt seines ersten Kaisers" (zitiert bei Kirmß 2008, S. 337 u. 341).

Einheit des Ganzen, des Deutschen, unter der Krone der Hohenzollern, dies sind die kirchenpolitischen Konstanten des reformierten, preußischen Protestantismus, die Spranger in der Gemeinde der Neuen Kirche erfuhr.

Spranger besuchte ein Jahr lang den Konfirmandenunterricht bei Paul Kirmß, der ihn dadurch beeindruckte, obwohl er "im persönlichen Verkehr still" war, dass er "alle seine seelischen und physischen Kräfte auf[bot], sobald er auf der Kanzel stand" (Spranger o. J./1, 1966, S. 138). Kirmß folgte der Predigtauffassung der liberalen Theologen um die Jahrhundertwende, die einen konkreten Lebensbezug und Gemeindenähe forderten, die auch die Hörer erreichen wollten, "die den Kontakt zur kirchlich überlieferten Sprachwelt verloren haben" (Gräb 1996, S. 105), die "im Medium der Auslegung biblischer Texte" das Potential freilegen wollten, "das die christliche Religion der Deutung und Orientierung menschlicher Lebenserfahrung und -führung gegenwärtig bereitstellt" (a.a.O., S. 107). In den Konfirmandenstunden wurden die Gehalte der Bibel nach Sprangers Erinnerung den Konfirmanden derart nahegebracht, dass eine höhere Ansicht des Lebens geweckt wurde, wie er sie dann bald nach der Konfirmation auch bei seiner ersten Lektüre von Friedrich Schleiermachers 1799 verfassten Reden über das Wesen der Religion, betitelt "Über die Religion – Reden an die Gebildeten unter ihren Verächtern", kennen lernte: "Alles strahlte eine milde Wärme aus." (Spranger o. J./1, 1966, S. 140)

Spranger reflektierte in der Rückschau, dass die Pfarrer der Neuen Kirche eine liberale Theologie vertraten, dem Kulturprotestantismus zuzurechnen waren, mit der Konsequenz, "dass das religiöse Organ in uns belebt wurde, und zwar so, dass nicht sofort ein Konflikt mit der aufgeklärten hauptstädtischen Atmosphäre um uns herum ausbrechen musste. ... Allerdings kann ich nicht leugnen, dass die Saat bei mir – entsprechend einer frühen Neigung zur Reflexion – sehr stark nach der philosophischen Seite hin aufging", wobei, wie Spranger meint, seine "eigentliche geistige Entwicklung" (Spranger o. J./1, 1966, S. 140) erst nach der Konfirmation begann.

Paul Kirmß war über sein Predigeramt hinaus aktiv im Vorstand des Berliner Ablegers des "Deutschen Protestantenvereins". Dieser 1863 gegründete Verein gehörte um die Jahrhundertwende zu den einflussreichen kulturprotestantischen Organisationen. Spranger lernte durch den Vater, der die Vorträge des Deutschen Protestantenvereins und des 1842 gegründeten "Gustaf-Adolf-Vereins" besuchte, schon als Jugendlicher zwei bedeutende religionspolitische Organisationen des Kulturprotestantismus im Berlin der Jahrhundertwende kennen. Die beiden genannten protestantischen Organisationen waren, politisch gesehen, mit unterschiedlichen Akzentsetzungen Teil des nationalen Konservatismus des Kaiserreichs (Gottwald/Herz 1984; Müller 1985), sie waren als protestantisch-bildungsbürgerliche Organisationen auf Kultur- und Religionspolitik konzentriert, die sozialen Auseinandersetzungen der Zeit waren allenfalls Randthemen.

Der Begriff "Kulturprotestantismus" lässt sich allerdings, wie die wissenschaftliche Auseinandersetzung darüber zeigt, nicht eindeutig bestimmen, Erscheinung und Bewertung sind umstritten. Er kennzeichnet um die Jahrhundertwende zunächst einmal das Ziel verschiedener Theologen und protestantischer Gruppierungen, wie Paul Kirmß' oder des Protestantenvereins, die aktuelle Kulturentwicklung und den Protestantismus in wechselseitiger Einflussnahme insoweit zu versöhnen, dass "das Christentum wieder zur zentralen Kulturpotenz" (Graf 1992, S. 25) werde. Dabei waren allerdings die konservativen ebenso wie die liberalen protestantischen Theologen nach der Reichsgründung und angesichts der disparaten gesellschaftlichen Entwicklung im Kaiserreich davon überzeugt, "dass sich die deutsche Gesellschaft nur durch protestantische 'Kulturwerte' integrieren lasse" (Graf 1996, S. 9) und der Kulturprotestantismus zum Wohle des Ganzen zur nationalen kulturhegemonialen Kraft im neugegründeten Deutschen Reich werden müsse. Der theologiepolitische Glaube "an den protestantischen Charakter des deutschen Nationalstaates", bilanziert der Münchner Theologe Friedrich Wilhelm Graf die vorliegende Forschung, "wirkte verhaltensprägend, indem er im gebildeten Bürgertum Prozesse kultureller Vergesellschaftung steuerte und in den protestantischen politischen Eliten die kulturkämpferische Intoleranz gegenüber der katholischen Minderheit und den Sozialdemokraten verstärkte. Vor allem im höheren Bildungswesen und in den Universitäten trug er entscheidend dazu bei, Positionen von Macht und Einfluss für Protestanten zu reservieren und Minderheiten auszugrenzen" (ebd.). Die kulturpolitische Ausgrenzung richtete sich vor allem auch gegen Juden, was Graf hier nicht erwähnt. Wenn auch um die Jahrhundertwende der Antisemitismus im liberalen Protestantismus ambivalent war, so gehörte es doch "zum Proprium des liberalen Protestantismus", wie der Kirchenhistoriker Wolfgang Hinrichs in seiner Untersuchung des Judenbilds im Protestantismus des Kaiserreichs feststellt, dass "der Protestantismus die schlechtweg höherwertige religiöse Stufe sei und das Wesen des deutschen Geistes und der deutschen Nation markiere" (Hinrichs 2000, S. 371). Darüber hinaus wurden Juden auch im liberalen Protestantismus des Kaiserreichs, unter dem Einfluss des Rassen-Antisemitismus, zunehmend als eine ethnische Gruppe, als Fremdkörper im Deutschtum, angesehen.

Aus den vorliegenden Quellen lässt sich nicht ablesen, inwieweit Sprangers antisemitische Grundhaltung von dem Antisemitismus im Protestantismus um die Jahrhundertwende beeinflusst wurde. Man kann jedoch davon ausgehen, dass Spranger Antisemitismus als selbstverständliche Artikulation in seinem Lebensumfeld aufnahm: durch Eltern, durch die Schule wie auch durch die Kirche.

Zusammenfassend bleibt an dieser Stelle festzuhalten, dass Spranger als Kind und Jugendlicher die Frömmigkeit seiner Mutter positiv aufnahm, dass er gleichzeitig ganz selbstverständlich in den Kulturprotestantismus in Berlin eingeführt wurde. Spranger nahm somit frühzeitig religions- und kulturpolitische Motive und Perspektiven des Kulturprotestantismus auf, die, wie der Historiker Gangolf Hübinger herausgearbeitet hat, von der Überzeugung bestimmt waren, "religiöse Heilserfahrung über wissenschaftlich fundierte Bildung mit der modernen Kultur vermitteln und politischer Herrschaft eine bessere Legitimitätsgrundlage liefern zu können" (Hübinger 1994, S. 309).

Weder Musiker noch Förster noch Offizier

Der Vater Eduard Sprangers stammte aus einer Berliner Handwerkerfamilie, die Mutter aus einer westfälischen Arbeiterfamilie. Vor diesem kleinbürgerlichen Hintergrund ist es verständlich, dass dem Vater Sprangers als Beruf für seinen Sohn etwas Solides vorschwebte: die "Laufbahn eines Försters oder eines Offiziers" (Spranger 1952). Deshalb besuchte Spranger zunächst ab Oktober 1888 das Berliner Dorotheenstädtische Realgymnasium in der Georgenstraße. Der Schulweg war nicht allzu lang. Neben den Naturwissenschaften und Französisch wurde auch Latein unterrichtet. Die Realgymnasien waren jedoch gegen Ende des 19. Jahrhunderts noch nicht mit den Gymnasien gleichgestellt. Angesichts der philosophischen Interessen und intellektuellen Fähigkeiten Sprangers riet deshalb der Lateinlehrer des Dorotheenstädtischen Realgymnasiums, Siegfried Borchardt, den Eltern, ihren Sohn auf ein Gymnasium wechseln zu lassen. Die Eltern folgten diesem Rat, wohl auch deshalb, weil ihr Sohn aufgrund seiner physischen Konstitution etwa für eine Offizierslaufbahn ungeeignet war.

Ab dem Schuljahr 1894/95 besuchte Spranger das renommierte Berlinische Gymnasium zum Grauen Kloster, wo er am 17. März 1900 das Abitur ablegte. Das Gymnasium zum Grauen Kloster war eine Schulgründung, die im Zusammenhang mit der Ausbreitung der Reformation und der Säkularisierung von Kirchengütern in der Mark Brandenburg stand. Im Juli 1574 wurde das evangelische Gymnasium in den Gebäuden eines ehemaligen Franziskanerklosters eröffnet. Das Kloster hatte im Volksmund wegen der grauen Kutten der Franziskanermönche die Bezeichnung "Graues Kloster" erhalten. (Scholtz 1998)

Der Schulwechsel führte bei Spranger zu einem Klärungsprozess über die spätere Berufsperspektive, stand doch zunächst für Spranger die Musik im Vordergrund. Als Spranger acht Jahre alt war, begann der erste Klavierunterricht, (Spranger 1955b, S. 6) und er brachte es im Verlaufe seiner Schulzeit "zu einiger Virtuosität und zu ersten Kompositionsversuchen"[7]. Deshalb wollte er zunächst Musiker werden. Doch "diesen Pubertätswunsch habe ich ebenso hart abstoßen müssen wie die ästhetische Weltanschauung", bilanziert der 70-jährige Spranger in einer Rückschau: "Noch heute miniert etwas davon in mir. Ich möchte es das ungelebte Leben nennen" (Spranger 1953, S. 343). Dass Spranger einen ganz anderen Weg einschlug, die bildungsbürgerlich-protestantische Hochschätzung von Wissenschaft und Philosophie übernahm und sich in den "preußischen Geist nüchterner Pflichterfüllung" (ebd.) einfügte, dazu hat der Besuch des Gymnasiums zum Grauen Kloster entscheidend beigetragen.

---

[7] Spranger (1961) in Bähr/Wenke 1964, S. 14. Vgl. dazu Schraut 2007b, der 18 Kompositionen Sprangers nachweist. Der Veröffentlichung ist eine CD mit zwei Klavierkompositionen Sprangers (von 1893 u. 1895) beigefügt, die in Nürnberg aufgenommen wurden.

Im Verlauf der Schulzeit kristallisierte sich bei Spranger als Berufs- und Lebensziel heraus, "ein Gelehrtenleben zu führen, zugleich aber bildend auf die Gesamthaltung des deutschen Volkes einzuwirken" (Spranger o.J/2, 1973, S. 428). Auch wenn Spranger hier im Rückblick den eingeschlagenen Lebensweg selbst auslegt und versucht, einen Zusammenhang herzustellen, so erscheint dieses Erklärungsmuster angesichts von Sprangers Lebenslauf plausibel. Spranger entschied sich frühzeitig, eine gesellschaftliche Position anzustreben, die es ihm entsprechend seiner Herkunft und seinen Fähigkeiten ermöglichte, an der autokratisch-ideologischen Macht des wilhelminischen Staates teilzuhaben und nicht den gesellschaftlich unsicheren Weg eines Musikers zu gehen. In welcher Form der Machtteilhabe, das bleibt zunächst offen. Immerhin gibt Spranger beim Abitur als Studienfach "Philosophie" an, als einziger unter den 14 Abiturienten (Bellermann 1900, S. 19). Es war der Englischlehrer des Gymnasiums zum Grauen Kloster, Emil Fichte, "ein indirekter Abkömmling von Fichte" (Spranger 1953, S. 343), der neben dem schon erwähnten Konfirmandenunterricht, Sprangers Interesse für die Philosophie bestärkte.

Vaterländische Gedenktage

Der Besuch des Gymnasiums zum Grauen Kloster klärte nicht nur die Berufs- und Lebensperspektive Sprangers, Philosoph und Kulturführer zu werden. Auch die frühe ideologische Orientierung wurde hier beeinflusst und gefestigt wie vorher schon im Dorotheenstädtischen Realgymnasium. Dazu ein Beispiel.

In beiden evangelischen Gymnasien gehörte es zum Schulalltag, die jährlichen "Vaterländischen Gedenktage" zu feiern. Neben der schon erwähnten kaiserlichen Denkmalspolitik, bildeten die Feiern der Vaterländischen Gedenktage in den Berliner Schulen ein weiteres erziehungspolitisches Medium der appellativen, nationalmonarchischen Inszenierung.

Dazu gehörte vor anderen der Sedanstag. Am 2. September 1870 kapitulierten die französischen Truppen bei Sedan und der französische Kaiser, Napoleon III., wurde gefangengenommen. Die Sedanschlacht war kriegsentscheidend im deutsch-französischen Krieg, der 1871 zur Gründung des Deutschen Reiches führte.

Der 2. September 1895 beispielsweise, der 25. Jahrestag der Schlacht von Sedan, wurde im Gymnasium zum Grauen Kloster, das Spranger zu diesem Zeitpunkt anderthalb Jahre besuchte, mit einer Schulfeier begangen. Die Festrede hielt der Geschichtslehrer Ferdinand Lamprecht, "welcher Mitkämpfer in vielen Schlachten und Gefechten des großen Krieges gewesen ist und die Zeit desselben aus persönlichen Erinnerungen den Schülern vorführte", wie die Jahreschronik der Schule berichtet. Anschließend gingen die oberen Klassen des Gymnasiums zum Lustgarten, heißt es weiter in der Chronik, "und nahmen daselbst Aufstellung zur Begrüßung Seiner Majestät des Kaisers, welcher nach Abhaltung der Parade an der Spitze der Fahnen und Feldzeichen ins Schloss zurückkehrte"

(Zitate in Bellermann 1896, S. 19). Für Spranger sicher ein erregendes und prägendes Ereignis.

Ebenso waren die Geburts- und Todestage der beiden ersten deutschen Kaiser, Wilhelm I. und Friedrich III., Anlässe zu Gedenkfeiern. Nach 1888, nach der Inthronisierung des dritten Kaisers, Wilhelm II., wurde jährlich am 27. Januar feierlich an seinen Geburtstag erinnert. Für Wilhelm II. war sein 30. Geburtstag 1889 Anlass, im Königlichen Opernhaus das vaterländische Drama "Die Quitzows" des Schriftstellers und Dramatikers Ernst von Wildenbruch für ausgewählte Schüler der Berliner Schulen kostenlos aufführen zu lassen. Das Dorotheenstädtische Realgymnasium, das Spranger zu dieser Zeit besuchte, wählte zehn der besten Schüler für die Quitzow-Vorstellung aus (Jahres-Bericht 1888-89, S. 19). Spranger, der jährlich der beste Schüler seiner Klasse war, gehörte sicher zu den zehn Auserwählten. Am Schluss der Aufführung wurde, wie in einem Zeitungsbericht darüber zu lesen ist, "ein Hoch auf Kaiser Wilhelm ausgebracht, auf die Füße sprangen die Kleinen, aus dem Kasten jubelte es hervor, das Orchester fiel mit seinem Tusch ein, die Tücher wehten in der Luft und tausend helle jubilierende Stimmen fielen ein, als nun die Nationalhymne erklang", und der Berichterstatter meint, dass dieser Kaisergeburtstag den Kindern "in unvergesslicher Erinnerung bleiben wird" (zitiert bei Ketelsen 1981, S. 30). Spranger fühlte sich dem Kaiser Wilhelm II. bis zu dessen Tod tief verbunden ebenso wie dem Schriftsteller Ernst von Wildenbruch. Dieser war ein illegitimer Hohenzollernspross und wurde im Deutschen Kaiserreich mit seiner pathetischen Glorifizierung des Nationalen zu einem der meistgespielten und –gelesenen Schriftsteller. Noch 1904, gegen Ende seines Studiums, unterstreicht Spranger in einem Brief an Käthe Hadlich seine tiefe Verehrung Wildenbruchs als Nationaldichter:

> "...meinen Sie, dass ich an Wildenbruch schreiben soll oder nicht? Er ist der intimste Freund von Dilthey; aber als Mensch wohl unendlich mehr als der Historiker. Und eigentlich: was soll ich schreiben. Er hat so viel von 'den deutschen Menschen' gedichtet und weiß so viel von der Kinderseele. Ob er nicht brennen müsste, ihr zu einem Deutschsein zu helfen? Er ist doch über mir; aber ich fühle mich ihm verwandt bis auf die Unarten." (ES an KH, 29.02.1904)

Dem deutschen Menschen zum Deutschsein zu verhelfen, und das im Einklang mit der jeweils herrschenden politischen Macht, das ist ein zentrales ideologisches Thema Sprangers.

Auch Bismarck gehörte zu den von Spranger lebenslang verehrten Personen. Bismarck hatte einst das Gymnasium zum Grauen Kloster besucht und dort 1832 sein Abitur abgelegt. Die Schüler sahen sich, wie Spranger anmerkt, als "besondere Garde des alten Kanzlers" (Spranger, Bericht v. 25.02.1960). Nach dessen Tod Ende Juli 1898 wurde am Gymnasium zum Grauen Kloster eine Gedächtnisfeier für ihn veranstaltet, an der Spranger wohl teilgenommen hat. Die Feier wurde mit einem Gesang aus Georg Friedrich Händels Oratorium "Samson" eröffnet:

"Klagt Völker, klagt in lautem Schmerz, Ach unser Held, er ist nicht mehr ....." (Bellermann 1899, S. 17). Anschließend hielt der Direktor der Schule, Ludwig Bellermann, eine Ansprache, in der er "u n s e r e n Bismarck" vorstellte, als "die Verkörperung des Besten und Edelsten, was wir in den gehobensten Stunden unseres Vaterlandsgefühls als d e u t s c h bezeichnen und empfinden" (ebd.).

Ende Oktober oder Anfang November wurde in beiden Gymnasien, im Dorotheenstädtischen und im Grauen Kloster, das märkische Reformationsfest begangen. Dies war ein religionspolitisches Fest, das an die Reformation in der Mark Brandenburg erinnerte. Es fand jährlich eine Schulfeier statt, dabei wurde dem jeweils besten Schüler der Schule eine 1839 von der Stadt Berlin gestiftete Gedenkmünze übergeben. Am 2. November 1899, bei der Schulfeier des Reformationsfestes im Gymnasium zum Grauen Kloster, erhielt der Oberprimaner Eduard Spranger diese Münze als der beste von 456 Schülern (Bellermann 1900, S. 17).

Zusammenfassung

Die politische, religiöse und ideologische Sozialisation Sprangers erfolgte im Einklang von Elternhaus, der protestantischen Neuen Kirche, der beiden Gymnasien, die Spranger besuchte, mit der wilhelminischen, nationalen Atmosphäre der Kaisermetropole Berlin. Die weitgehende, politisch-ideologische Übereinstimmung der Sozialisationsinstanzen in Sprangers Kindheit und Jugend grundierte die "unwillkürliche Sinngewißheit" bzw. "selbstverständliche Sinngewißheit" (Sellin 1985, S. 584 u. 585) in seinem national-konservativen Verständnis von Gesellschaft in Deutschland. Dieses wird nicht durch die politischen Veränderungen und die tiefen Einschnitte in der deutschen Geschichte in der ersten Hälfte des 20. Jahrhunderts grundlegend verändert oder gar aufgelöst. Dies belegt die vorliegende kritisch-wissenschaftshistorische Forschung. Spranger selbst ist der Auffassung, dass er sich "spät, aber mit Einsicht" (Spranger o.J./2, 1973, S. 430) zur "eigentlichen Demokratie" (ebd.) bekehrt habe. Der wissenschaftshistorischen Forschung bleibt aus meiner Sicht die Aufgabe, den Zeitpunkt oder Zeitraum dieser Bekehrung oder Erweckung noch zu finden.

Literatur

Assmann, Aleida: Arbeit am nationalen Gedächtnis. Eine kurze Geschichte der deutschen Bildungsidee. Frankfurt am Main/New York 1993.
Begegnung und Dank-Eduard Spranger zum 80. Geburtstag am 27. Juni 1962: Prof. Dr. Walter Jens. In: Universitas, 17.Jg.(1962), S. 592-593.
Bellermann, Ludwig: Berlinisches Gymnasium zum grauen Kloster. Ostern 1896. Jahresbericht. Berlin 1896. Bundesarchiv Koblenz, Nachlass Eduard Spranger, N-1182.

Bellermann, Ludwig: Berlinisches Gymnasium zum grauen Kloster. Ostern 1899. Jahresbericht. Berlin 1899. Bundesarchiv Koblenz, Nachlass Eduard Spranger, N-1182.

Bellermann, Ludwig: Berlinisches Gymnasium zum grauen Kloster. Ostern 1900. Jahresbericht. Berlin 1900. Bundesarchiv Koblenz, Nachlass Eduard Spranger, N-1182.

Bienert, Michael/Senf, Erhard: Berlin wird Metropole. Fotografien aus dem Kaiser-Panorama. Berlin/Brandenburg 2000.

Bollnow, Otto Friedrich: Das Lebenswerk Eduard Sprangers. In: Eduard Spranger. Sein Leben und Werk. Heidelberg 1964, S. 91-107.

Fetscher, Iring: Neugier und Furcht. Ein Versuch, mein Leben zu verstehen. Hamburg 1995.

Hübinger, Gangolf: Kulturprotestantismus und Politik. Zum Verhältnis von Liberalismus und Protestantismus im wilhelminischen Deutschland. Tübingen 1994.

Gottwald, Herbert/Herz, Heinz: Deutscher Protestantenverein. In: Lexikon zur Parteiengeschichte, hrsg. v. Dieter Fricke u.a., Bd. 2. Köln 1984, S. 251-257.

Gräb, Wilhelm: Die Predigt liberaler Theologen um 1900. In: Der deutsche Protestantismus um 1900, hrsg. von Friedrich Wilhelm Graf u. Hans Martin Müller. Gütersloh 1996.

Graf, Friedrich Wilhelm: Kulturprotestantismus. Zur Begriffsgeschichte einer theologiepolitischen Chiffre. In: Kulturprotestantismus. Beiträge zu einer Gestalt des modernen Christentums, hrsg. v. Hans Martin Müller. Gütersloh 1992, S. 21-77.

Graf, Friedrich Wilhelm: Einleitung. In: Der deutsche Protestantismus um 1900, hrsg. von Friedrich Wilhelm Graf u. Hans Martin Müller. Gütersloh 1996, S. 9-16.

Heinrichs, Wolfgang: Das Judenbild im Protestantismus des Deutschen Kaiserreichs. Köln 2000.

Helling, Fritz: Spranger als politischer Pädagoge. In: Die Neue Erziehung, 15. Jg. (1933), S. 70-73.

Helling, Fritz: Eduard Sprangers Weg zu Hitler. In: Schule und Nation. 13. Jg. (1966), H. 2, S. 1-4.

Helling, Fritz: Mein Leben als politischer Pädagoge, hrsg. von Burkhard Dietz u. Jost Biermann. Frankfurt a. M. 2007.

Hessel, Franz: Ein Flaneur in Berlin. Neuausgabe von "Spazieren in Berlin" (1929). Berlin 1984.

Himmelstein, Klaus: Die Konstruktion des Deutschen gegen das Jüdische im Diskurs Eduard Sprangers. In: Meyer-Willner, Gerhard (Hrsg.): Eduard Spranger. Aspekte seines Werks aus heutiger Sicht. Bad Heilbrunn 2001, S. 53-72.

Himmelstein, Klaus: Eduard Spranger im Nationalsozialismus. In: Sacher, Werner/Schraut, Alban (Hrsg.): Volkserzieher in dürftiger Zeit. Studien über Leben und Wirken Eduard Sprangers. Frankfurt a. M. 2004, S. 105-120 u. S. 261 ff.

Himmelstein, Klaus: Zur Konstruktion des Geschlechterverhältnisses in der pädagogischen Theorie Eduard Sprangers. In: Jahrbuch für Pädagogik 1994. Frankfurt am Main 1994, S. 225-246.

http://www.eduard-spranger-gesellschaft.de.

Hubatsch, Walther: Grundlinien preußischer Geschichte. 3. Aufl. Darmstadt 1988.

Jahres-Bericht über das Dorotheenstädtische Realgymnasium zu Berlin für das Schuljahr 1888-89. Berlin 1889. Bundesarchiv Koblenz, Nachlass Eduard Spranger, N-1182.

Keim, Wolfgang (Hrsg.): Erziehungswissenschaft und Nationalsozialismus – Eine kritische Positionsbestimmung. Marburg 1990.

Keim, Wolfgang: Erziehung unter der Nazi-Diktatur, 2 Bände. Darmstadt 1995 u. 1997.

Ketelsen, Uwe-K.: Ernst von Wildenbruch: Die Quitzows. In: Müller-Michaels, Harro (Hrsg.): Deutsche Dramen. 3., verb. u. erg. Aufl. 1996, S. 22-39.

Kirmß, Paul: Predigten in der Neuen Kirche zu Berlin. Berlin 1898.

Kirmß, Paul: Die Geschichte der Neuen Kirche zu Berlin von 1708 bis 1908. Berlin 1908.

Lehnert, Uta: Der Kaiser und die Siegesallee. Réclame royale. Berlin 1998.

Löffelholz, Michael: Eduard Spranger 1882-1963. In: Die großen Deutschen unserer Epoche, hrsg. von Lothar Gall. Berlin 1995, S. 83-96.

Luchtenberg, Paul: Pädagogische Anthropologie. In: Eduard Spranger. Bildnis eines geistigen Menschen unserer Zeit. Zum 75. Geburtstag dargebracht von Freunden und Weggenossen, hrsg. v. Hans Wenke. Heidelberg 1957, S. 123-131.

Mann, Heinrich: Der Untertan. Berlin (DDR) 1960.

Martinsen, Sylvia/Sacher, Werner (Hrsg.): Eduard Spranger und Käthe Hadlich. Eine Auswahl aus den Briefen der Jahre 1903-1960. Bad Heilbrunn 2002.

Müller, Gerhard: Gustaf-Adolf-Verein. In: Lexikon zur Parteiengeschichte, hrsg. v. Dieter Fricke u.a., Bd. 3. Köln 1985, S. 76-80

Nipperdey, Thomas: Nationalidee und Nationaldenkmal im 19. Jahrhundert (1968). In: Nipperdey, Thomas: Gesellschaft, Kultur, Theorie. Gesammelte Aufsätze zur neueren Geschichte. Göttingen 1976, S. 133-173 u. S. 432-439.

Ortmeyer, Benjamin: Mythos und Pathos statt Logos und Ethos. Zu den Publikationen führender Erziehungswissenschaftler in der NS-Zeit: Eduard Spranger, Herman Nohl, Erich Weniger und Peter Petersen. Weinheim 2009.

Riedel, Manfred: Wissenschaft und Leben. Zu Eduard Sprangers Briefwechsel. In: Neue Züricher Zeitung, Nr. 20: 26.01.1980, S. 41.

Scholtz, Harald: Gymnasium zum Grauen Kloster 1874-1974. Weinheim 1998.

Schraut, Alban: Biografische Studien zu Eduard Spranger. Bad Heilbrunn 2007a.

Schraut, Alban: Eduard Spranger und die Musik als Weltanschauungsausdruck (2007b). In: Schulpädagogische Untersuchungen Nürnberg, Heft 28, Nürnberg 2007, S. 3-27.

Schraut, Alban: Auf dem Wege zu einer Biografie – Eduard Sprangers Kindheit, Schul- und Jugendzeit. Nürnberg 2008.

Sellin: Volker: Mentalität und Mentalitätsgeschichte. In: Historische Zeitschrift, Bd. 241 (1985), S. 555-598

Spranger, Eduard: Gedanken zur Pädagogik (1902). In: Eduard Spranger. Gesammelte Schriften, Bd. 2. Heidelberg 1973, S. 190-207.

Eduard Spranger an Käthe Hadlich, Briefe 1903-1960. Bundesarchiv Koblenz, Nachlass Eduard Spranger, N-1182.

Spranger, Eduard: Was muß die deutsche Frau von der politischen Lage wissen? 3., unveränderte Aufl. 1919.

Spranger, Eduard: Eros (1922). In: Kultur und Erziehung. Leipzig 1928, S. 256-267.

Spranger, Eduard: Über Erziehung zum deutschen Volksbewußtsein (1924). In: Eduard Spranger: Volk, Staat, Erziehung. Gesammelte Reden und Aufsätze. Leipzig 1932, S. 57-76.

Eduard Spranger an das Hofmarschallamt des Deutschen Kaisers, 11.09.1926, Archiv des Ex-Kaisers Wilhelm II. 1918-1941-M 444/193: Audienzanträge 1926-1929, Het Utrecht Archief, Niederlande.

Spranger, Eduard: Psychologie des Jugendalters, 6. Aufl. Leipzig 1926.

Spranger, Eduard: Probleme der politischen Volkserziehung (1928a). In: Eduard Spranger: Volk, Staat, Erziehung. Gesammelte Reden und Aufsätze. Leipzig 1932, S. 77-106.

Spranger, Eduard: Mütterlichkeit. In: Ethik, 4. Jg. (1928b), S. 69-70.

Spranger, Eduard: Das deutsche Bildungsideal der Gegenwart in geschichtsphilosophischer Beleuchtung. 2. Aufl. Leipzig 1929.

Spranger, Eduard: Die Kulturaufgabe der Frau und die höhere Mädchenbildung. In: Mädchenbildung, 6. Jg. (1930), S. 7-30.

Spranger, Eduard: Ansprache am 02.07.1932, Abschrift, Spranger-Archiv an der TU Braunschweig.

Spranger, Eduard: März 1933. In: Die Erziehung, 8. Jg. (1933), S. 401-408.

Spranger, Eduard: Eine Berliner Generation (1946). In: Eduard Spranger. Berliner Geist. Tübingen 1966, S. 11-19.

Spranger, Eduard: Die Magie der Seele. Berlin 1947.

Spranger, Eduard: Autobiographisches Manuskript (1952), Abschrift, Spranger-Archiv an der TU Braunschweig.

Spranger, Eduard: Ein Professorenleben im 20. Jahrhundert (1953). In: Eduard Spranger. Gesammelte Schriften, Bd. 10. Heidelberg 1973, S. 342-360.

Spranger, Eduard: Mutterliebe. In: Blätter des Pestalozzi-Fröbel-Verbandes, 5. Jg. (1954), S. 34-46.

Spranger, Eduard: Aus der Chronik der Friedrichstrasse (1955a). In: Eduard Spranger. Berliner Geist. Tübingen 1966, S. 20-28.

Spranger, Eduard: Rede über die Hausmusik. Kassel/Basel 1955b.

Spranger, Eduard: Ein Besuch in Doorn (1959?), Manuskript. Bundesarchiv Koblenz, Nachlass Eduard Spranger, N-1182.

Spranger, Eduard: Bericht in einem Tübinger Mädchengymnasium am 25.02.1960, Manuskript. Bundesarchiv Koblenz, Nachlass Eduard Spranger, N-1182.

Spranger, Eduard: Kurze Selbstdarstellung (1961). In: Eduard Spranger. Sein Leben und Werk. Heidelberg 1964, S. 13-21.

Spranger, Eduard: Mein Einsegnungspfarrer Kirmss und die religiöse Situation in Berlin (o.J./1). In: Eduard Spranger. Berliner Geist. Tübingen 1966, S. 138-146.

Spranger, Eduard: [Rückblick], o.J./2. In: Eduard Spranger. Gesammelte Schriften, Bd. 10. Heidelberg 1973, S. 428-430.

Strecker, Dieter: Religion und Metaphysik im Denken Eduard Sprangers. Diss. Düsseldorf 1973.

Weber, Bernd: Pädagogik und Politik vom Kaiserreich zum Faschismus. Zur Analyse politischer Optionen von Pädagogikhochschullehrern von 1914-1933. Königstein Ts. 1979.

Dieter Kirchhöfer

Die Rezeption Marxscher Dialektik im wissenschaftlichen Denken der DDR-Pädagogik

Einem aufmerksamen Leser von Denkschriften dieser Art könnte sich die Frage stellen, was für einen Erklärungswert eine solche Themenstellung für heutige Pädagogen noch hat. Müssten nicht vielmehr Fragen der Neuorganisation des Bildungsmonopols und des Bildungsprivilegs durch die herrschende Klasse im Mittelpunkt kritischer Schiften stehen. All unser Reden über notwendige strukturelle Schulreformen, gemeinsame Grundbildung und Inhaltskonzeptionen gehen doch gegenwärtig ins Leere, weil die politischen und ökonomischen Eliten den deutschen Bildungskonsens in der Gesellschaft längst schon verlassen und die gemeinsame Verantwortung für die Erziehung der Heranwachsenden aufgekündigt haben, ihren Nachwuchs an Privatschulen unterrichten lassen und ansonsten die soziale Spaltung der Gesellschaft durch eine geteilte Bildungslandschaft als gegeben sehen, wobei man geneigt ist, "naturgegeben" zu schreiben. Selbst Missbrauchspraktiken an solchen Einrichtungen schrecken sie nicht von diesem Sonderweg für ihren Nachwuchs ab. Die Beschäftigung mit einer zurückliegenden, durch den Geschichtsverlauf vermeintlich überholten geistigen Strömung des 19. Jahrhunderts und die nun auch noch mit einer Rezeptionskritik einer ebenso vergangenen Pädagogik des abgelegten Staates DDR zu verknüpfen, scheint, wenn schon nicht absurd, so doch wenigsten kaum produktiv zu sein.

Die vielleicht naive Überlegung dieses Beitrages ist es, Marx nutzen zu wollen, um gegenwärtige Bildungspolitik aus einem Klientel- und Lagerdenken herauszuführen, Denkhorizonte für eine kreativ-pragmatische, mit emanzipativen Anspruch auftretende Bildungspolitik zu öffnen, die allein dem Kinde zugewandt ist.

Es sei an der Stelle eine vergleichende Replik zu Wolfgang Keim gestattet. Dem Jubilar, der vielleicht des Jubilarseins überdrüssig ist , ging es in seiner umfangreichen Auseinandersetzung mit dem Nationalsozialismus in der westdeutschen Pädagogik eigentlich nie nur darum, den verbrecherischen Inhalt dieser Anschauungen zu zeigen, sondern auf Parallelen zur gegenwärtigen Rechtsentwicklung in der westdeutschen Erziehungswissenschaft zu verweisen und deutsche Pädagogen an eine ernsthafte Auseinandersetzung mit dem rechtsradikalen Gedankengut heranzuführen.

Auch die Marxrezeption in den Erziehungswissenschaften und die kritische Reflexion darüber stellt sich ständig neu und sollte als eine Erkenntnislinie einer kritischen Pädagogik erhalten bleiben oder sogar neu belebt werden. Einer solchen Rezeption wird es weniger bedürfen, die in beiden deutschen Staaten hinreichend erschlossenen Marxschen Einzelaussagen zur Erziehung zu wiederholen, sondern die Denkweise und die Denkstrukturen im Marxschen Herangehen zu vergegenwärtigen. Vor allem scheint es darauf anzukommen, die materialistische Dialektik als Methode zu erschließen und zu prüfen, wie unter veränderten gesellschaftlichen Bedingungen einer sich wandelnden Arbeitsgesellschaft neue Fragestellungen an und für Bildung entstehen und sich Lösungsmöglichkeiten für eine emanzipatorische, gesellschafts- und bewusstseinskritische Pädagogik anbieten. Dabei wird es sicher auch notwendig werden, zumindest andeutungsweise zu fragen, wie in der DDR-Pädagogik – die eine marxistisch-leninistische Gesellschaftswissenschaft sein wollte – die Rezeption Marxscher Gedankenkonzepte erfolgte. Die Erfahrungen dieser vierzigjährigen Marxrezeption in der DDR sollten nicht einfach bei Seite gelegt oder der Vergessenheit überlassen werden. Sie haben zumindest zwei Grundeinsichten entstehen lassen:

Eine Rückkehr zu Marx, auch unter Berücksichtigung, dass viele der Erziehungsvorstellungen von Marx im Rahmen bürgerlicher Verhältnisse formuliert worden und auch die Pädagogik der DDR in vielen Bereichen im Rahmen einer bürgerlichen Pädagogik verblieb, ist vielleicht vorstellbar, aber wenig sinnvoll. Die Frage "Waren wir bei Marx"? – ein Titel *einer* interessanten Streitschrift von Ekkehard Sauermann[1] – einem marxistischen Erziehungswissenschaftler und Staatsbürgerkundemethodiker der DDR – müsste insofern zurückgewiesen werden, würde doch Marx selbst sich entschieden dagegen verwahrt haben, nach 100 Jahren unverändert gelesen werden zu wollen. DDR-Pädagogik war zwar über viele Strecken die am weitesten entwickelte Form eines bürgerlichen Erziehungskonzeptes, aber es spricht tatsächlich manches dafür, dass DDR-Erziehungswissenschaft ihren Marx doch nicht umfassend gelesen und sein pädagogisches Denken verkürzt dargestellt hatte, und also nicht bei Marx gewesen ist, wobei immer wieder zu beachten wäre, dass aus meiner Sicht Marx kein geschlossenes pädagogisches Gedankensystem entwickelt hat. Zugleich müsste die Frage bejaht werden. DDR-Pädagogik hat ungeachtet dieser Verkürzungen viele der Marxschen Aussagen unter neuen gesellschaftlichen Bedingungen weiterdenken und insofern der materialistisch-dialektisch begründeten pädagogischen Theorie wichtige Erkenntnisse beifügen müssen. Es war wohl insbesondere die Philosophie, die sich weit von einer bloßen Exegese Marxscher Zitate entfernt hatte und schöpferisch neue theoretische Antworten auf herangereifte Probleme auch der Pädagogik zu finden suchte.

Selbst wenn man die vielfachen Ansätze einer schöpferischen, d.h. kritischen und weiterführenden Marx-Rezeption in der DDR verfolgt, könnten diese Ansätze wenig helfen, heutige Probleme einer Neuorientierung des Bildungsmonopols des Kapitals und einer weiteren damit zusammenhängenden sozialen Spaltung der Gesellschaft zu beantworten. Die früher oft, heute erneut – meist auf ostdeutscher Seite – geäußerte Hoffnung, dass sich das westdeutsche Erziehungssystem auf Lösungen der DDR-Schule besinnen möge, unterliegt einer Illusion, als könne man in ein völlig anders sozial und politisch strukturiertes

---

[1] E. Sauermann: Waren wir bei Marx? Berlin 1990.

System einzelne pädagogische Lösungen transplantieren, wie z.B. den polytechnischen Unterricht oder die gemeinsame Grundschulbildung aller Kinder bis zur 10. Klasse. Die wachsende soziale Ungleichheit, die häufig unsichtbaren sozialen Stereotypisierungen, der objektiv existierende Statusstress[2], aber auch die Differenzierung der Unternehmensstrukturen, die privatwirtschaftlichen Gewinninteressen, der Föderalismus stehen solchen Versuchen entgegen.

Aus diesem Grunde sei lediglich versucht, anhand einiger gegenwärtiger pädagogischer Problemsituationen zu prüfen, wie Marxsche Überlegungen für kritisches pädagogisches Denken produktiv entwickelt werden können, wobei ich nicht übersehe, dass die Vermittlung von Aussagen der philosophischen und der pädagogischen Theorie ein äußerst komplizierter Prozess ist, der vielfacher Vermittlungsschritte bedarf, denen hier oft nicht nachgegangen werden kann:

Ein dialektisches Entwicklungsverständnis

Marx unter heutigen Verhältnissen rezipieren zu wollen, bedeutet m.E. vor allem, die materialistische Dialektik als Methode der Seins- und Bewusstseinskritik zu erschließen. Die Pädagogik der DDR entwickelte – und darin sind sich auch alle Kritiker einig – auf der Grundlage der Fortschritte einer dialektisch-materialistischen Psychologie ein Entwicklungsverständnis, dass Erziehung als mehrdimensionierten Widerspruch von Anlage und Umwelt, Individuum und Kollektiv, Führung und Selbsttätigkeit, Erziehung und Selbsterziehung, Entäußerung und Verinnerlichung verstand. Mit einem entsprechenden Tätigkeitskonzept begründete sie in der Subjekt-Objekt-Dialektik dieses Entwicklungskonzept auf materialistischer Grundlage, dass u.a. in der westdeutschen Pädagogik mit der Kritischen Psychologie von Klaus Holzkamp eine Entsprechung fand.

Doch an dieser Stelle sollte schon ein erster Einspruch angemeldet werden. Mit der Dialektik als Lehre vom allseitigen Zusammenhang und der Entwicklung waren – um Lenin zu zitieren[3] – zu Beginn und im Verlaufe des vergangenen Jahrhunderts alle einverstanden. Die entscheidende Differenzierung setzte mit dem jeweiligen Verständnis von Entwicklung ein. Entwicklung als Zunahme, als einfaches, allgemeines, vielleicht sich beschleunigendes Wachstum, bei dem qualitativen Sprüngen quantitative Anhäufungen vorangehen o d e r Entwicklung als wechselseitiges Ineinanderübergehen, einem ständigen Entstehen und Vergehen, einem Wechsel von Progress und Regress, Stetigkeit und Unstetigkeit. Die letztere Ansicht gibt auch Überraschungen, unerwarteten Sprüngen, plötzlichen Wendungen Raum. Entwicklung – und das muss für einen zielstrebig arbeitenden Pädagogen ein Gräuel sein – schließt Erstaunen und Verwundern über geheimnisvoll dünkende Entwicklungen ein. "Ontogenese", so formuliert der Philosoph Karl-Friedrich Wessel "ist eben nicht bloß eine Folge von geplanten Übergängen von Quantitäten in Qualitäten. Gelegentlicher Regress,

---

[2] Vgl. R. Wilkinson/K. Pickett: Gleichheit ist Glück. Berlin 2009.
[3] W.I. Lenin: Zur Frage der Dialektik. In: W.I. Lenin. Werke Bd. 38, S. 339.

zeitweilige Unentschiedenheit im Kampf gegensätzlicher Tendenzen, die derart sind, dass der Sieg der einen Tendenz zwar pädagogisch beabsichtigt ist, aber das Auftreten zufälliger, nicht beabsichtigter Momente mit Notwendigkeit zu erwarten ist. Angeblicher unentwegter Fortschritt im Bildungs- und Erziehungsprozess – und nicht nur dort (Anm. D.K.) – ohne regressive Momente ist unglaubwürdig."[4] Entwicklung ist weder ein gleichmäßiger, kontinuierlicher, stetiger Prozess, sondern weist Aufbruchs-, Abbruchsphasen, Latenzphasen, Fortsetzungsphasen, Phasen der Tempobeschleunigung, Phasen erhöhter Sensibilität für Veränderungsprozesse (sog. sensitive Phasen) auf. Schon in der DDR musste eine solche Vorstellung von Entwicklung mit Auffassungen kollidieren, in der Pädagogik die Aufgabe der bewussten Optimierung und Perfektionierung von Erziehungsprozessen zugeschrieben wurde[5]. "Denn entscheidende Bereiche des Erziehungsprozesses entziehen sich grundsätzlich der Optimierung und noch viel mehr der Perfektionierung."[6] An anderer Stelle sah Wessel im Streben nach Perfektionismus "eine der Ursachen für mögliche Fehlentwicklungen der Persönlichkeit."[7] Entwicklung zu verstehen, heißt für Pädagogen letztlich Abschied von der vollständigen Vorhersehbarkeit und lückenlosen Berechenbarkeit des pädagogischen Tuns zu nehmen und sich und anderen Raum für Intuition, spontanem Reagieren in veränderten Situationen, Möglichkeiten zu phantasievollem und divergentem Denken zu geben. Die immer aufbrechenden Fragen nach der professionellen pädagogischen Kompetenz eines Lehrers sind m.E. zu stark intellektuell- kognitiv orientiert und sparen wichtige Dispositionen der individuellen Subjektivität eines Lehrers aus. Vielleicht sollten Bildungspolitiker und Eltern dem Pädagogen das Recht einräumen zu sagen, "das weiß ich nicht", "das kann ich wissenschaftlich jetzt und hier nicht belegen", "hier vertraue ich meinem erfahrungsbegründeten Gefühl".

Ohne den Gedanken weiterführen zu wollen, könnte sich Erziehung auch einer allgemeinen gesellschaftlichen Tendenz in der Arbeitsgesellschaft öffnen, die auf den Abbau institutioneller Regulierungen und normativ agierender Herrschaftsgefüge zielt und einer wachsenden Subjektivität der Akteure Rechnung trägt.[8]

In diesem Zusammenhang muss es auch heute noch verhängnisvoll erscheinen, wenn Erziehungswissenschaftler in oder durch Erziehung Veränderungen in eine Richtung lenken wollen. Es ist eine fragwürdige Interpretation Marxscher und auch Hegelscher Dialektik, Entwicklung als einen linear gerichteten Prozess zu einer höheren Qualität, z.B. der Beschleunigung kognitiver Kompetenzentwic-

---

[4] K.-F. Wessel: Materialistisch-dialektische Entwicklungstheorie und pädagogische Theorie. In: Deutsche Zeitschrift für Philosophie10(23)1975, S. 1307.
[5] G. Neuner: Das Persönlichkeitsproblem und die Pädagogik. In: Deutsche Zeitschrift für Philosophie. Heft 10(21)1973, S. 1172.
[6] K.-F. Wessel: Pädagogik in Philosophie und Praxis. Berlin 1975, S. 49.
[7] K.-F. Wessel: Pädagogik in Philosophie und Praxis. Berlin 1975, S. 48.
[8] D. Kirchhöfer: Grenzen der Entgrenzung. Frankfurt 2005.

lung in der frühkindlichen Bildung, zu deuten. Gerade Pädagogik leidet regelrecht unter einer Entelechie-Vorstellung, die Heranwachsenden zu einem besseren Menschen machen zu wollen. Es kennzeichnete DDR-Pädagogik, dass sie an der Illusion dieses neuen Menschen, vom wahren Menschen festhielt und sie als Ziel der kommunistischen Erziehung postulierte. Aber es ist gerade Merkmal der materialistischer Dialektik, dass sie künftige Entwicklungen in einem M ö g l i c h k e i t s f e l d sieht und demzufolge Erziehung darauf gerichtet sein muss, Möglichkeitsfelder zu schaffen. Die Bewusstheit über diese Alternativen könnte dann helfen, dass sich das Individuum seiner Subjektivität bewusst werden kann. So bedeutsam alle Versuche sind, die Schüler zur produktiven Arbeit zu führen und Subjektivität in der Vergegenständlichung bewusst werden zu lassen, Subjektsein und Subjektwerdung erlebt der Heranwachsende in der selbstgefundenen Entscheidung über seine Handlungen in Handlungssituationen, in denen er sich zwischen verschiedenen Möglichkeiten entscheiden kann, wofür möglicherweise die produktive Arbeit Raum gibt. Veränderungen nur in eine Richtung lenken zu wollen, heißt genau genommen, sie zu hemmen. Unselbständigkeit, Nihilismus und andere negative Verhaltenseigenschaften könnten das Resultat sein.[9]

Es sei nur am Rande erwähnt, dass es ein Merkmal eines materialistischen Entwicklungsverständnisses ist, dass diese Prozesse objektiv und irreversibel sind. Beschleunigung und Entschleunigung in der Persönlichkeitsentwicklung werden zwar durch Subjekte realisiert, durch sie erzeugt, aber einmal hervorgebracht, wirken sie unabhängig vom individuellen Wollen und Streben. In dem Sinne können pädagogische Wirkungen auch nicht zurückgenommen werden und entfalten ihre Langzeitwirkungen, ob das erziehende Individuum es will oder nicht.

Erziehung heißt Widersprüche bewegen

Eine solche Überlegung führt zur Marxschen Widerspruchsdialektik. Es sei nur an die meisterhafte Handhabung dieser Dialektik in den ökonomischen Analysen des Verhältnisses von gesellschaftlicher Produktion und privater Aneignung, Lohnarbeit und Kapital, Gebrauchswert und Tauschwert, von konkreter und allgemeiner oder lebendiger und toter Arbeit erinnert. Der entscheidende Zugang, den Marx eröffnete, war es, diese Gegensatzpaare nicht nur als Polaritäten zu definieren, wie das vor und mit ihm Pädagogen wie Schleiermacher oder Diesterweg getan hatten, sondern diese Gegensatzpaare ganz im Hegelschen Sinne als sich bewegende, die Gegensätze treibende Einheit zu sehen, die wiederum nur in der Wechselwirkung dieser Gegensätze existiert und wirkt. Es war auch für Erziehungswissenschaftler der DDR immer wieder schwer zu begreifen, dass man Widersprüche nicht vorrangig lösen muss oder kann, sondern sie setzen und bewegen muss. In dieser Wechselwirkung, z.B. zwischen den Subjekten im Er-

---

[9] K.-F.Wessel: Materialistisch-dialektische Entwicklungstheorie und pädagogische Theorie. In: Deutsche Zeitschrift für Philosophie 10(23)1975, S. 1310.

ziehungsprozess, gibt es immer wieder wechselnde Vorherrschaften, Momente der Anspannung und Entspannung, der Ruhe und Bewegung. Die eigentliche Problematik der meist präskriptiv formulierten Aussage von der führenden Rolle des Lehrers in der DDR-Pädagogik bestand nicht darin, sie als eine der notwendigen Dominanzen im Spannungsfeld von Schüler und Lehrer, Klassenverband/Gruppe und Lehrer zu sehen, sondern diese führende Rolle unter allen Umständen und in allen Situationen durchsetzen zu wollen und sich dabei administrativer und autoritativer Mittel bedienen zu müssen. Hinter diesem Wollen verbarg sich das politische Führungsverständnis einer neuen, zur Macht strebenden Klasse: "Die Kommunisten erfinden nicht die Einwirkung der Gesellschaft auf die Erziehung; sie verändern nur ihren Charakter, sie entreißen die Erziehung dem Einfluss der herrschenden Klasse"[10] und geben sie einer neuen politischen Klasse. Den Widerspruch zu b e w e g e n hätte auch bedeutet, der Gruppe Raum für Entscheidungen zu geben, Phasen des Nach- oder Loslassens eigener Führung zu öffnen, auf den Führungsanspruch zeitweilig zu verzichten. Es hat den Eindruck – und der verstärkt sich mit konservativen Tendenzen in der Gegenwart – , als herrsche in den Erziehungsbemühungen ein ständiges Hasten nach Prestige, Autorität, Führungsrolle, um den Widerspruch zwischen Schüler und Lehrer in eine Richtung – zugunsten der Macht des Lehrers – zu drängen.

Widerspruchsdenken heißt auch die Gegensätze in der Synthese, in der Ergänzung zueinander zu denken, Balancen anzustreben, Ungleichgewichte zuzulassen. Die z.T. paranoiden Polarisierungen von Familie und Schule, von Eltern- und Lehrerrechten, von Unterrichtszeit und Freizeit, im Fächerkanon von Naturwissenschaften versus Kunstfächer verbrauchen in den Grabenkämpfen zu viele pädagogische Ressourcen und verbauen erzieherische Möglichkeiten. Es ist ein unseliges, aber immer wieder aufflammendes Erbe vergangener politischer Lagerkämpfe, dass zuerst immer gegen den anderen gedacht wird. Was für den politischen Kampf vielleicht noch tauglich ist, ist für Bildung und Erziehung der Heranwachsenden unverzeihlich.

Es ist z.B. ein auch heute noch anzutreffender bedauerlicher Trugschluss von Erziehungswissenschaftlern, Erziehungsprozesse beschleunigen zu wollen und damit den Widerspruch zwischen Beschleunigung und Entschleunigung zugunsten der ersteren bewegen zu wollen, evtl. den Widerspruch zwischen beiden Tendenzen gar nicht erst zuzulassen. Zum einen unterliegen beide Prozesse einer endogen gelenkten Selbststeuerung, die sich gegen einen permanenten äußeren Druck in der einen oder der anderen Richtung wehrt. Zum anderen wirkt ganz im Sinne der Widersprüchlichkeit der Beschleunigung eine Tendenz der Entschleunigung entgegen. Die völlig unterbewertete Kategorie "Zeit" wird bis jetzt als Zeiteinsparung, Zeitausnutzung, Zeitökonomie, aber nicht als Zeitlassen, Zeithaben und Zeitgeben gedeutet. Der gelegentlich anzutreffende Verweis auf die Aussage von Marx, dass das Gesetz der Ökonomie in einem viel höheren Grade zum Gesetz wird, übersieht – ein Beispiel unzulässiger Überhöhung oder

---

[10] K. Marx/F. Engels: Manifest der Kommunistischen Partei. MEW Bd. 4, S. 478.

Abstraktion auch im Entwicklungsverständnis der DDR –, dass Marx diese Aussage ausdrücklich als ökonomisches Gesetz versteht. "Gemeinschaftliche Produktion vorausgesetzt, bleibt die Zeitbestimmung natürlich wesentlich. Je weniger Zeit die Gesellschaft bedarf, um Weizen, Vieh etc. zu produzieren, desto mehr Zeit gewinnt sie zu anderer Produktion, materieller oder geistiger. Wie beim einzelnen Individuum hängt die Allseitigkeit ihrer Entwicklung, ihres Genusses und ihrer Tätigkeit von Zeiteinsparung ab. Ökonomie der Zeit, darin löst sich schließlich alle Ökonomie auf ... Ökonomie der Zeit sowohl wie planmäßige Verteilung der Arbeitszeit auf die verschiedenen Zweige der Produktion bleibt als erstes ö k o n o m i s c h e s (Hervorhebung D.K.) Gesetz auf Grundlage der gemeinschaftlichen Produktion. Es wird sogar in viel höherem Grade Gesetz"[11].

Ein materialistisches Gesetzesverständnis in der Pädagogik und die Determinismusfrage in der Pädagogik

Die Problemstellungen in einer tieferen Analyse der Entwicklungsprozesse führen zwangsläufig zu der Frage nach deren Determiniertheit und der Stellung von Gesetzen im pädagogischen Geschehen und von dort her zu Fragen nach der Begründbarkeit und Erfolgssicherheit pädagogischen Handelns. Letztlich ist darin auch die Frage eingeschlossen, ob ein erfolgreiches pädagogisches Handeln lehrbar ist und nicht der künftige Lehrer auch eine bestimmte Eignung besitze, also letztlich "zum Lehrer geboren" sein müsse.

Die Aussagen von Marx, vor allem im Zusammenhang mit dem Gesetz des tendenziellen Falls der Profitrate, d.h. also für ökonomische Zusammenhänge formuliert[12], charakterisieren das Gesetz als "inneren und notwendigen Zusammenhang zwischen zwei scheinbar sich Widersprechenden"[13]. In der "Dialektik der Natur" findet der Leser die Feststellung von Friedrich Engels, dass die "Form der Allgemeinheit in der Natur *Gesetz*"[14] ist "und niemand mehr als die Naturforscher die *Ewigkeit der Naturgesetze im Mund führen.*"[15] Die immer wieder auftretende Analogie zur Naturwissenschaft führte auch in der DDR-Pädagogik zu einem permanenten Drängen der politischen Führung nach Formulierungen von pädagogischen Gesetzen, die dem Lehrer gestatten sollten, erfolgssichernde Handlungen zu organisieren. Im Unterschied zu konstruktivistischen Gesetzeskonzeptionen oder der Vorstellung von gesonderten normativen Gesetzen im Bereich praktischen Handelns der Moral, des Rechts, wurde dabei ein Gesetz immer als ein objektiver, d.h. außerhalb und unabhängig von den Vorstellungen der Menschen wirkender Zusammenhang, also als ein deskriptiv zufassendes Seinsgesetz gefasst, dass durch den Menschen erkannt und genutzt werden kann

---

[11] K. Marx: Grundrisse der Kritik der politischen Ökonomie, MEW Bd. 42, S. 105.
[12] K. Marx: Das Kapital. MEW 25, Berlin 1984. Das Gesetz als solches. S. 221-241.
[13] K. Marx. Das Kapital, a.a.O., S. 235.
[14] F. Engels: Dialektik der Natur. In: MEW 20, S. 501.
[15] Ebenda.

und als wissenschaftliches Gesetz formulierbar ist. Auch die Erkenntnis, dass das "dynamische Gesetz" nur einen Spezialfall des "statistischen Gesetzes" bezeichnet und mit den statistischen Gesetzen in der Pädagogik die Möglichkeit des abweichenden Einzelfalls zulässig wird, änderte nichts an einem Gesetzesfetischismus, der letztlich nur Ausdruck einer Hoffnung war, pädagogisches Handeln effizient und effektiv zu organisieren. In der Gegenwart erhält diese Vorstellung erneute Nahrung durch die Aufdeckung von inneren notwendigen Zusammenhängen neuronaler Selbstorganisation der Bewusstseinsvorgänge, mit denen sich wiederum Vorstellungen von der eingeschränkten Willensfreiheit verbinden. Aber auch unter dem Eindruck eines ständig den Naturwissenschaften nacheifernden Drangs, Gesetze zu finden und zu formulieren, finden sich letztlich in der DDR-Pädagogik kaum Gesetzesaussagen, die in Handlungsvorschriften transkribierbar wären. Alle mir bekannten Formulierungen beinhalten oft nur hypothetische Feststellungen von Regelmäßigkeiten, die letztlich aus kommunikativ bestätigten Erfahrungen aggregiert wurden. Es hätte den Erziehungswissenschaftlern der DDR – also auch mir – auffallen müssen, dass schon Marx sehr deutlich zwischen den Gesetzen in der Natur und denen in der Gesellschaft unterschied.

"Dagegen in der Geschichte der Gesellschaft sind die Handelnden lauter mit Bewußtheit begabte, mit Überlegung oder Leidenschaft handelnde, auf bestimmte Zwecke hinarbeitende Menschen, nichts geschieht ohne bewußte Absicht, ohne gewolltes Ziel. Aber dieser Unterschied... kann nichts ändern an der Tatsache, daß der Lauf der Geschichte durch innere allgemeine Gesetze beherrscht wird"[16].

Hier ist die Rede vom "Lauf der Geschichte" und nicht von der Entwicklung einer pädagogischen Situation in der Interaktion und Kommunikation unterschiedlich motivierter Subjekte. Die Entwicklung dieser Situationen ist von den subjektiven Absichten und Kompetenzen des Lehrenden abhängig, der in jeder Situation erneut entscheiden muss und sein Handeln durch Empathie und erfahrungsbegründetes Verstehen steuert. Und er steuert es in Abhängigkeit von der objektiv sich entwickelnden Situation und dem dortigen Agieren der Schüler. Wie auch schon in den anderen Fallbeispielen sichtbar, sind Antworten nicht durch Polarisierung zu erreichen. Pädagogisches Handeln – und das ist meine durch Jahrzehnte erworbene Erfahrung – bedarf der Erkenntnis bestimmter Regelmäßigkeiten, die der Pädagoge in seinem durch bewusste Reflexion begleitetem Handeln erwirbt, u n d er bedarf einer bestimmten dispositionellen Kompetenz zur Situationseinschätzung und -reaktion und des Vermögens zur Selbstreflexion. Forderungen nach Eignungsprüfungen bei Einstellung von Lehramtsbewerbern, wie sie z.B. von Dieter Lenzen vorgetragen w erden, zielen letztlich auf diese Kompetenzen. Bei aller Berechtigung solcher Überlegungen sollte aber nicht übersehen werden, dass auch diese Kompetenzen sich in der praktischen Tätigkeit ausformen und entfalten, also nicht von vornherein angeboren sind.

---

[16] K. Marx: Ludwig Feuerbach und der Ausgang der klassischen deutschen Philosophie. In: MEW 21, S. 296.

Die Bejahung der Marxschen Dialektik in der von uns gedeuteten Weise bedeutet keine Absage an eine wissenschaftlich-theoretische Begründung pädagogischen Handelns, und ich müsste mich in diesem Fall von meiner eigenen Biographie verabschieden, in der ich immer diese theoretische Begründung und Begründbarkeit pädagogischen Handelns gefordert habe. Es geht auch nicht um eine Wiederbelebung des Diltheyschen Verstehensanspruchs oder um eine Renaissance der Hermeneutik. Im Gegenteil. Die prononcierte Betonung des subjektiven Momentes im Lehrerhandeln soll eigentlich dazu dienen, diese Subjektivität zu objektivieren und sie einer wissenschaftlichen Reflexion zu unterwerfen, um so einerseits Berührungsängste gegenüber einer solchen Subjektivität auszuräumen und andererseits durch dieses Bekenntnis neue Handlungsmöglichkeiten zu öffnen, in denen die spontan gewählte Alternative, die intuitiv getroffene Entscheidung, die gefühlsmäßig bestimmte Handlung zum pädagogischen Erfolg führen darf.

Politische Perspektiven des Schulmodells Tiefensee

Meine Dezennien überdauernde Kooperation mit Wolfgang Keim basiert auf einem Grundkonsens, der in Diskussionen über die Historie und aktuelle Problemlage des öffentlichen Bildungswesens immer wieder bekräftigt wurde. Einen latenten Dissens registriere ich dagegen seit einiger Zeit in der Einschätzung des Pädagogen Adolf Reichwein und seines unter der braunen Diktatur entwickelten Schulmodells Tiefensee.

Gewiss, für Hinweise auf "Schnittmengen" zwischen Reichweins Darstellungen des Projekts und zeitgleich vom Regime propagierten Ideologien kann man sich auf eine Reihe fundierter Untersuchungen stützen, die Reichweins pädagogische und politische Auffassungen in strukturkonservative Strömungen des zeitgenössischen Denkens und deren gleitende Übergänge zur Legitimation des Nationalsozialismus einordnen. (Vgl. Mattenklott 1997; Link 1999; Vogt 2006. – Zur Diskussion: Vogt 2008, S. 31-39 vs. Lingelbach 2008, S. 40-50. Hohmann 2007 geht sogar in einer Art historisch argumentierendem Spruchkammerverfahren so weit, den Widerstandskämpfer in die Kategorie der Mitschuldigen einzuordnen. Zur Kritik vgl. Lingelbach 2007/08, S. 14-37, S. 77-82.)

Demgegenüber vertrete ich die nachfolgend begründete These: In Reichweins semantisch verschlüsselten Darstellungen der schulischen Kooperative Tiefensee werden pädagogische Effekte einer innovativen Werkpädagogik verstärkt durch eine Perspektive, deren universaler Humanismus die vordergründig nationalen Bezüge transzendiert.

Hinweise im Text führen Reichweins politische Auffassungen zurück auf weichenstellende Schriften, die der Autor während der frühen 20er Jahre, vor seiner Berufung zum Leiter der Volkshochschule Jena (1925), verfasst hat. Er begründet in ihnen die Notwendigkeit internationaler Kooperationen, vorab in Europa, die mit sozialistischen Strukturreformen der kapitalistischen Gesellschaftsformation einhergehen. Am Leitbegriff des pädagogisch-politischen Ansatzes: "Arbeitsgemeinschaft des werktätigen Volkes" (1923) hat sich Reichwein in fünf Handlungsfeldern, der Erwachsenen- bzw. Arbeiterbildung, der Lehrerbildung, der Schulpädagogik, der Mediendidaktik und der Museumspädagogik, kontinuierlich orientiert.

Angemessen interpretiert werden kann das inzwischen in den Bänden 1-4 der kommentierten Werkausgabe dokumentierte Opus im Kontext der internationalen Strömung kritischen pädagogischen Denkens, die auf das humanitäre Desaster des ersten "Weltkrieges" mit Perspektiven einer "neuen Gesellschaft" reagierte, die sich gegen den destruktiven Trend des global ausgreifenden Kapitalismus richtete.

Nachfolgend begründe ich die These in drei Argumentationsschritten:

1. analysiere ich den Kommentar *Wilhelm Kirchers zum ministeriellen Richtlinienerlaß für das Volksschulwesen (1939) für den Bereich der Landschulen* (vgl. Kircher 1941). Kircher war in der zentralen Führungsgruppe des NSLB für das Volksschulwesen zuständig. Er diskutiert in dem Beitrag Lehrplanentwürfe systemkonformer Landschulreformer, wozu er auch Reichwein zählt.

2. werden prinzipielle Differenzen zwischen Reichweins Curriculumsentwurf und allen anderen von Kircher favorisierten Vorschlägen auf *gesellschaftspolitische Orientierungen* zurückgeführt, zu denen der junge Dozent in der Erwachsenenbildung während der frühen 20er Jahre in grundlegenden Aufsätzen vorstieß.

3. Schließlich erlaubt die *Einordnung* Reichweins in progressive Strömungen der internationalen Reformpädagogik, die generationenübergreifende Relevanz der Tiefenseer Schulpädagogik darzustellen.

1. Curriculum und Perspektive der schulischen Kooperative Tiefensee

Sucht man nach "Schnittmengen" zwischen der NS-Schulpolitik und Adolf Reichweins Schulmodell Tiefensee, erweist sich der zitierte Richtlinienkommentar des leitenden NSLB-Funktionärs Wilhelm Kircher als ergiebige Quelle. In seiner Bemühung, die ländliche "Heimatwelt" als pädagogischen "Tatraum" zu nutzen oder die Integration leistungsheterogener Kleingruppen in kooperative Großgruppen – ein Vorgang, den er ahnungsvoll als "Sozialismus der Lerngemeinschaft" charakterisiert –, sind Analogien zu Reichweins Schulberichten kaum zu übersehen. Im Bereich innovativer Lehrplanarbeit interpretiert er Reichweins *"Entwurf für die Ausrichtung eines Jahresplanes"* aus "Schaffendes Schulvolk" (Reichwein 1937, WA 4, S. 58) als die inhaltliche Seite der zeitgemäßen Landschulreform, die er mit sieben konkurrierenden Curriculumsvorschlägen vergleicht. Hinzu kommt ein Hinweis auf Analogien zwischen *Erich Härtels*: "Dörfliche Schularbeit" im grenznahen Erzgebirgsort Tellerhausen und Reichweins Wiederbelebung tradierter Volkskunst in der Landschule.

Fragt man allerdings nach den *pädagogischen Wirkungsabsichten* und den ihnen entsprechenden Lernangeboten, treten nicht nur starke Differenzen, sondern prinzipielle Gegensätze zwischen den um ideologische Linientreue bemühten Favoriten des NSLB-Funktionärs und Reichweins "Entwurf" unübersehbar hervor.

1.1. Zur zwielichtigen Weichenstellung der NS-Politik durch den "Vierjahresplan" vom Herbst 1936

Zum Verständnis der verdeckten Kontroverse ist es hilfreich, die schulpolitische Konstellation in Deutschland zu Beginn des Krieges zu skizzieren. Bereits das späte Datum des Richtlinienerlasses für das Volksschulwesen signalisiert Unsicherheiten des Regimes in diesem brisanten Politikbereich, die *Harald Scholtz* mit guten Gründen auf Hitlers zögerliches Entscheidungsverhalten zurückgeführt hat. Die Zurückhaltung der "obersten Führungsspitze" förderte aber de facto den Machtkampf zwischen dem Erziehungsministerium und den um Einfluss auf die heranwachsende Generation konkurrierenden Parteieliten der HJ, der SS und dem Propagandaministerium. Seit der Verkündung des "Vierjahresplanes" im September 1936 wurde der Konflikt in einer veränderten innenpolitischen Konstellation ausgetragen.

Zweifellos diente das Großprojekt, wie Hitlers "Denkschrift" vom August des Jahres klarmacht, der ökonomischen Fundierung für die Kriegsvorbereitung. Die dadurch in Kauf genommene Zuspitzung der außenpolitischen Situation bot zugleich die Chance, die Durchsetzungsfähigkeit ideologischer Tendenzen des Nationalsozialismus in der Bevölkerung, wie vor allem durch das Judenpogrom von 1938 und die "Kindereuthanasie" von 1939, zu testen.

Realiter brachte der "Vierjahresplan" aber zugleich einen erheblichen gesellschaftlichen Modernisierungsschub. Denn das ehrgeizige Wiederaufrüstungsprogramm setzte beträchtliche Fortschritte in der angestrebten Rohstoffautarkie voraus. Das Ziel konnte durch die Erzeugung künstlicher Rohstoffe kaum erreicht werden, sondern erforderte gewaltige Produktionssteigerungen im industriellen wie im landwirtschaftlichen Sektor. Die "Arbeitsschlacht" in der Industrie sollte die "Erzeugungsschlacht" in der Landwirtschaft flankieren (vgl. Treue 1953; Petzina 1967). – Vor der Öffentlichkeit verbargen der "Führer" und Göring, der mit der Durchführung des Plans beauftragt wurde, die militärischen und ideologischen Zielsetzungen des Großunternehmens. Propagiert wurde es als "nationale Aufgabe", den gehobenen Lebensstandard der Bevölkerung nach der erreichten Vollbeschäftigung auf Dauer zu sichern (vgl. Rühle 1937, S. 241-268).

Dem entsprach ein Paradigmenwechsel in den Appellen an die werktätige Bevölkerung. Dominierte während der Machteroberungsphase noch die Forderung nach "weltanschaulicher" Linientreue, waren nun – Loyalität und unbedingte Führertreue vorausgesetzt – primär Leistungsbereitschaft, Kompetenz, Effizienz und Professionalität gefragt (vgl. Prinz/Zitelmann (Hrsg.) 1991).

Erziehungspolitische Auswirkungen der zwielichtigen Richtungsentscheidung sind für den Bereich der pädagogischen Theorieproduktion und des Zeitschriftenwesens seit längerem bekannt (vgl. Lingelbach 1987, S. 152 ff., S. 180 ff.; Horn 1996, S. 415 ff.).

Jörg W. Link konstatiert Auswirkungen der Zäsur im Wandel der NSLB-Politik im Bereich der Landschulreform. Deklarierten die Gauwaltungen zunächst die ideologisch-gleichschaltende *"Schulung"* der Lehrer zur Hauptaufgabe der Parteiorganisation, gewann die *"Facharbeit"* der anvisierten schulischen Innovationen erst mit der 1936 gestarteten Initiative für die Einrichtung eines Referates für Landschulfragen in der Reichsfachschaft IV (Volksschule) allmählich die Oberhand (vgl. Link 1999, S. 298 f., S. 316 ff.).

Wenn daher *Adolf Reichwein*, ein in Volksschullehrerkreisen noch als pädagogisch engagierter Akademieprofessor bekannter Kollege, 1937 das Buch "Schaffendes Schulvolk" nicht als Programmschrift, sondern als einen Praxisbericht ankündigte, der zeigen sollte, "wie wir es machen", weckte er gerade bei Repräsentanten professioneller "Facharbeit" im NSLB wie *Wilhelm Kircher* die Erwartung, dass der Beitrag die seit dem Frühjahr 1933 anhaltende Diskussion über ein verbindliches Konzept einer NS-konformen Landschulreform voranbringen könnte. Der Sachverhalt, dass Kircher ein Textstück aus Reichweins Schrift im offiziösen Kommentar zu den amtlichen Richtlinien des Ministeriums 1940 (2. Auflage 1941) publiziert, belegt übrigens, dass diese Versuchsphase des NS-Regimes im größten Bereich des deutschen Volksschulwesens auch während des Krieges anhielt.

1.2. Richtungsweisende Tendenzen zur politischen Instrumentalisierung der "Landkinder" in Versuchsschulen der Landschulreform

Wilhelm Kircher vergleicht in seinem Beitrag, wie erwähnt, Vorschläge zum Curriculum an Landschulen. Neben Reichweins "Entwurf für die Ausrichtung eines Jahresplanes" werden der "Lichtenberger Plan", den der Dieburger Schulrat *Schäfer* für die verbindliche Einführung auf Kreisebene mit einer NSLB-Arbeitsgruppe entwickelt hatte, und der Bildungsplan des Landschulrektors *Paul Vogt* für einklassige Landschulen in Industriegebieten in Auszügen abgedruckt.

Lässt man zunächst einmal Reichweins "Entwurf" beiseite, fällt in sämtlichen von Kircher favorisierten Curriculumsvorschlägen eine direkte, in drastischen Formulierungen ausgedrückte Absicht ins Auge, die Landschulkinder in dreierlei Hinsicht zu instrumentalisieren:

1.2.1. Der Führerkult wird in den Themenvorschlägen bedenkenlos bedient

Im "Lichtenberger Plan" sind die Lernvorschriften für die Klassen 5-8 so zugeschnitten, dass sie stets ins Thema "Der Führer" münden. Entsprechend lässt *Paul Vogt*, der den "Bildungsplan" für die Unterstufe, Mittelstufe und Oberstufe der Einklassigen in "Jahresringen" ("Heimatschau"; "Werkschaffende Schau"; "Völkische Schau") aufbaut, keinen Zweifel an der Absicht, für die Identifikation der Kinder mit der Kultfigur Hitler zu sorgen. Bereits in der Anordnung der Lerngegenstände für die Unterstufe werden die Themen: "Unser Führer" und "Wir sind Kinder Hitlers" durch Positionierung im Zentrum oder am Ende der Übersichten zum Schwerpunkt der Unterrichtsarbeit erhoben. Was ihn selbst betreffe, treibt Kircher die didaktisch arrangierte Hingebungstendenz noch einen Schritt weiter, sei er als Lehrer verpflichtet, "[d]as Leben unseres Führers [...] selbst vor den Seelen meiner Kinder [zu] gestalten und es nicht der Gruppenarbeit zu überlassen" (vgl. Kircher 1941, S. 292).

1.2.2. Ausrichtung auf aktuelle Aktionen des Regimes

Die vorgeschlagenen Unterrichtsthemen sind darauf gerichtet, die Landkinder für jeweils aktuelle Aktionen des Regimes zu mobilisieren, vor allem ihre Bereitschaft für den Kriegsdienst und die "Erzeugungsschlacht" des Reichsnährstandes. In der Kombination beider Lernfelder schießt Kircher selbst wiederum den Vogel ab. Seinen Vorschlag für die Lehrinhalte der Volksschuloberstufe orientiert er an folgenden "Stirnsätzen":
"Ganz Deutschland ein Bauernhof!
Ganz Deutschland eine Festung!
Ganz Deutschland ein Heiligtum!"

1.2.3. Rassenideologische, inklusiv antisemitische Themen prägen die politische Mission der Lehrplanvorschläge

"Der Jude ist unser Unglück" und die "Staatsbildende Kraft der nordischen Rasse" deklariert z.B. der "Lichtenberger Plan" für das 8. Schuljahr zu obligatorischen Unterrichtsplänen. Und Vogt positioniert das Thema: "Rasse und Volk. Der Jude" an zentraler Stelle im "Dritten Jahresring: Völkische Schau".

1.3. Selbsttätige Erkundung der Lebenswelt und globale Horizonterweiterung. – Zur Verschleierung didaktischer Aussagen in Reichweins "Entwurf eines Jahresplans"

Wie aber passte Reichwein in diese Varianz didaktisch instrumentalisierter Indoktrination?

In seiner "Ausrichtung" der im Lehrplanentwurf aufgeführten Unterrichtsgegenstände geht der Tiefenseer Lehrer von unterschiedlichen Lernchancen der Kinder im Sommer und im Winterhalbjahr aus. In "Schaffendes Schulvolk" (1937) interpretiert er den Curriculumsvorschlag so: "Stand im Sommer die *Natur*, in der wir leben, im Mittelpunkt unserer Gedankenwelt, so kommt uns nun [im Winterhalbjahr] der Mensch als Gemeinschaftswesen am nächsten. Der Mensch, so wie wir selbst jetzt Tag für Tag in einem Raum zusammenleben, als selbst Schaffender, als Geistträger, zwar hineingebunden in die Natur, aber sein politisches Schicksal mitgestaltend, der *politische Mensch*." (WA 4, S. 59)

Auf den ersten Blick wird klar, dass der "Entwurf" des Tiefenseer Lehrers darauf verzichtet, die Schülerinnen und Schüler auf den "Führer" einzuschwören, wie das die von Kircher favorisierten Konkurrenzvorschläge sonst durchgängig forderten. Gleichwohl scheinen Themen wie "Rasse" und "Daseinskampf" anzudeuten, dass sich Reichwein im gleichen ideologischen Fahrwasser bewegte wie diese. Doch wird die von Kircher nahe gelegte Lesart durch Reichweins Unterrichtsbeschreibungen nicht bestätigt. *Heinz Schernikau* hat versucht, Beziehungen zwischen der thematischen Übersicht und den Praxisbeschreibungen im Schulbericht herzustellen. Unterrichtseinheiten zum Thema "Rasse" findet er in Reichweins Schulschriften nicht. Der didaktische Hinweis sei daher, vermutet er, "in seiner vorliegenden Plazierung als tarnende Anpassung an den Zeitgeist zu verstehen" (vgl. Schernikau 2009, S. 233 f.).

Unterrichtliche Realisierungen findet man dagegen zu den Themen "Daseinskampf" und "Daseinsordnung". Allerdings ausschließlich in den Vorhabenbeschreibungen des Sommerhalbjahres. Im Bericht über das "Kleine Bienenstudium" – die Kinder nutzen den nach Bauplänen des Nobelpreisträgers Karl von Frisch selbst hergestellten Bienenbeobachtungskasten zu Untersuchungen über das Sozialverhalten der Tiere – werden die *"Daseinsordnungen"* der auf "Arbeit und produktiven Aufbau" gerichteten Bienen und der "nur auf Raub, Ausbeutung, Strukturvernichtung, Schmarotzertum" der Wespen verglichen. Gespannt verfolgen sie den aussichtslosen *"Daseinskampf"* der ersteren gegen den Angriff der letzteren. (Vgl. WA 4, S. 77 f.)

Demgegenüber sucht man entsprechende Analogien in Reichweins Beschreibungen der Unterrichtsvorhaben *im Winterhalbjahr* vergeblich. Schernikaus Zuschreibungsversuche können hier nicht überzeugen. Im Hausbauprojekt ist zwar von unterschiedlich harten natürlichen Produktionsbedingungen in verschiedenen deutschen Landschaften die Rede, nicht aber vom unerbittlichen *"Daseinskampf"*, wie ihn die Kinder aus ihren Bienenstudien im Sommerhalbjahr in Erinnerung hatten. Und mit den anschaulich dargestellten Projekten der "Angewandten Physik", wie etwa dem Bau von Segelflugmodellen, die Rekonstruktion physikalischer Vorgänge beim Start von Verkehrsflugzeugen oder die Einführung in die Technik von Filmvorführungsgeräten, hat der Begriff *"Daseinskampf"* ganz und gar nichts zu tun. Hier geht es vielmehr um den Erwerb physikalischer Kompetenzen zum Verständnis tendenziell global erweiterter Verkehrsnetze und Kommunikationsformen der modernen *"Zivilisation"*.

Wenn der Tiefenseer Pädagoge gleichwohl die didaktische Anzeige dieser Lernvorgänge mit dem Etikett versieht, das Sozialdarwinismus signalisieren soll, kann das nur auf den gleichen Grund zurückgeführt werden, auf den Schernikau in seiner Erklärung der Leerformel "Rassen" stieß: Zweifel der Zensurbehörden, aber auch führender NSLB-Funktionäre, wie Kircher, an der politischen Zuverlässigkeit dieses Landschulreformers sollten zerstreut werden. Reichwein verschleiert mit "zeitgemäßen" Ideologemen die in den Beschreibungen schulischer Lernprozesse implizierten pädagogischen Absichten, die im Lehrplanentwurf bei genauerer Hinsicht erkennbar werden.

Entwurf für die Ausrichtung eines Jahresplans:

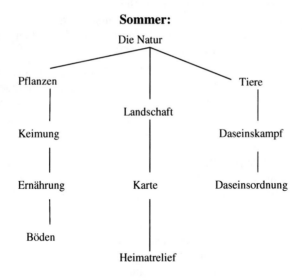

Aus: "Schaffendes Schulvolk" 1937, S. 27 f.; WA 4, S. 58.

Demnach war Reichweins pädagogische Wirkungsabsicht darauf gerichtet, den Blick der "Landkinder" auf die globalen Horizonte ihrer Lebensrealität in der modernen Industriegesellschaft zu erweitern. Schule sollte "die Fenster des Dorfes aufreißen", wie er bereits im Januar 1934 formulierte, "die Fenster zum Volk und zur Welt" (Reichwein 1934, WA 3, S. 322).

Versucht man gleichwohl Reichweins "Entwurf" als Variante der von Kircher präsentierten linientreuen Pläne zu interpretieren, müsste zumindest erwartet werden, dass sein Bezugsbegriff "Zivilisation" mit der regressiv-biologistischen Auslegung der "Weltanschauung" seiner Konkurrenten kompatibel blieb. Was der Tiefenseer aber in Wirklichkeit meinte, veranschaulicht eine Zeichnung im didaktischen Kommentar zum Unterrichtsfilm: "Verkehrsflugzeug im Flughafen Berlin" (1937) (vgl. WA 4, S. 420-425; Kommentar S. 532 f.). Abgebildet wird der Passagierraum einer Ju 52, in dem sich städtisch gekleidete Personen aufhalten. Der Filmbesprechung angefügt werden "Zahlenreihen zum Nachdenken". Sie führen den Lesern die bevorstehende Normalität des Flugzeugs als modernes Massenverkehrsmittel vor Augen. Trotz des erheblichen Zeitgewinns entsprechen die Flugpreise bereits etwa denjenigen der Fernverkehrszüge. Veranschaulicht und dokumentiert wird hier eine Perspektive technologischen Fortschritts, der sich in der Gegenwart bereits abzeichnet und der für die heranwachsende Generation zu einer ihrer Lebensaufgaben werden sollte.

Denn die Anführungszeichen des Begriffs "Zivilisation" deuten an, dass er in der schulischen Präsentation kritisch ausgelegt wird. Hinweise auf die Verschwendung natürlicher Ressourcen, auf die Warenästhetik der Kulturindustrie und die Grausamkeit zivilisatorischer Zähmung der Tierwelt treffen die Heranwachsenden an zahlreichen Stellen des Curriculums, das sie durchlaufen.

Kritische Nutzung moderner Technologie lernen die Schulkinder vor allem bei der Handhabung von Filmvorführgeräten und dem Einsatz von Filmen in Unterrichtsvorhaben. Überzeugt war dieser Lehrer, dass der Manipulationsgefahr durch die elektronischen Massenmedien durch "Schulen" des "Hörens" und "Sehens" angemessen begegnet werden könne. Den Lehrgang: "Schule des Sehens" hat er in seinem didaktischen und methodischen Aufbau präzise beschrieben. In der Form eines Berthold-Otto-Zitats wird die pädagogische Wirkungsabsicht dieser Einführung in die selbständige visuelle Wahrnehmung von Wirklichkeit kaum verschleiert: "[...] wir möchten eine Nation von Selbstdenkenden werden" (WA 4, S. 538 f.; vgl. WA 4, S. 237-256, S. 538-556).

Gerät aber dieser moderne, auf Horizonterweiterung, Selbsttätigkeit und Selbstbestimmung angelegte Ansatz der schulischen Kooperative Tiefensee mit Reichweins gleichzeitiger Pflege tradierter Volkskunst in einen strukturellen Widerspruch?

Kircher schreibt dem "volkstümlichen Gestalten" in der Landschule einen hohen Stellenwert "politischer Erziehung" zu. Dem "Bauernjungen" vermittle die Weiterführung tradierter Bräuche und Kunstfertigkeiten ein hohes "völkisches

Sendungsbewußtsein", das mit "Artbewußtsein" einhergehe und daher "rassenpolitisches Denken" fördere. Aus dieser Perspektive vergleicht er volkskundliche Passagen in Reichweins "Schaffendes Schulvolk" mit Erich Härtels Bericht: "Dörfliche Schularbeit" (1938). Während Härtel örtliche Traditionen der Feierabendkunst von Waldarbeitern aufgreife und im Sinne der gegenwärtigen *"Volkstumspolitik"* weiterführe, zeige Reichwein, dass die Wiederbelebung der Volkskunst auch in Landschulen an Orten möglich werde, an denen die Tradition bereits abgebrochen wurde. (Vgl. Kircher 1943, S. 300)

In Wirklichkeit erinnert Härtels pädagogisches Einfügungskonzept eher an *Franz Kades* strukturkonservativen Ansatz der *"dorfeigenen Schule"*, der in der Versuchsschule Wörsdorf, einem kleinen Taunusdorf in der Nähe des landstädtischen Idsteins, realisiert werden sollte. Wie die Dorfschule Wörsdorf dafür sorgen sollte, dass die Bauernkinder wieder Bäuerinnen und Bauern würden, waren die von Härtel beschriebenen Aktivitäten der Schule in enger Verbindung mit der örtlichen HJ-Organisation darauf gerichtet, die Einfügung der Kinder in ihre natürliche und kulturtraditionelle Umwelt zu unterstützen. Angestrebt wird die Erhaltung der vorindustriellen Sozietät in der Generationenfolge. Bewacht werden solle die Waldsiedlung mit ihren "Menschen, Häusern, ihrer Kleidung, ihren Stuben, ihrer Lebenshaltung, ihren Festen und Feiern. Fort mit jeder Vergewaltigung, fort mit allem Fremden" (Härtel 1938, S. 13).

In Reichweins Rückgriffen auf Volkskunde und tradierte Handwerkskunst in der schulischen Praxis findet sich diese gesellschaftspolitische Regression nicht. Zwar klingen agrarromantische Vorstellungen in "Schaffendes Schulvolk" (1937) und stärker noch in "Film in der Landschule" (1938) gelegentlich an, aber sie werden stets korrigiert durch die erwähnte Orientierung der Vorhaben am technologischen Fortschritt. Vermittelt wird der Scheingegensatz durch eine ästhetische Argumentation: Der Verlust an handwerklicher Kompetenz und deren Wertschätzung in der industriellen Massenproduktion und Konsumption, argumentiert Reichwein in Anlehnung an Vorstellungen des Bauhauses, habe die gegenständliche Kultur der modernen Gesellschaft negativ beeinflusst. Dem müsse durch Vergegenwärtigung der Präzision und funktionalen Schönheit traditioneller Handwerkskunst pädagogisch entgegengewirkt werden. Nahezu durchgängig werden daher in Reichweins volkskundlichen Beiträgen Verbindungen zwischen fast vergessenem handwerklichen Können und dessen Weiterführungen in der modernen Industrie hergestellt (vgl. z.B. "Handgewirktes Bauernleinen" (1935), WA 3, S. 295-302, S. 505). Über Verbundsysteme von Schule, Museumspädagogik und Ausbildungseinrichtungen in den Betrieben, schwebt ihm vor, könne es gelingen, eine neue Qualität der Gebrauchskultur in technologisch hoch entwickelten Gesellschaften zu entwickeln. (Vgl. WA 4, S. 506 f., S. 524-526; Amlung/Lingelbach 2003, S. 209 f.)

1.4. Über den Sinn und die gesellschaftliche Perspektive schulischen Lernens

Das zweite Kapitel von "Schaffendes Schulvolk" (1937): "Wie wir es machen" beginnt mit einer Serie von 8 Fotos. Zwei von ihnen zeigen Schülerinnen und Schüler bei Arbeiten im selbstgebauten Gewächshaus, ein weiteres im selbst angelegten Schulgarten. "Das Werk", setzt der anschließende Text ein,

> "als die angestrebte Form unseres Könnens, als die endgültige, ausgereifte Lösung einer Aufgabe und als das schließlich gewonnene nützliche Ding, die Antwort auf unseren Bedarf, gilt auch dem Kind schon als die Höchstform der Leistung. Ein ganzer Kanon, eine Summe von einfachen Formen des Tuns müssen vorgebildet, jede von ihnen durch Übungsfolgen gefestigt und gesichert sein, damit sich im Wesen des Kindes die Fähigkeit verdichtet, erfolgreich ans Werk zu gehen. Es wirklich zu *können*, ist die Voraussetzung dafür, daß es mit Lust geschehen kann."

Und:

> "All jene Kleinformen des Spiels und der Übung, die wir einsetzen, damit die Grundtugenden des Ordnungssinns, der Genauigkeit und Sauberkeit, alle das Streben nach dem Endgültigen in sich enthaltend, sich im Kinde niederschlagen, bekommen ihren Sinn und ihre innere Rechtfertigung, ihre Brauchbarkeit erst, wenn sie auf *Werkschaffen* gerichtet sind." (Reichwein 1937, WA 4, S. 49)

Den Sinn ihrer Anstrengungen schulischen Lernens erfahren die Heranwachsenden demnach handgreiflich im *Produkt* ihrer gebrauchsorientierten Werktätigkeit. Soweit argumentiert der Autor im Ansatz individualpädagogisch. Doch konnten die funktionstüchtigen "Werke", wie der Bau des Gewächshauses, eines Bienenbeobachtungskastens, von Möbeln für die "Schule im Freien" oder Spielzeug für die Vorschulkinder nicht allein, sondern nur gemeinsam, in kooperativer Gruppenarbeit, unterstützt von handwerklich kundigen Erwachsenen hergestellt werden. Daher konnte das einzelne Kind die Kompetenzen der Werktätigkeit, aber auch der in ihr geforderten Verhaltensformen, jener "Grundtugenden" sinnvoller Arbeit, nicht für sich, sondern nur in der arbeitsteiligen Kooperative erwerben. Reichweins Mobilisierung der Freude der Mädchen und Jungen an der Herstellung nützlicher Gebrauchsgegenstände als Motiv schulischen Lernens geht daher einher mit der Stimulierung ihrer Bereitschaft, in *Gruppen* zu kooperieren. Die Pflege werktätiger Gruppenbeziehungen beschreibt dieser Schulpädagoge als eine seiner wichtigsten professionellen Aufgaben. In der Qualitätssteigerung ihrer kooperativen Werktätigkeit erfahren die Kinder und Jugendlichen die sich in der Gegenwart der pädagogischen Provinz bereits abzeichnende Zukunft der modernen Gesellschaft. Jedenfalls die Zukunft, wie sie sich dieser Lehrer vorstellt.

Im abschließenden Kapitel des Schulberichts (vgl. WA 4, S. 167-184) beschreibt der Autor die Herausbildung einer schulischen Werkgenossenschaft in der Abfolge von drei Phasen: "Nachbarschaft", "Kameradschaft" und die "Neue Gruppe".

Zum Verständnis qualitativer Veränderungen in den schulischen Kooperationsbeziehungen verweist der Autor auf Entwicklungstrends der modernen Gesellschaft. Gegen hierarchische Strukturen der Wilhelminischen Gesellschaft hätten sich neue, nicht mehr primär durch Herkunft und "Bildung", sondern durch "Leistung" erworbene Statusunterschiede prinzipiell gleichberechtigter Bürger herausgebildet. Im pädagogischen Bereich habe der Strukturwandel eine "neue Unmittelbarkeit" und "wechselseitigen Respekt" der realiter ungleichen Kommunikationspartner ermöglicht. Dadurch könne das einzelne Kind jetzt als "Träger eines persönlichen, d.h. einmaligen Formwerts" vom Lehrer überhaupt erst wahrgenommen werden. Aber dieses Eingehen auf die individuellen Bedürfnisse und Schwierigkeiten des Anderen kennzeichne in der schulischen Kooperative nicht allein das Lehrer-Schüler-Verhältnis, sondern das Beziehungsgefüge der Gruppe insgesamt. Die einzelnen Kinder erhalten Hilfen von den Kooperationspartnern, die sie als Person respektieren. Dieses Beziehungsgefüge kennzeichnet Reichwein als *"mitsorgende Nachbarschaft"*.

Gesteigert wird die Qualität der Nachbarschaftsbeziehungen in den Kooperativen durch das Vorbild der "Fortgeschrittenen". Ihre Beiträge im arbeitsteiligen Verfahren intensivieren die Partner durch *selbst gesetzte Produktionsziele*. Damit, so Reichwein, werde eine neue Stufe der Zusammenarbeit erreicht. Er bezeichnet sie als *"Kameradschaft"*. "Wie die Nachbarschaft als Lebensform, so wird die Kameradschaft von uns als Wirkform begriffen, die auf bestimmte Werke gerichtet ist." (WA 4, S. 179).

Aus "kameradschaftlicher" Werkarbeit kann in der dritten Phase eine *"Neue Gruppe"* entstehen, die Reichwein als gesellschaftliche Avantgarde beschreibt. Denn in ihr bilde sich das Wir-Bewusstsein einer "Werkgenossenschaft" heraus, das die Heranwachsenden als *"vorgelebtes Volksleben"* wahrnehmen. Diesen Prozess progressiver Bewusstseinsbildung im schulischen Erziehungsprozess legitimiert der Lehrer so:

> "Verstünden wir unsere Erziehungsgemeinschaft nur als "Lebensgemeinschaft" [...] als ein Beieinander, das durch sich selbst schon schöpferisch sei, so verzichteten wir auf den eigentlichen Kern unserer Erziehung, die in der Lebensgemeinschaft des Volkes gebraucht wird: einen jungen Menschen also, der in sich das Modell des Volkes, so wie wir es schauen, vorausbildet." (WA 4, S. 182)

Wenn *Wilhelm Kircher* Reichweins arbeitsteiligen Gruppenunterricht als "Sozialismus der Lerngemeinschaft" lobt, unterstellt er Konsens in der politisch-pädagogischen Wirkungsabsicht des Schulberichts, die er als Verbindung bäuerlicher Enkulturation mit ideologischer Indoktrination und politischer Inanspruchnahme der "Landkinder" wiederholt drastisch formuliert:

> "Unser Dorf als Blutquell. Unser Dorf als Brotspender. Unser Dorf in der Erzeugungsschlacht und im Vierjahresplan" (Kircher 1943, S. 288).

Aber genau dieser politischen Rechtfertigungsverpflichtung hatte sich Reichwein durch die Interpretation der schulischen Kooperative als Avantgarde einer Gesellschaftsreform entzogen, deren Perspektive auszulegen er sich selbst vorbehielt.

Aber welche sozialen und politischen Strukturen weist diese Zukunftsgesellschaft des "Schaffenden Volkes" auf, die die fortgeschrittenen Arbeitsgruppen des "Schaffenden Schulvolkes" bereits präsentieren? Zum Verständnis der Perspektive legt Reichwein in seiner Praxisbeschreibung eine Spur. Sie weist zurück auf seine eigenen weichenstellenden erziehungspolitischen Überlegungen der frühen 20er Jahre:

> "Wir haben miterlebt [...] den geistigen Durchbruch der Genossenschaft, eines der ehrwürdigsten Worte der deutschen Sprache, das uns zum Sinnbild wurde. Wir sind Treuhänder dieses Bildes, das uns geistige Wirklichkeit ist, und sollen es zum wirklichen Volk gestalten." (WA 4, S. 185)

2. Das politische Konzept der "Arbeitsgemeinschaft des werktätigen Volkes" (1923)

In der einschlägigen Literatur wird oft übersehen, dass Reichwein die Positionierung seiner politischen Auffassungen nicht bereits als Kriegsfreiwilliger des ersten Weltkriegs, aber auch nicht erst während der Endphase der Weimarer Republik, sondern in den Anfangsjahren seiner beruflichen Tätigkeit in der Erwachsenenbildung zu Beginn der 20er Jahre vollzogen hat. Ignoriert wird in diesen Darstellungen, dass sich der Pädagoge bereits am Anfang seiner Berufskarriere in grundlegenden Schriften von den "Ideen von 1914", vom Weltkrieg und damit auch seiner eigenen jugendlichen Kriegseuphorie unmissverständlich distanziert hat. (Vgl. Hohmann 2007, S. 41, S. 67-88; Vogt 2008, S. 31-40; Schernikau 2009, S. 290, S. 314-323. Zur Kritik: Lingelbach 2008, S. 40-50; ähnlich bereits Amlung 1999, S. 148 ff.)

Während der französischen Rheinlandbesetzung publiziert Reichwein im März/April-Heft von "Vivos voco" 1923 den Beitrag: "Frankreich und wir". Gegen den militanten Chauvinismus beider Seiten wirbt er dort für die Kooperation der jungen Generation beim Wiederaufbau der kriegszerstörten Gebiete des Nachbarlandes. Die Einsicht, dass der Weltkrieg eine "Katastrophe" war und dass der "Wiederaufbau Europas als gemeinsame Angelegenheit der europäischen Völker" aufgefasst werden müsse, argumentiert er, bleibe alternativlos.

Hoffnungen des Wirtschaftswissenschaftlers auf einen Neuanfang internationaler Verständigung gründet er auf Zwänge des nach dem Intermezzo der Kriegswirtschaften wieder freigesetzten Weltmarktes. Dem Zwang zu ökonomischer Kooperation könnten sich vor allem Frankreich und Deutschland angesichts der Verteilung industrieller Rohstoffe wie Erz in Lothringen und Kohle im Ruhrgebiet auf Dauer kaum entziehen.

Dem Plädoyer für Interessenausgleich durch internationale Abkommen und Bündnisse entspricht Reichweins Überzeugung von der Notwendigkeit interner gesellschaftlicher Strukturreformen, die er in unterschiedlichen Ansätzen während dieser Jahre zu konkretisieren versucht. In Beiträgen wie: "Volksbildung als Wirklichkeit" (1922/23) oder dem bekannten Gildenartikel von 1924 fällt auf, dass der Autor seine Ansätze zur gesellschaftspolitischen Positionierung nicht unabhängig von der Klärung seiner professionellen Konzeption der Erwachsenenbildung entwickelt.

Die "Arbeitsgemeinschaft" von Studenten mit Jungarbeitern, die er 1921 im Forsthaus des Taunusdorfes Bodenrod organisierte, war für ihn in dieser Hinsicht offenbar eine Schlüsselerfahrung. Interpretierte er den Ansatz zunächst noch primär pädagogisch als Beitrag zur "staatsbürgerlichen Erziehung" der jungen Republik, transformierte er den zentralen Begriff 1923 in dem Aufsatz: "Vom Gemeinsinn der deutschen Jugendbewegung" (Reichwein 1923, WA 1, S. 168-174) mit der konkretisierenden Formulierung: *"Arbeitsgemeinschaft des werktätigen Volkes"* zur gesellschaftspolitischen Leitvorstellung. Deren politische Stoßrichtung wird als Lernprozess bürgerlicher, in den Bünden der Jugendbewegung organisierter Jugendlicher sozialhistorisch erklärt. Erst durch Begegnungen mit Altersgenossen aus proletarischem Milieu sei diesen realiter privilegierten Jugendlichen die politische Dimension ihrer nicht auf individuelle Selbstverwirklichung, sondern auf *"gegenseitigen Dienst"* gerichteten kameradschaftlichen Lebensformen bewusst geworden. Ihre stets "gemeinsamen" Unternehmungen, lernten sie, befanden sich in Wirklichkeit im Widerspruch zu der von der kapitalistischen Profitwirtschaft beherrschten Gesellschaft. Dementsprechend habe sich die *"ehemals"* bürgerliche Jugendbewegung nach der Revolution von 1918/19 vorzüglich radikalen Parteien bzw. Weltanschauungsgruppen zugewandt. Ideologisch spaltete sie sich in einen "kommunistischen" und einen "völkischen" Flügel. Doch galten, hebt der Autor hervor, die "Absage an die vergangene Zeit" des Liberalismus und die Überzeugung von der Gleichberechtigung aller in der "Arbeitsgemeinschaft des werktätigen Volkes" in beiden Lagern. Daher entsprang die Selbstzuordnung der Einzelnen zu den beiden Flügeln auch nicht unterschiedlichen Interessenlagen, sondern eher ihren unterschiedlichen "Temperamenten". Eher "logisch" veranlagte Naturen ordneten sich dem *"international-sozialistischen Flügel"*, eher "instinkthaft wurzelnde" dem *"völkischen"* zu.

Es reicht ein Blick auf die Publikationsliste des jungen Erwachsenenpädagogen von 1922/23, um Zweifel auszuräumen, dass Reichwein sich selbst dem "international-sozialistischen" Flügel zuordnet. Nach "Frankreich und wir" folgt in Heft 11/12 von "Vivos voco" der Beitrag: "Rußland, das Heute und wir". Trotz aller Kritik an terroristischen Herrschaftsformen der Bolschewiki verteidigt Reichwein dort die Wirtschafts- und Gesellschaftspolitik der neuen Regierung gegen antisowjetische Propaganda in der deutschen Publizistik und plädiert für die Fortsetzung der traditionell guten deutsch-russischen Beziehungen. (Reichwein 1923, WA 1, S. 93-99, S. 138 ff.)

Im Bereich der deutschen Jugendbewegung hoffte er, dass die in den proletarischen Jugendorganisationen Heranwachsenden eigenständige sozialistische Positionen entwickelten, die die Kooperation mit ihren Altersgenossen in den "ehemals" bürgerlichen Bünden erleichterten. Gefahren ideologischer Indoktrination fürchtete er dagegen eher auf der rechtsradikalen "völkischen" Seite des politischen Spektrums. In der Aprilausgabe der "Sozialistischen Monatshefte" von 1924 arbeitet Reichwein prinzipielle Gegensätze zwischen "sozialistischen" und den prekär engführenden "völkischen" Basistheoremen heraus. Im Unterschied zum universalen Humanismus der sozialistischen Arbeiterbewegung sei der "völkischen Ethik" der "Menschheitsgedanke" fremd. Ihre Aussagen bewegen sich in den "Niederungen einer vermeintlichen biologischen Tatsächlichkeit" und gründen sich nicht auf den dieser Ethik "unbekannten Primat des Willens". Die "Unmenschlichkeiten der völkischen Praxis" flössen unmittelbar aus jener geistigen Quelle. Dem stellt der Pädagoge seine politische Hoffnung entgegen. Die "wirklich treibenden Kräfte gehen gewiß nicht auf nationale Sonderung, vielmehr auf Arbeitsgemeinschaft" (WA1, S. 272 f.).

Die politischen Auffassungen, die der junge Erwachsenenpädagoge während der frühen 20er Jahre artikuliert, hat er während seiner Berufskarriere im Wesentlichen beibehalten. Wir treffen sie in den Engagements des Dozenten an der Pädagogischen Akademie Halle zur Abwehr der drohenden faschistischen Diktatur (vgl. WA 3, S. 453-479; Anmerkungen 368-371, S. 582-588) ebenso wieder an wie später, unter der NS-Diktatur, in der Perspektive "Schaffendes Schulvolk" der schulischen Werkgenossenschaft Tiefensee und schließlich im Widerstand des Museumspädagogen, den er innerhalb des "Kreisauer Kreises" zusammen mit seinen sozialdemokratischen Freunden leistete.

Richten wir den Blick auf die Schulpädagogik, erweist sich die früh konzipierte politische Leitvorstellung der *"Arbeitsgemeinschaft des werktätigen Volkes"* als Schlüssel zum Verständnis des pädagogisch stimulierten avantgardistischen Selbstbewusstseins der Schülerinnen und Schüler in den Arbeitsgruppen des "Schaffenden Schulvolks". Sinnvoll wurde schulisches Lernen für diese "Landkinder" nicht nur, weil der Gebrauchswert ihrer Werkarbeiten "unter Beweis" gestellt wurde, sondern auch durch die Weltoffenheit der Großvorhaben, die ihnen bewusst machte, dass sie in Wirklichkeit in einer global vernetzten modernen Industriegesellschaft aufwuchsen, nicht zuletzt aber durch ihre wachsende Wahrnehmung solidarischer Kooperationsbeziehungen. Daher führte die "lebendige Brücke", die der Tiefenseer Lehrer "von gestern zu morgen" bauen wollte, in Wirklichkeit nicht in die politische Realität der braunen Herrschaft, deren propagierte Ideologien, die von Wilhelm Kircher präsentierten Lehrpläne abbildeten, sondern in die Zukunft einer humanen Arbeitsgesellschaft.

Ein Licht werfen die frühen Schriften, in denen sich Reichwein politisch und pädagogisch positioniert, aber auch auf die Kommunikationsform, in der er den Konflikt mit dem "völkischen" Rechtsradikalismus austrägt. Es war kein Kampf gegen die Nationalrevolutionäre, sondern eher ein distanzierender Diskurs, der den Widerspruch zwischen dem humanistischen Ansatz des Sozialismus und dem militanten Nationalismus aufdeckte und vor den Gefahren engführender biologistischer Wirklichkeitswahrnehmungen eindringlich warnte. Dieser Pädagoge wollte seine Gegner, die wie er aus der Jugendbewegung kamen, offenkundig überzeugen. Dadurch aber sollten die Gegensätze keineswegs "verkleistert" werden. Im Streitgespräch auf der Leuchtenburg mit Wilhelm Rössle und Otto Strasser trifft man diese persuasive Form des Plädoyers wieder an (vgl. WA 3, Anmerkung 211, S. 549 f.). Und diesen Stil der Auseinandersetzung hielt er auch unter der NS-Herrschaft bei. Sicher, um überhaupt publizieren zu können, war eine subtile Tarnsprache erforderlich. Sie nahm Begriffe der Gegner auf, positionierte sie aber in Kontexte, die ihren Sinn verschob. Aber damit unterstellte er eine Weiterführung der Auslegungsdiskurse etwa der Stereotype "Volk" und "Nation", die längst abgebrochen war. In seinen zaghaften Kooperationsversuchen mit dem "Reichsnährstand" und dem NSLB im Winterhalbjahr 1938/39 musste er aber erfahren, dass die Deutungshoheit in allen Fragen der Landschulreform auf der anderen Seite lag und dass sie machtpolitisch in der Lage und bereit war, auch ihm gegenüber diese Linie durchzusetzen (vgl. Lingelbach 2007/2008, S. 19 f.).

Vermutlich war diese Desillusionierung ein starkes Motiv für den Berufswechsel. Im Juni 1940 jedenfalls, als Higelkes Kommentarwerk mit Kirchers Beitrag in erster Auflage erschien, hatte Reichwein den Schuldienst bereits quittiert, als Leiter der Abteilung "Schule und Museum" im Berliner Volkskundemuseum Kontakte zu seinen sozialistischen Freunden wieder aufgenommen und sich dem Gesprächskreis um den Grafen Helmuth von Moltke angeschlossen, in dem die gesellschaftliche und politische Reorganisation Deutschlands nach Hitler auf der Tagesordnung stand.

3. Zukunftsvisionen progressiver Reformpädagogik

Mit der Zukunftsdimension des Schulmodells Tiefensee (WA 4, S. 172) befindet sich Reichwein in einer internationalen Strömung der Reformpädagogik, die während der ersten Hälfte des vergangenen Jahrhunderts Wechselbeziehungen zwischen pädagogischen und politischen Innovationen herstellte. Die Funktion der Erziehung in der Generationenfolge wird dort nicht mehr in der Erhaltung, sondern in der Veränderung des Bestehenden gesehen. Ihre Lebenserfüllung sollen die Heranwachsenden in einer neuen, gerechteren und glücklicheren Gesellschaft finden, an deren Herbeiführung sie pionierhaft selbst beteiligt waren. Die Realisierung einer humaneren Sozietät wird zur Triebkraft für die Anstrengungen des Lernens.

A.S. Makarenkos Gorki-Kolonie ist das bekannteste Beispiel der revolutionären Variante dieses zukunftsorientierten Typs der Reformpädagogik. Auch die Schülerinnen und Schüler der Berliner "Lebensgemeinschaftsschule" Fritz Karsens verstanden sich als Avantgarde der kommenden demokratisch-sozialistischen Gesellschaft (vgl. Radde 1973). Bürgerliche Varianten, wie John Deweys Konzept "Demokratische Erziehung" orientierten sich an der Realutopie der Mitverantwortung jedes Bürgers in allen Lebensbereichen der amerikanischen Gesellschaft (vgl. Bohnsack 1976, 2003; Oelkers 2009).

"Einen Menschen erziehen heißt, in ihm die perspektivischen Wege herauszubilden, auf denen für ihn die Freude auf das Morgen liegt", beschreibt *Maka-*

renko seinen Ansatz zur Integration straffällig gewordener Waisen des Bürgerkriegs in die im Aufbau befindliche Sowjetgesellschaft. In methodischer Hinsicht bestehe die Erziehungsarbeit in der Organisierung "neuer Perspektiven, in der Ausnutzung bereits vorhandener und deren schrittweise Ersetzung durch wertvollere". Stets aber mussten dabei "die Perspektiven des ganzen Kollektivs zum Leben erweckt und schrittweise erweitert werden, bis sie in die Perspektive der ganzen Union einmünden". (Makarenko 1982, Bd. III, S. 170)

Analogien zu Reichweins Beschreibung der Qualitätssteigerung sozialer Kooperationsbeziehungen in den Tiefenseer Arbeitsgruppen sind kaum zu übersehen. Darin Makarenko ähnlich, interpretiert der Tiefenseer Pädagoge die Bewusstseinsänderung der Einzelnen als schrittweise Erweiterung von individuellen zu gesellschaftlichen Perspektiven. Im Prozess von individuell unterschiedlichen Lerninteressen der Kinder im Beziehungsgefüge der schulischen "Nachbarschaft", über deren Weiterführung durch die Identifikation der Einzelnen mit selbst gesetzten Aufgaben und Arbeitszielen der Kooperative, einem Gruppenbewusstsein, das Reichwein als "Kameradschaft" kennzeichnet, bis zum genossenschaftlichen "Wir-Bewußtsein der neuen Gruppe", die sich als Avantgarde der "kommenden" Gesellschaft wahrnimmt, bauen auch hier die Perspektiven der Heranwachsenden stets auf der Nutzung bereits vorhandener auf und werden durch "wertvollere" ersetzt.

Folgt man *Theodor Schulze*, dann ist Reichweins schulpädagogische Kategorie des "Vorhabens" nicht der Denktradition des "freien Gesamtunterrichts" (Berthold Otto, Otto Haase, Johannes Kretschmann) zuzuordnen, sondern eher der "Produktionslinie" des "Projektunterrichts" (John Dewey, William H. Kilpatrick). Dafür spricht, dass *"Vorhaben"* in Kretschmanns Darstellung des "Natürlichen Unterrichts" eher am Rande des "freien Unterrichtsgesprächs" erwähnt werden. Anliegen, die unerledigt geblieben sind, werden als "Vorhaben" einzelnen Schülern zur Bearbeitung zugewiesen, in einem "Merkbuch" notiert und später wieder aufgegriffen. Reichwein nimmt die Vorhabenidee Haases und Kretschmanns zwar auf, rückt sie aber aus der Peripherie des "Natürlichen Unterrichts" ins Zentrum der Tiefenseer Werkpädagogik (vgl. WA 4, Anmerkung 38, S. 494-497). In methodischer Hinsicht ähnelt das dreiphasige Unterrichtskonzept (Planung, Verteilung und Durchführung der Arbeitsaufgaben und Evaluation der Arbeitsergebnisse) dem von *Kilpatrick* (nicht von John Dewey) entwickelten "Projektunterricht". Doch in der politischen Orientierung ihrer pädagogischen Innovationen stimmten Dewey, Kilpatrick und die späteren Repräsentanten der "progressiv education" weitgehend überein. Schulpädagogik sollte dazu beitragen, die Kommunikationsform der Demokratie, d.h. dem Erfahrungsaustausch und dem Aushandeln von Interessen gleichberechtigter Bürger in einer offenen, pluralen Gesellschaft in allen Lebensbereichen zum Durchbruch zu verhelfen.

Dem entsprach das Engagement einer Mehrheit dieser Reformpädagogen für Roosevelts "New-Deal-Politik". Zu ihnen gesellte sich der Amerika-Kenner

Adolf Reichwein. Was ihn faszinierte, war die Mobilisierung eines beträchtlichen Teiles der amerikanischen Jugendlichen für die großen Projekte nationaler Ressourcensicherung: den Tennessee-Valley und Mississippi-Valley Projekten und dem Kampf gegen die Versandung der Great Plains des Mittelwestens. Mit Empathie betrachtet der ferne Beobachter den Einsatz der jüngeren Generation im "Civilian Conservation Corps" und versteht sie als epochalen Bewusstseinswandel amerikanischer Bürger zum demokratischen Staat. Zwar kritisiert er Roosevelts Appell "...to make democracy working" als für den "europäischen Betrachter" zu formal, aber die planvollen Eingriffe des Bundesstaates in die kapitalistisch strukturierte Ökonomie verfolgt er mit großem Respekt. Die *"Vorwegnahme der Zukunft"* in politisch verantwortlichen Planungen, die sich auf die Gesamtheit der Lebens- und Arbeitsbedingungen der heranwachsenden Generation bezogen, erscheint ihm vorbildlich. Unerwähnt und vermutlich unterschätzt werden dabei freilich Einflüsse der wachsenden Opposition gegen die staatliche Interventionspolitik. In dem 1938 erschienenen Deutsche-Rundschau-Artikel "Amerikanischer Horizont" akzentuiert er zudem die weiträumig kontinentale Dimension dieser Reformen. Versucht man die in Tiefensee anvisierte Perspektive des "Schaffenden Schulvolkes" politisch zu konkretisieren, wäre ein nicht nationalstaatlich beschränktes, sondern europäisches Gegenstück zu Roosevelts Reformen sicher eine gut begründbare Option. (Vgl. WA 4, S. 394-403; Anmerkungen 255-261, S. 560-562)

3.1. Eine hilfreiche Erinnerung

Bei aller Nähe einzelner Aspekte ihrer reformpädagogischen Ansätze trennen Makarenkos Gorki-Kolonie und die amerikanische Bewegung der "progressiv education" von Reichweins Schulmodell Tiefensee indessen die fundamentalen Unterschiede ihrer gesellschaftlichen und politischen Bedingungen. Es waren ja nicht nur die Größe und weltpolitische Vormachtposition der Länder, in denen diese pädagogischen Reformen stattfanden. Vielmehr wurden die Gesellschaftsreformen in diesen Ländern von universalen Hoffnungen großer Bevölkerungsgruppen des Globus getragen. In den pädagogischen Projekten der jungen Sowjetunion und der USA wurden diese Hoffnungen auf eine gerechtere und glücklichere Menschheit zur Triebkraft des Lernens der heranwachsenden Generation.

Eine derartige, in der gesamtgesellschaftlichen Entwicklung des Landes selbst vorgegebenen Zukunftshoffnung konnte Reichwein nicht aufgreifen. Er wuchs auf als einer der Bürgersöhne, für deren politische Wirklichkeitswahrnehmung die Erfahrung des "Weltkrieges" ausschlaggebend blieb, dass sich Gleichaltrige unterschiedlicher Nationalität töteten. Wie anderen wurde ihm im "Schock von Verdun" die bis dahin unerhörte Erfahrung zur Gewissheit, dass der wissenschaftlich-technologische Fortschritt auf einer hohen Stufe bürgerlicher Zivilisation in ein Instrumentarium der Massenvernichtung umschlagen konnte. Weiterführungen des humanistischen Erbes blieben daher pädagogischen Einsätzen vorbehalten, die sich im bewussten Gegensatz zum destruktiven Trend kapitalistischer Modernisierung entfalteten und die Lebensführung der heranwachsenden Generation in einer "neuen" Gesellschaft suchten, die den Rückfall in die Barbarei des Krieges ausschloss. Realisierbar aber war die Perspektive nur in der Opposition gegen den nationalistischen Mainstream der Nachkriegsgesellschaft in Deutschland wie in dessen europäischen Nachbarländern. Darin Fritz Karsen ähnlich richtete er seine Hoffnungen auf die internationale Reformperspektive der Arbeiterbewegung. Doch war dem Wirtschaftswissenschaftler und Soziologen wohl bewusst, dass die Arbeiterschaft ihren Aufstieg zur numerisch größten Sozialgruppe der modernen Gesellschaft bereits überschritten hatte und dass andere Gruppen wie Angestellte und Bauern, was Marx in seiner Analyse der bürgerlichen Gesellschaft nicht voraussagen konnte, sich stabilisierten und an politischem Einfluss gewannen. Gleichwohl setzte er auf die Industriearbeiterschaft als Avantgarde der erstrebten Strukturreform. Erst nach der Lösung des ökonomischen Klassenkonflikts im Industriebereich zugunsten der Arbeiterschaft waren die Bedingungen für den Übergang in die sozialistische Gesellschaftsformation geschaffen, die er sich nun aber als längerfristigen kooperativen Lernprozess vorstellte, an dem alle Bevölkerungsgruppen beteiligt waren (vgl. Reichwein WA 3, S. 244-264; Anmerkungen 210/211, S. 549 f.).

Hervorgebracht wurde die "neue Gesellschaft" durch die "Arbeitsgemeinschaft des werktätigen Volkes" in Wirklichkeit allerdings ausschließlich in pädagogischen Projekten. In der "Arbeitsgemeinschaft" im Taunus zu Beginn der 20er Jahre, in den Unternehmungen der Jungarbeiter des Volkshochschulheims auf dem Jenaer Beuthenberg, in Reichweins Innovationen des Lehrerstudiums an der Pädagogischen Akademie Halle, am eindrucksvollsten aber in der weltoffenen schulischen Kooperative Tiefensee. Politische Realisationen dieser konkreten Utopie hat es nirgends gegeben, weder zu Lebzeiten Reichweins, noch später nach dem Ende der braunen Herrschaft. Aber auch Versuche zur Weiterführung des pädagogischen Modells der Zwischenkriegszeit bleiben bis heute selten. Ist sein Schulmodell daher nur noch von archivarischer Relevanz?

Sicher, direkte Anknüpfungen an die attraktive Schulwirklichkeit von damals scheiden aus. Zu groß ist die Diskrepanz zur gegenwärtigen weltpolitischen sozioökonomischen und ökologischen Realität. Aber die Erinnerung an dieses Reformmodell einer einklassigen Landschule bleibt hilfreich, weil der weltläufige Lehrer mit den Schulkindern bereits Fragen bearbeitete, deren Überlebensbedeutung für nachfolgende Generationen er vorhersah, deren aktuelle Brisanz er aber kaum voraussahnen konnte. Hierzu gehörte nicht nur der Kampf um die Verteilung der Rohstoffe und die Notwendigkeit weltweiter Abkommen zur friedlichen Regelung der Konflikte, sondern vor allem einer fundamentalen Bewusstseinsänderung der Weltbevölkerung. Das Profitmotiv der Produktion musste durch eine Gebrauchswertorientierung überwunden werden, die dem Gemeinwohl verpflichtet war.

Ein Lehrerteam stellte vor einiger Zeit das Profil ihrer Schule im reichwein forum vor. Nach der Darstellung vielfältiger Aktivitäten im Sinne kreativer Weiterführung reformpädagogischer Anregungen des Namensgebers ihrer Schule stellten sie aber ein gesellschaftsbedingtes Defizit heraus. Aufgrund des Ersatzes unmittelbarer Erfahrung durch "ausgedehnten Medienkonsum" erlebe die heranwachsende Generation eine "Vielfalt von Werten und Lebensstilen", denen ein Mangel an "Gemeinschaft stiftenden Ritualen" gegenüberstehe. Dadurch werde die *"Sinngebung für das eigene Leben"* erschwert. (Vgl. Reichwein-Schule Lüdenscheid 2005, S. 45)

Offenbar betrifft die Beobachtung zugleich Wandlungsprozesse im öffentlichen Bildungssystem. Beschreibungen der "Empirischen Wende", die gegenwärtig schulisches Lernen und Lehren in internationalen Rankings verortet, reduzierten die Frage nach dem Sinn des Kompetenzerwerbs auf Hypothesen über künftige Verwertungschancen im Berufsleben. Den Sinn ihrer Anstrengungen des Lernens erfahren die Heranwachsenden demnach nicht im institutionellen Lernvorgang selbst, sondern im Versprechen von Vorteilen auf dem Arbeitsmarkt gegenüber Konkurrenten. In Reichweins schulpädagogischen Schriften wird demgegenüber eine Erziehungswirklichkeit veranschaulicht, die den unmittelbar erfahrenen Sinn schulischen Lernens ins Zentrum aller pädagogischen Überlegungen rückt. Die Gebrauchstüchtigkeit der Produkte ihrer Werkvorhaben erfuhren die Schülerinnen und Schüler im Schulleben und in der Schulgemeinde unmittelbar. Reichweins Schulmodell charakterisiert die Verknüpfung dieser Sinnerfahrung schulischen Lernens mit der selbsttätigen Vermittlung neuer globaler Problemlagen. Von den Schülerinnen und Schülern erforderten diese Wahrnehmungen des scheinbar Fernen im Nahen nicht nur die Erweiterung ihrer Wissenshorizonte, sondern Verhaltens- und Bewusstseinsänderungen gegenüber den tradierten Formen ihrer Sozialisation. Die Zukunft der heranwachsenden Generation stand im Zentrum aller pädagogischen und politischen Überlegungen des Tiefenseer Lehrers. Entsprechend seriöse Problembearbeitungen sucht man im gegenwärtigen schulpädagogischen Diskurs vergeblich. Das ist erstaunlich. Denn die krisenhaften ökologischen, ökonomischen und politischen Entwicklungen auf dem Planeten sind für die große Mehrheit der heranwachsenden Generation längst zu ihrer Überlebensfrage geworden.

Literatur

Adolf-Reichwein-Gesamtschule Lüdenscheid: Geschichte und Orientierung. In: reichwein forum Nr. 6/2005, S. 44-48.
Amlung, Ullrich: Adolf Reichwein 1898-1944. Ein Lebensbild des Reformpädagogen, Volkskundlers und Widerstandskämpfers. Frankfurt/M. 1999.
Amlung, Ullrich/Lingelbach, Karl Chr.: Adolf Reichwein (1898-1944). In: H. E. Tenorth (Hrsg.): Klassiker der Pädagogik, Bd. 2. München 2003, S. 203-217.

Bohnsack, Fritz: Erziehung zur Demokratie. John Deweys Pädagogik und ihre Bedeutung für die Reform unserer Schule. Ravensburg 1976.
Ders.: John Dewey (1859-1952). In: H. E. Tenorth (Hrsg.): Klassiker der Pädagogik, Bd. 2. München 2003, S. 44-60.
Härtel, Erich: Dörfliche Schularbeit. Erfurt 1938.
Higelke, Kurt: Neubau der Volksschularbeit. 2. Aufl., Leipzig 1941.
Hohmann, Christine: Dienstbares Begleiten und später Widerstand. Der nationale Sozialist Adolf Reichwein im Nationalsozialismus. Bad Heilbrunn 2007.
Horn, Klaus Peter: Pädagogische Zeitschriften im Nationalsozialismus: Selbstbehauptung, Anpassung, Funktionalisierung. Mit einem Anhang: Auszüge aus der "Nationalsozialistischen Bibliographie und aus dem Briefwechsel von Herausgebern und Verlag der Zeitschrift "Die Erziehung". Weinheim 1996.
Kircher, Wilhelm: Die Landschule. In: Kurt Higelke: Neubau der Volksschularbeit. Plan, Stoff und Gestaltung nach den neuen Richtlinien des Reichserziehungsministeriums. 2. Aufl., Leipzig 1941, S. 287-304.
Kretschmann, Johannes: Natürlicher Unterricht. 2. Aufl., Hannover 1948.
Kilpatrick, William H.: Der Projektplan. Weimar 1935.
Lingelbach, Karl Chr.: Ein sozialdemokratischer "junger Rechter" und "nationaler Sozialist"? Politische Auffassungen Adolf Reichweins als Professor für "Geschichte und Staatsbürgerkunde" an der Pädagogischen Akademie Halle 1930-1933. In: reichwein forum Nr. 13/2008, S. 40-50.
Ders.: Erziehung und Erziehungstheorien im nationalsozialistischen Deutschland. Ursprünge und Wandlungen der 1933 bis 1945 in Deutschland vorherrschenden erziehungstheoretischen Strömungen, ihre politischen Funktionen und ihr Verhältnis zur außerschulischen Erziehungspraxis des "Dritten Reiches". Neubearbeitung, Frankfurt/M. 1987.
Ders.: Wem diente und wem dient Adolf Reichweins Schulpädagogik. In: reichwein forum Nr. 11/12 2007/2008, S. 14-31.
Link, Jörg-Werner: Reformpädagogik zwischen Weimar, Weltkrieg und Wirtschaftswunder. Pädagogische Ambivalenzen des Landschulreformers Wilhelm Kircher (1898-1968). Hildesheim 1999.
Ders.: Pädagogischer Widerstand? Adolf Reichweins "Schaffendes Schulvolk" im Kontext nationalsozialistischer Landschulreform. In: Gisela Miller-Kipp/Bernd Zymek (Hrsg.): Politik in der Bildungsgeschichte – Befunde, Prozesse, Diskurse. Bad Heilbrunn 2006, S. 53-69.
Makarenko, Anton S. : Ein pädagogisches Poem I-III. In: Gesammelte Werke. Marburger Ausgabe, Bde. 3-5. Hrsg. v. Leonhard Froese, Götz Hillig, Siegfried Weitz u. a. Stuttgart 1982.
Mattenklott, Gundel: Aspekte ästhetischer Erziehung im Werk Adolf Reichweins. Ein Pädagoge zwischen Avantgarde und Regression. In: Lothar Kunz (Hrsg.): Adolf Reichwein (1898-1944). Oldenburg 1997.
Oelkers, Jürgen: John Dewey und die Pädagogik. Weinheim/Basel 2009.
Otto, Berthold: Gesamtunterricht. In: Georg Geißler (Hrsg.): Das Problem der Unterrichtsmethode. 7. Aufl., Weinheim/Basel 1967, S. 67-78.

Petzina, Dieter: Autarkiepolitik im Dritten Reich. Der nationalsozialistische Vierjahresplan. = Schriftenreihe der Vierteljahrshefte für Zeitgeschichte Nr. 16. Stuttgart 1968.

Prinz, Michael/Zitelmann, Rainer (Hrsg.): Nationalsozialismus und Modernisierung. Darmstadt 1991.

Radde, Gerd: Fritz Karsen: ein Berliner Schulreformer der Weimarer Zeit. Mit dem "Bericht über den Vater" von Sonja Karsen. Erweiterte Neuausgabe, Frankfurt/M. 1999.

Reichwein, Adolf: Pädagogische Schriften. Kommentierte Werkausgabe in fünf Bänden. Hrsg. v. U. Amlung u. Karl Chr. Lingelbach. Bisher erschienen: Bd. 1: Erwachsenenbildung, 1920-1925; Bd. 2: Erwachsenenbildung – Arbeiterbildung, 1925-1930; Bd. 3: Lehrerbildung und frühe Schulpädagogik, 1930-1936; Bd. 4: Tiefenseer Schulschriften, 1937-1939. Bad Heilbrunn 2010.

Rühle, Gerd: Das Dritte Reich. Dokumentarische Darstellung des Aufbaus der Nation. Bd. 4: Das vierte Jahr 1936. Berlin 1937, S. 241-268.

Schäfer, Heinrich: Der Lichtenberger Plan. NS-Erzieher der Gauwaltung des NSLB Hessen-Nassau. 1938.

Schernikau, Heinz: Tiefensee – ein Schulmodell aus dem Geist der deutschen Klassik: Reformpädagogik am Beispiel Reichweins im geistes- und gesellschaftsgeschichtlichen Grundriß. Weinheim u.a. 2009.

Scholtz, Harald: Erziehung und Unterricht unterm Hakenkreuz. Göttingen 1985.

Treue, Wilhelm: Hitlers Denkschrift zum Vierjahresplan 1936. In: Vierteljahrshefte für Zeitgeschichte, Jg. 1/1953, H. 2, S. 184-210.

Vogt, Paul: Bildungsplan für die einklassige Industrie- und Landschule. Bochum 1940.

Vogt, Stefan: Nationaler Sozialismus und Soziale Demokratie. Die sozialdemokratische Junge Rechte 1918-1945. Bonn 2008.

Ders.: Der nationale Sozialismus der sozialdemokratischen Jungen Rechten. In: reichwein forum Nr. 13/2008, S. 31-40.

Gerd Steffens

Maciek und Johann – Zwei Kindheiten 1933-1945 im autobiographischen Roman

Kaum war Martin Walsers Roman *Ein springender Brunnen* 1998 erschienen, inszenierte sein Autor bekanntlich eine der heftigsten geschichtspolitischen Debatten der Nachkriegszeit. Er nutzte die Gelegenheit seiner Dankesrede für die Verleihung des Friedenspreises des deutschen Buchhandels in der Frankfurter Paulskirche, um mit der konstitutiven Bedeutung abzurechnen, die die Erinnerung an den Holocaust für das Selbstverständnis der deutschen Nachkriegsgesellschaft gewonnen hatte. Etwas wehre sich in ihm gegen "die unaufhörliche Präsentation unserer Schande" und er frage sich, "warum in diesem Jahrzehnt die Vergangenheit präsentiert wird wie nie zuvor". Als Motiv vermutete er "die Instrumentalisierung unserer Schande zu gegenwärtigen Zwecken". Und im Klartext einer parolenartigen Botschaft: Auschwitz eigne sich nicht als "jederzeit einsetzbares Einschüchterungsmittel oder Moralkeule". Während die anwesenden Angehörigen der gesellschaftlichen Elite der Rede stehend applaudierten – sei es, weil sie einverstanden waren, sei es, weil sie die Tragweite der Äußerungen nicht verstanden hatten –, blieben einzig Ignaz Bubis, Vorsitzender des Zentralrats der Juden in Deutschland, und seine Frau sitzen. Es war dann Bubis' öffentliche Kritik, die den Raum für eine Debatte öffnete, in der Walser immer deutlicher und aggressiver einforderte, hinfort mit der Erinnerung an den Holocaust nicht mehr behelligt zu werden. Währenddessen verkaufte sich *Ein springender Brunnen* so glänzend, dass er heute zu den erfolgreichsten Romanen Walsers zählt. In der öffentlichen Debatte um die Bedeutung von Holocaust und Nationalsozialismus für heutiges gesellschaftliches Selbstverständnis spielte der Roman erstaunlicherweise keine Rolle, obwohl er, wie ich unten zeige, geradezu den Versuch einer poetischen Rechtfertigung der geschichtspolitischen Attacke Walsers bildet.

Louis Begleys Roman *Lügen in Zeiten des Krieges (Wartimes Lies, 1991)* war wenige Jahre zuvor auf Deutsch – übrigens im selben Verlag wie Walsers Roman – erschienen (1994; Taschenbuch 1996). Obgleich ein spannendes, geradezu packendes Buch, wurde es keineswegs zum Bestseller. Die Aufmerksamkeit, die es als ungewöhnliches Werk eines ungewöhnlichen Autors erzielte, blieb im Wesentlichen auf literarisch und historisch interessierte Kreise beschränkt. Es war der erste Roman Begleys, und sein Autor zählte schon 58 Jahre. Er gehört zu jenen überlebenden Opfern des Holocaust, die – wie etwa Arno Lustiger das für sich selbst sagt – über ihre Erlebnisse erst sprechen oder schreiben konnten, wenn sie auf eine davon unterschiedene Lebensform und Lebensleistung zurückblicken konnten. 1933 im damals polnischen Galizien geboren, überlebte Ludwik Begleiter zusammen mit seiner Mutter den Holocaust unter katholisch-polnischer Tarnung. Die nach dem Krieg wiedervereinigte Familie – der Vater hatte als Arzt der Roten Armee bei deren Rückzug 1941 folgen müssen – emigrierte – auch vor den antisemitischen Nachkriegspogromen in Polen – 1947 in die USA. Louis Begley, wie er sich hier nannte, arbeitete nach dem Studium von Literatur und Recht bis 2004 als Anwalt in einer großen internationalen Kanzlei.

Für beide Romane gilt, dass sie eine Kindheit und – im Fall von Walser – Jugend vor dem historischen Hintergrund des Nationalsozialismus, des zweiten Weltkriegs und des Holocaust erzählen. Für beide gilt auch, dass die Erzählung den realen biographischen Daten und Fakten sehr eng folgt – mit gewissen kompositorischen Abweichungen wie etwa der, dass Begley an die Stelle der (im Kindbett gestorbenen) Mutter deren Schwester, also eine Tante treten lässt, was ihm, wie zu vermuten steht, eine größere innere Unabhängigkeit des Erzählens verschafft. Gemeinsam ist beiden Romanen auch jene spezifische Struktur autobiographischer Erzählung von Kindheit (und Jugend), welche durch die Doppelperspektive des erlebenden Kindes und des erinnernden, reflektierenden Erwachsenen gebildet wird. Radikal unterscheiden sich beide Autoren – wie zu zeigen sein wird – sowohl im Umgang mit dieser spezifischen Doppelperspektive und in der Art und Weise, wie sie ihre kindlichen (jugendlichen) Protagonisten das zeithistorische Material aneignen lassen. Als Erzählungen politischer Sozialisation unter den Bedingungen des nationalsozialistischen Krieges und des Holocaust könnten sie kaum verschiedener ausfallen.

Louis Begley oder Verstehen als Überlebenskunst

Nachdem er den Aufstand im Warschauer Ghetto 1943 niedergeschlagen hatte, gestaltete der SS-Brigadeführer Stroop seinen Bericht darüber als ein Album, welches er Himmler übersandte. Auf dem Deckblatt prangte in Schmuckschrift: "Es gibt keinen jüdischen Wohnbezirk in Warschau mehr". Das Faksimile dieses Albums (1960) ist eines von den Dokumenten, welche auch heute noch jene Erfahrung vergegenwärtigen können, über welche Primo Levi gesagt hat, dass durch ihre Entschlüsselung "das Wesen des großen Wahnsinns im dritten Reich erklärt" werden könnte (Levi 1992, S.128). Denn wie der NS-Chemiker den Auschwitz-Häftling (und Chemiker) Levi, der gerade vor ihm steht, wie ein zoologisches Exemplar einer anderen Welt betrachtet, so präsentiert das Stroop-Album auch die anrührendsten Fotos der Opfer noch als Beleg der statistisch nachgewiesenen Liquidationserfolge. Eines dieser Fotos ist zu einem emblematischen Bild geworden, weil aus dem Blick des Jungen mit den erhobenen Händen eine fassungslose Verzweiflung über eine nicht verstehbare Welt spricht, während seine (mutmaßliche) Mutter den Kopf in einer Bewegung des Zorns gegen die uniformierten Liquidatoren im Hintergrund zurückwendet.

Dieser Junge, so kommentierte Louis Begley in der Serie "Mein Bild des Jahrhunderts" (Zeit-Magazin v. 25. 8. 1998), könnte auch der 11-jährige Ludwik Begleiter gewesen sein, den Louis Begley ebenso im Polen des 2. Weltkriegs zurückgelassen hat wie Maciek, den Helden seines Romans. Maciek ist ebenso wie Ludwik Begleiter, der spätere Louis Begley, 1933 in dem Teil Galiziens geboren, der heute den südwestlichen Zipfel der Ukraine bildet, dort, wo das südöstliche Polen, die östliche Slowakei, der Nordosten Ungarns und der Norden Rumäniens an die vormalige Sowjetunion grenzten. Damals, 1933, war Galizien polnisch, allerdings erst seit 15 Jahren wieder, nachdem es seit der ersten polnischen Teilung 1772 zum Habsburger Reich gehört hatte. Galizien war aber auch jüdisch, so jüdisch, dass es in den Augen assimilierter mitteleuropäischer Juden, wie Victor Klemperer, eine furchtbesetzte Metapher der eigenen Vergangenheit war. Es bildete den südlichen Teil jenes ostmitteleuropäischen Gebietes, in dem die deutschen, insbesondere die rheinischen Juden im 14. Jahrhundert Zuflucht vor den Pogromen gefunden hatten, die die christliche Bevölkerung damals an ihnen verübte (Gamm 1994). Es war nicht von ungefähr ebendieses Galizien, auf das einige der wissenschaftlichen "Vordenker der Vernichtung" (Aly/Heim 1991) ihren Blick schon vor Beginn des 2. Weltkriegs gerichtet hatten und welches sie für ein besonders prekäres Beispiel ländlicher, d.h. christlich bäuerlicher "Übervölkerung" hielten. Sie wussten auch schon, wie dem abzuhelfen wäre, nämlich durch "Entjudung der Städte und Marktflecken zur Aufnahme bäuerlichen Nachwuchses in Handel und Handwerk" – so Werner Conze in einem Beitrag zum internationalen Soziologenkongress 1939 (Aly/Heim 1991, S. 103).

Macieks kluge Tante Tanja, die zweite Zentralfigur des Romans, liest in diesen Jahren zwar nicht die Beiträge des Soziologenkongresses und die Schriften der deutschen Bevölkerungsplaner, aber sie deutet die Zeichen der Zeit. Jetzt sei genau die richtige Zeit, Polen zu verlassen, erklärt sie nach dem Anschluss Österreichs im März 1938, und sie hält Macieks Vater für einen Narren, weil er sich verpflichtet fühlt, in Polen zu bleiben. Der Vater ist einer jener jüdischen Ärzte, die es in den kleinen Landstädten der Zwischenkriegszeit zu höchstem Ansehen brachten, vorzüglich wissenschaftlich ausgebildet und ihren Patienten zugewendet. 1941, nach dem deutschen Überfall auf die Sowjetunion, verlässt er mit den Einheiten der Roten Armee, die er als Arzt begleitet, Galizien. Ebenso schnell und selbstverständlich, wie die eingerückten Deutschen mit "Judenaktionen", Deportationen und Exekutionen beginnen, aktiviert sich nun auch der vorher latente Antisemitismus der polnischen Bevölkerung. Unter einer terroristischen Besatzungsmacht zu überleben, war ja für sich schon schwer genug, und die 6 Millionen Toten (17 %!) der polnischen Zivilbevölkerung während der deutschen Besetzung sagen ja alles. Wie aber überleben, wenn keine Nische lebensweltlicher Solidarität, kein menschliches Biotop mehr Schutz bot, wenn das polnische Wasser keinen jüdischen Fisch tragen wollte, ihn ausspie, erpresste, an die Gestapo verriet?

Doch diese zuspitzenden Fragen schießen über die Lakonie des Erzählens ebenso hinaus wie über die unaufgeregte Gelassenheit, in der die Romanfiguren handeln. Ganz selbstverständlich und mit großer Präzision statten Tanja und der Großvater, seit die Waffengewalt unumschränkt herrscht, den achtjährigen Maciek mit den immateriellen Waffen des Überlebens aus. Nichts geschieht jetzt in der Familie mehr, wovon Maciek als ein Kind auszuschließen wäre. Seinen Ohren, seinem Begreifen, seiner Verschwiegenheit, seiner Geistesgegenwart wird alles zugemutet, und dies – die Erfolgsbedingung der Überlebensstrategie – in vollständiger, rationaler Transparenz. Ob der Großvater mit ihm nach der ersten Judenrazzia erörtert, wie Überlebenschancen bei künftigen Razzien optimiert werden könnten und welche Prioritäten des Überlebens dabei unter den Übriggebliebenen der Familie gelten, ob Möglichkeiten des Untertauchens erwogen und Schritt für Schritt durchdacht werden, ob diskutiert wird, auf welchem Weg man gefälschte "arische" Pässe besorgen könne und wie der Bewegungsspielraum genauer aussehe, den man dann erhalte, wie man dabei vermeiden könne, Denunzianten oder Erpressern in die Arme zu laufen, wie man das Fehlen der Vorhaut kaschieren könne – Maciek nimmt an all diesen Gesprächen teil, in denen unerbittlich genau, illusionslos Chancen durchgemustert, Wege unter der Bedingung des schlimmsten Falls geprüft werden. Es sind die Fähigkeiten der Antizipation, der Kalkulation der Möglichkeiten, des vorauseilenden Verstehens, der Selbstkontrolle und der Beherrschung der Situation ohne jedes andere Mittel als des eigenen, auf das Ziel konzentrierten Verstandes, die in dieser Schule der schlimmstmöglichen Wendungen ausgebildet werden. Endlich finge er an zu denken, sagt Tanja, diese unerbittliche Lehrerin der Hermeneutik als Überlebenskunst, als Maciek eine schwierige Kommunikationssituation durch einen vorausdenkenden Einfall gelöst hat. Dass Tanja nicht unter dem Druck der Situation darüber hinweg geht, sondern ihrerseits die Perspektivenverschränkung schließt, indem sie Macieks Anteil daran als Leistung seines Denkens hervor hebt, zugleich von der Situation ablöst und in den weiteren Zeithorizont zukünftiger Überlebens-Denk-Leistungen stellt ("endlich fing ich an"), gehört so sehr in das Zentrum des Romans und seiner Botschaft, dass man ihn nicht nur einen Erziehungsroman in extremis, auf der äußersten Kante menschlicher Existenz nennen möchte, sondern einen didaktischen, wäre dieser Begriff heute nicht durch seinen Gebrauch für allerlei Tingeltangel entleert.

Alles kommt darauf an, unauffällig, unsichtbar zu sein, glaubwürdigste polnische Normalität vorzuweisen, Geschichten zu erfinden, zu lügen. Gemeinsam lesen Tanja und Maciek den "Konrad Wallenrodt" von Mickiewicz, also ein für polnische Augen und Ohren ganz und gar unverdächtiges nationales Epos; aber sie lesen mit ganz anderen Augen einen subversiven Text, eine Parabel der eigenen Lebensform. Auch Konrad "führt – wie wir – die anderen hinters Licht", er ist ein anderer als der, der er scheint, und als ihn die Deutschherren entlarven, nachdem er sie gezielt in eine Niederlage geführt hat, stirbt er glücklich, weil er wie Samson sein Volk gerächt hat. Nicht nur in literarischer Brechung wird erörtert, wie in Würde – d.h. in souveräner Distanz zu den Mördern – zu sterben sei.

> "Aber Tanja wollte mir wenigstens beibringen, was ein Jude zu tun hat, wenn sein Tod kommt: den Kopf bedecken, notfalls nur mit den Händen, und dann mit lauter Stimme beten: ... Höre, Israel, du Herr, unser Gott, der Herr ist Einer. Ein Jude, der das ruft,

stirbt nicht allein, er ist im Tod verbunden mit allen, die gewesen sind und noch sein werden." (Begley 1996, 91)

Ein paar Tage später bringt ein Verbindungsmann des jüdischen Untergrunds neben den teuer bezahlten neuen Papieren für Tanja und Maciek "ein Geschenk mit: zwei Kapseln Zyanid. Es sei gut, das zu haben, sagte er. Im Notfall müsse man nur das dünne Glas zerbeißen, und dann sei man die Deutschen samt allen anderen Sorgen los." (Begley 1996, 98) Es vergehen nur einige Stunden, bis Maciek die Kapsel in der Hand hält, und es ist die Geistesgegenwart Tanjas, die die Aufmerksamkeit der Gestapoleute auf der Suche nach einer jüdischen Frau mit Kind auf die leer stehende Nachbarwohnung lenken kann.

Nach Warschau entkommen, müssen Tanja und Maciek zeigen, ob sie die Lektion beherrschen, die da heißt: "Tanja und Maciek allein gegen die Welt". "Eine leichte Lektion sei das nicht", hatte Tanja gesagt, "aber die Welt würde sie uns schon einbläuen" (Begley 1996, 96). In einer waffenstarrenden, ohne Umstände gewalttätigen, äußerst missgünstigen Welt bleibt ihnen als Waffe nur die Kunst des Verstehens. Den Text der Situation schon lesen zu können, bevor er auch nur zu Ende geschrieben ist, verschafft ihnen den kleinen, rettenden Vorsprung. Auf eine Bedrohung schon zu reagieren, bevor sie ganz sichtbar geworden ist, hält die Reaktion außer Verdacht. Wer erst flieht, wenn die anderen den Ruf "Seht die Juden" schon auf den Lippen haben, ist verloren. Nur als Artisten des vorauseilenden Verstehens können Tanja und Maciek entkommen.

Weil die Leser jetzt schon wissen, dass diese hermeneutischen Artisten gut trainiert und in höchster Konzentration die Partie "allein gegen die Welt" spielen, folgen sie dem schwindelerregenden Weg an der Kante des Todes mit einer Aufmerksamkeit, die sich mehr und mehr aus dem existentiellen Bann des Überlebenskampfes löst und zum Interesse an der Überlebensvirtuosität wird. Die Verwandlung der Flucht in virtuose Könnerschaft, in Kunst, wird in einer Szene besonders deutlich, die Tanja und Maciek inmitten einer kaum überschaubaren Masse verzweifelter, erschöpfter, desorientierter Menschen zeigt, die nach der Niederschlagung des Warschauer Aufstands im August 1944 zu den Zügen getrieben werden, die für die Deportation nach Auschwitz bereit stehen. Maciek erlebt voller Staunen, wie seine schöne Tante sich je nach Gelegenheit in ein altes, unscheinbares Weib und zurück in eine strahlende, selbstbewusste Schönheit verwandeln kann. In dieser Gestalt tritt sie auf dem Bahnsteig einem deutschen Offizier gegenüber, dem sie in beherrschter Erregung und gewählter Sprache klar macht, dass sie, eine Arztfrau aus R., mit ihrem Sohn bei einem Besuch in Warschau in dieses grässliche Chaos geraten sei, und nun, bitteschön, von ihm als Offizier erwarte, dass er Ordnung schaffe und ihr zu einem Zug nach R. verhelfe. Tanja gewinnt das Spiel, indem sie mit dosiertem Risiko ihre Glaubwürdigkeit steigert. Dem amüsierten, irritierten Offizier antwortet sie auf die Frage, woher sie denn ihr gepflegtes Deutsch habe, das sei an Thomas Mann geschult; sie wisse zwar, dass Thomas Manns Bücher verboten seien, aber er habe ja die Wahrheit hören wollen.

Worauf es außer einer verwegenen und virtuosen Kunst der Verstellung ankäme, hatte Maciek zuvor an einer Gegenszene gelernt, die nach einem katastrophalen hermeneutischen Fehler tödlich endet. Auch hier eine schöne, junge Frau mit Kind, einem Baby. Einer aus der ukrainischen Wachtruppe will sie zu einer Vergewaltigung wegschleppen. Sie wirft sich einem deutschen Offizier zu Füßen, ihr Baby flehend emporgehoben.

> "Das Gesicht des Offiziers verfinsterte sich vor Ärger und Verachtung. ... Der Offizier ergriff das Kind, befreite seine Stiefel aus der Umarmung der jungen Frau und trat ihr heftig gegen die Brust. Mit einem oder zwei Schritten erreichte er das nächste Kanalloch ... Er hielt das Kind hoch, betrachtete es konzentriert und ließ es in den Kanal fallen. Die Ukrainer brachten die Mutter weg." (Begley 1996, 162)

"Die junge Frau mit dem Baby", analysiert Tanja später, "hat einen furchtbaren Fehler gemacht, als sie den Offizier auf Knien anflehte. Sie hätte sich kerzengerade vor ihn hinstellen, ihm streng in die Augen sehen und verlangen müssen: Sorgen Sie dafür, dass diese Ukrainer sich wie disziplinierte Soldaten benehmen. Die Deutschen können Mitleid nicht ertragen..." (Begley 1996, 164 f.)

Tatsächlich wäre ja Mitleid ein Eingeständnis von Empathie, denn es setzt – für den Bruchteil eines Moments wenigstens – den Blick aus den Augen des Leidenden voraus, einen Perspektivenwechsel also, der das Eingeständnis menschlicher Gleichheit impliziert und eben darin die Grundvoraussetzung der nationalsozialistischen, von der Mehrheit der Deutschen mitgetragenen Gesellschafts- und Weltordnung negiert. Tanja kennt diesen Kernbestand, dieses Grundgesetz der Volksgemeinschaft, welches Solidarität, Mitmenschlichkeit, Perspektivenverschränkung, Füreinander-Dasein im Binnenverhältnis der Deutschen zu unerlässlichen Tugenden, im Außenverhältnis zur verabscheuenswertesten Untat macht, und wer als Angehöriger einer der verachteten, zu Minderwertigen erklärten Völker und Gruppen, als Jude zumal, überleben will, muss die Trennung, ja Entgegensetzung von Binnenmoral und Außenmoral, ohne die nichts im NS-System funktionieren und zusammenpassen würde, in seine Rechnung nehmen. Aber das hat einen unvermeidbaren Preis, denn es verlangt, jede menschliche Beziehung außerhalb des engsten Kreises unter den Verdacht tödlicher Feindschaft zu stellen.

Nachdem Tanja in Lwow von einem Mann angesprochen worden ist, der sich schließlich als Verbindungsmann der Partisanen und äußerst hilfreich erweist, entdeckt sie erschrocken, dass sie diesen Mann als nichts anderes als einen Erpresser hat verstehen können.

> "Dieser Mann Hertz war bestimmt nur ein armer Jude, der um sein Leben kämpft und seine Frau zu retten versuchte. Und sie sei schon so verängstigt und gedemütigt, dass sie überhaupt kein Vertrauen und Mitleid mehr aufbringen könne. Sie sei es eigentlich, vor der Hertz und jeder anständige Mensch fliehen müsse." (Begley 1996, 85)

Auch der, der die Kunst des Überlebens unter der Bedingung tödlicher Inklusions-Exklusionsgrenzen in dieser Schule der Perfektion lernt, Maciek, zahlt diesen Preis. Weil alles davon abhängt, nicht als aus dem Lebensrecht Ausgeschlossener erkannt zu werden, müssen die Verstellungen makellos, die Masken undurchdringlich, die biographischen Legenden wasserdicht sein. Die Lügen mussten konsistent sein – konsistenter als die Wahrheit, so Tanja. In der Pension, in der Tanja und Maciek in Warschau untergekommen sind, spricht man miteinander und da es Misstrauen erregen könnte, nur über Bücher zu reden, muss man auch bereit sein, über sich selbst zu sprechen. Unser Janek, meinen die freundlichen Mitbewohner dort, muss religiös unterwiesen werden, muss in den Kommunionsunterricht. Auch dies eine Komödie auf dünnstem Eis, aber Tanja und Maciek bringen sich gut hinüber und Maciek hat jetzt auch eine kirchlich beglaubigte polnische Normalgestalt, er ist ein katholischer Junge. "Das sei unsere einzige Hoffnung, genau wie alle anderen zu sein", hat Tanja einmal gesagt – das ist die Maxime ihres Überlebens im deutsch besetzten Polen, – dass sie es auch nach Kriegsende bleibt, Begley seinen Figuren also kein Happy-end der Befreiung, keine gloriose Heimkehr, keine stolze Präsentation des durch alle Gefahren hindurch geretteten Selbst gestaltet, die bravourösen Artisten des Verstehens und der Verstellung keinen umrauschten Abgang haben, sondern sich zur Fortsetzung der Lüge, des Lebens in nationalpolnischen und katholischen Farben entscheiden und darin durch die polnischen Nachkriegspogrome von Kielce und Krakau bestätigt wurden, enttäuscht für einen Moment die Glückserwartung des Lesers, der mit den Figuren aufatmen möchte, aber dann den durch keine Verheißung bestechlichen Realismus bewundert, mit dem der Autor sie ausgestaltet hat.

Martin Walsers unberührbares Kindheitsglück

Auch Martin Walser verdichtet Kindheitserinnerung in einem emblematischen Foto. Er zeigt es in einem Spiegel-Gespräch mit Rudolf Augstein vor, welches eine Serie über das 20. Jahrhundert eröffnete. "Erinnerung kann man nicht befehlen", lautet die Überschrift dieses Gesprächs (Spiegel 45, 1998), welches "ein Jahrhundertthema, das Hitler-Reich" aus eigenem Erleben beleuchten soll. Wann immer Walser hier etwas aus seiner Erinnerung beiträgt, ist es, als zitiere er aus seinem gerade erschienenen Roman "Ein springender Brunnen". Johann, sein autobiographisches Ich, trägt Walsers zweiten Vornamen, ist wie dieser 1927 geboren; hat mithin wie er die Zeit des Nationalsozialismus aus der Perspektive eines Kindes und Heranwachsenden wahrgenommen. Die Mutter ist 1932 wie die Mutter Johanns und aus denselben Motiven in die Partei eingetreten, wohingegen der 1938 verstorbene Vater, real und in der Erzählung, früh gesagt habe: Hitler bedeutet Krieg. Wie sein Johann hat Walser sich im Alter von 16 freiwillig gemeldet, wie er wird er zur Offiziersausbildung nicht zugelassen, mit der Begründung: Wer nicht gehorchen kann, kann auch nicht befehlen. Fast überflüssig darauf hinzuweisen, dass der Roman von real bezeichneten Orten, Walsers Heimatort Wasserburg zumal, und eben von vielen Lebensumständen erzählt, von denen er im Gespräch mit Augstein spricht. Dass Walser zur Illustration dieses Gesprächs ein Foto beigesteuert hat, welches ihn – strahlend, barfüßig, mit Damenfahrrad – so zeigt, wie Johann in der Eröffnungsszene als liebenswerter kindlicher Narziß in den Roman eingeführt wird, unterstreicht die Botschaft: Ich, Martin Walser, bin es, von dem im "Springenden Brunnen" erzählt wird, und dieser Roman ist Ertrag meiner Erinnerung.

Auch wenn den Leser nirgendwo ein Zweifel befällt, dass er in eine Welt des Romans eingetreten ist, so hat er doch auch nirgendwo Zweifel daran, dass dieser Roman erlebte Geschichte gestaltet, dass er Reales erinnern will. Im Gespräch mit Augstein beansprucht Walser "Erinnerung" gleichsam als das Organ, durch welches erlebte Vergangenheit zur Sprache kommt, weder dem suchenden Willen unterworfen noch mit Bewusstseinshelle ausgestattet, unbewusst hervorbringend, daher authentisch. Augsteins Schilderungen jugendlicher Distanz zum Nationalsozialismus hingegen stellt Walser durchgehend unter den Verdacht nachträglicher Erfindung und Fälschung. Aus Wasserburger Perspektive kann das nicht stimmen! Die differenzierteren Beschreibungen eines ganz anderen Horizonts, großstädtisch, großbürgerlich, politisch und religiös tendenziell abweichend, weist Walser ab. Offensichtlich traut er Kindern und Jugendlichen keine nachhaltigen erinnerungsfähigen Wahrnehmungen zu, die über ihren unmittelbaren Umkreis hinausgehen und politisch sind. Er selbst habe ja erst nach 1945 mitbekommen, dass seine Mutter in der Partei gewesen sei! Ja sogar: "Wer sich freiwillig meldete in diesem Krieg, der hatte doch noch nichts mit Politik zu tun", weil er das nämlich aus "Patriotismus" getan habe. Dass er in dieser Aussage ein zentrales Element der nationalsozialistischen Weltanschauung reproduziert, ist ihm offenbar nicht bewusst. Die Umformung der pluralistischen Gesellschaft in die "Volksgemeinschaft' hatte ihren Sinn ja gerade darin, Politik als innere Verkehrsform einer Gesellschaft mit unterschiedlichen Meinungen und Interessen durch die "natürliche" Solidarität der Blutsgemeinschaft zu ersetzen, und die konnte aus Wasserburger und anderen lokalen Perspektiven umstandslos mit der jeweiligen Lebenswelt zusammenfallen, besonders nachdem die politischen und "rassischen" Abweichungen hinausgesäubert waren. Was war schon daran politisch, wenn ein junger Mensch den Erwartungen seiner Umwelt entsprach und seine Reputation in der lokalen Lebenswelt sicherte, indem er sich freiwillig meldete?

Man kann Walsers Roman als immer wieder neu intonierte Bekräftigung dieser unschuldigen These lesen und als einen trotzigen Gegenentwurf zu Adornos Wort, dass es kein richtiges Leben im falschen gebe (Adorno 1951, 42). In Wasserburg gab es das, und selten hat man einen jungen Menschen glücklicher und unangefochtener aufwachsen sehen als Johann in Wasserburg zwischen 1933 und 1945. Sein Leben, so empfindet er, "würde ein einziger Aufschwung sein." (Walser 1998, 322) Für den Siebzehnjährigen soll es 1944 vor allem der Aufschwung zum Leutnant sein, dann würde er mit dem älteren Bruder Josef, der dann vielleicht Oberleutnant wäre, zusammen mit der Mutter eine Dreifaltigkeit unbestreitbarer Bedeutung bilden.

"Dann musste das Dorf zugeben, diese Familie unterschätzt zu haben. Das Dorf war der Inbegriff der Menschheit." (Walser 1998, 323)

Während der erste der beiden Sätze noch aus der – Zukunft idealisierenden – Perspektive des Heranwachsenden gedacht ist, bietet Walser im zweiten aus der Perspektive späteren Erzählens einen Interpretationsrahmen an. Die Weltvorstellung Johanns, so lautet dieser Hinweis, ist nur im Horizont des Dorfes zu entschlüsseln. Walsers Dorf ist kein Ort von Enge und Bedrückung, von Neid und Bösartigkeit, sondern ein nahezu paradiesisches Paradigma sozialer Integration, ein Ausbund von Heimat. Das Gravitationsfeld des Dorfes biegt auch die nach außen gerichteten Handlungen seiner Bewohner zurück und erst hier, im Dorf, erhalten sie ihre wahre Bedeutung. "Wie das im Dorf erklären?", sorgt sich Johann, als er zur Offiziersausbildung nicht zugelassen wird. (Walser 1998, 356)

Dass Walser die anziehenden, integrierenden, selbstbezüglichen Elemente des Dorfes so stark macht, bildet so etwas wie die Glaubwürdigkeitsvoraussetzung für die verblüffende Vergesslichkeit und Unaufmerksamkeit gegenüber Nicht-Identischem, Irritierendem, womit Walser seinen sonst so wachen Johann ausgestattet hat. Den Namen "Dachau" lässt Walser geradezu als eine Metapher des hörenden Nichthörens und des Vergessens durch den Roman irrlichtern, nur im Moment der Wahrnehmung präsent, sonst so fern, dass Johann vergessen hat, "dass er es vergessen gehabt hat" (Walser 1998, 123).

Auch nach Kriegsende – Johann ist im letzten Kriegswinter als Freiwilliger Gefreiter geworden – ist es die verinnerlichte Dorfgemeinschaft, die Johanns Wahrnehmung und Erinnerung organisiert. Dass der Lehrer, wie oft der lokale NS-Propagandist, sich nun mit einem Schild um den Hals zur Schau stellen muss, kann Johann nicht ertragen. Als Johann nach Kriegsende einen ehemaligen Freund wiedertrifft, dessen jüdische Mutter in einer "privilegierten Mischehe" überlebt hat, erzählt der ihm von der Angst, in der seine Mutter gelebt hat, "weil der Lehrer sie hatte abholen lassen wollen".

"Johann wehrt sich gegen die Angst, in der Frau Landsmann gelebt hatte. ... Er will mit dieser Angst nichts zu tun haben. ... Er wollte von sich nichts verlangen lassen. Was er empfand, wollte er selber empfinden. Niemand sollte ihm eine Empfindung abverlangen, die er nicht hatte." (Walser 1998, 400 f.)

Dass der Lehrer nun am Pranger steht, ist Johann unerträglich, aber die Lebensangst des Opfers seiner Drohungen will er nicht nachempfinden. Mitgefühl und Empathie, der Blick aus den Augen des Anderen, bleiben auf die eigene, im Dorf konkretisierte völkische Gemeinschaft beschränkt, als ob sie nur dort natürlich und legitim wären. Über diese Grenze hinaus mitzuempfinden, bedürfte einer besonderen, künstlichen Willensanstrengung, zu der Johann besten Gewissens nicht bereit ist. Dafür gibt es in seinen Augen gar keinen Grund. In dieser von Johann fraglos als berechtigt empfundenen Trennung von Binnen- und Außenmoral, zwischen einem Innenbereich der Volksgemeinschaft, in dem Regeln der Solidarität und Mitmenschlichkeit einen sehr hohen Stellenwert haben, und einem Außenbereich der fremden Völker und "Rassen", gegenüber denen mitmenschliche Wechselseitigkeit gerade nicht zu gelten hat, spiegelt sich die Grundvoraussetzung der Massenwirksamkeit und kriegerischen Durchschlagskraft des Nationalsozialismus. Das Einverständnis in diese Trennung reichte völlig aus, um aus Bürgern akklamierende Volksgenossen und führergläubige, vollstreckungswillige Soldaten zu machen; darüber hinaus bedurfte es keiner weiteren politischen oder weltanschaulichen Übereinstimmung mit dem Nationalsozialismus. War diese Grundentscheidung erst vollzogen, der andere Teil der Menschheit als moralfreie Sphäre abgespalten, vollzog sich alles weitere in bewährter lebensweltlicher Normalität und Solidarität. In deren Anerkennungswärme konnte man sich wohlfühlen und besten Gewissens glücklich sein. Wie in einem brausenden Tedeum des Glücks lässt Walser seinen Johann sich im Sommer 1945 an seine Kindheit und Jugend erinnern.

"Er wollte nicht bestreiten, was rundum als entsetzlich sich auftat. Aber er wollte sich nicht verstellen. Und er hätte sich verstellen müssen, wenn er getan hätte als erreiche ihn das Entsetzliche. Es erreichte ihn nicht. Er kam sich vor wie in einer Flut. In einem Element aus nichts als Gunst und Glanz. Jeder Tag, an den er sich erinnerte, war der schönste Tag in seinem Leben. Andere Tage ließ er gar nicht zu." (Walser 1998, 388 f.)

Eine Perspektive, aus der der real und logisch zwingende Zusammenhang von innerem – Wasserburger und anderwärtigem – Glück und äußerer Vernichtungsenergie zu erfassen wäre und aus der millionenfaches Morden als Folge eines einverständigen moralischen Autismus der Volksgemeinschaft sichtbar würde, schließt die Konstruktion des Romans aus. Sie installiert ja den "springenden Brunnen" der Erinnerung, nur sanft durch den heutigen Erzähler reguliert, so im Innern des achtzehnjährigen Johann im Sommer 1945, dass sich mit dessen Befangenheiten in Heimatliebe, Glücksgefühl und Lebenshunger der Horizont der Erzählung gegen Einbrüche von außen immer wieder abdichten lässt. Damit bildet der Roman aber zugleich einen fortwährenden Beweis gegen die Identität von Authentischem und Wahrem. Dass Walser Johanns Selbstwahrnehmung 1945 unverfälscht rekonstruiert haben mag, steht nicht in Frage. Und in der Rekonstruktion des hermetischen und unbefragten Horizonts heranwachsender "Volksgenossen", in der täglichen Beglaubigung des Konzepts der "Volksgemeinschaft" durch die dörfliche Lebenswelt, ist der Roman hoch plausibel. In zirkulären Bestätigungsakten erfährt sich Johann immer in der Gemeinschaft der Guten und als ein Erhöhungsfähiger dazu. Dass Johann und viele andere sich zugehörig und einbezogen fühlten und als "Deutschblütige" im Schoß der Volksgemeinschaft wohl fühlen konnten, steht ebenso außer Frage wie der Umstand, dass wie Johann die meisten nicht durchschauten, wie sie damit die Prämie auf Verfolgung und Vernichtung der Ausgeschlossenen kassierten. Aber dass Walsers Roman von dieser Rückseite des Wasserburger Glücks ebensowenig wissen will wie sein Held, macht ihn unwahr. Unwissen und Abwehr mögen für Johann wie für viele andere damals glaubwürdig sein, für den heutigen Erzähler können sie das nicht mehr nur sein. Denn der Erzähler weiß das, was Johann nicht weiß oder nicht wissen will, und für den Erzähler von 1998 ist der

Johann von 1945 ganz unabweisbar eine historische Figur in einer historischen Umgebung. Die Abwehr des Entsetzlichen mag also als Haltung eines jungen Mannes 1945 authentisch sein; nach allem was wir wissen, verhielten sich Millionen ebenso. Aber dies 1998 zu erzählen, ohne den Blick auf die Begrenztheit dieses Horizonts zu öffnen, statt dessen die 45er Perspektive eines durch Verbrechen und Katastrophen kaum affizierten jungen Mannes gleichsam auf Dauer zu stellen und als klaren Quell der Erinnerung auszugeben, wiederholt den mörderischen Autismus der Volksgemeinschaft als einen durch den Erzähler gerechtfertigten Autismus der Erinnerung.

Eine fast überflüssige Schlussbemerkung

Beide Romane erzählen davon, wie sich am Material erlebter Geschichte Weltsichten von Heranwachsenden herausbilden. Doch gegensätzlicher könnten die Perspektiven der Weltwahrnehmung kaum sein, die die beiden Kinder erwerben. Das liegt daran, dass sie in der gewaltförmig durchgesetzten manichäischen Weltkonstruktion des Nationalsozialismus eben jene entgegengesetzten Welten bewohnen, deren undurchdringliche Abgrenzung von einander die Grundlage dieser Weltkonstruktion und damit so etwas wie das "Betriebsgeheimnis" der Durchsetzungsenergie des Nationalsozialismus bildete. Maciek muss die Grundregel dieser Weltkonstruktion – die alles durchdringende Aufspaltung der moralischen Welt – durchschauen, um zu überleben, Johann muss sie – wie sein autobiographisches Alter Ego meint – verleugnen, um seine Identität zu wahren und sich im "brausenden Te Deum des Glücks" hinüber zu bringen in die neue Zeit. Während Walser Johanns kindlichen und jugendlichen Narzissmus, dessen Resonanzboden die völkische Dorfgemeinschaft gebildet hatte, auf lebenslange Dauer stellen will, ja ihn zur Perspektivfigur der richtigen Lesart der Geschichte machen möchte, lässt Begley seinen Maciek in Polen zurück und schließt den Roman mit den Worten:

> "Und wo ist Maciek jetzt? Er wurde allmählich lästig und ist langsam gestorben. An seine Stelle ist nun ein Mann getreten, der einen der Namen trägt, die Maciek gebraucht hat. Ist noch etwas von Maciek in dem Mann? Nein, nichts: Maciek war ein Kind, und unser Mann hat eine Kindheit, die zu erinnern er nicht ertragen kann." (Begley 1996, 223)

Begley weiß, was Walser nicht wahrhaben möchte: Ein richtiges Leben im falschen gibt es nicht.

Literatur

Adorno, Theodor W., Minima Moralia. Reflexionen aus dem beschädigten Leben, Frankfurt 1951.

Aly, Götz/Heim, Susanne: Vordenker der Vernichtung. Auschwitz und die deutschen Pläne für eine neue europäische Ordnung. Hamburg 1991.

Augstein, Rudolf/Walser, Martin: "Erinnerung kann man nicht befehlen". Spiegel-Gespräch. Der Spiegel 45, 1998.

Begley, Louis: Lügen in Zeiten des Krieges. Frankfurt/Main (suhrkamp taschenbuch) 1996.

"Es gibt keinen jüdischen Wohnbezirk in Warschau mehr". Stroop-Bericht. Faksimile. Darmstadt, Neuwied 1960.

Gamm, Hans-Jochen: Das Judentum. Eine Einführung. Überarbeitete Neuausgabe Frankfurt/New York 1994.

Levi, Primo: Ist das ein Mensch? München 1992.

Walser, Martin: Ein springender Brunnen. Frankfurt 1998.

Christa Uhlig

"Erziehung zur Demokratie" – Notizen von Käte und Hermann Duncker aus der Zeit ihres Exils in den USA

Vorbemerkung

Die hier erstmals veröffentlichten Notizen aus dem Nachlass von Käte und Hermann Duncker weisen in mehrfacher Hinsicht Bezüge zur Thematik des vorliegenden Bandes auf.

Erstens können sie als Facette des Widerstandes gegen und der Auseinandersetzung mit dem Faschismus in Deutschland gelesen werden. Aufgeschrieben während ihres Exils in den USA in den Jahren von 1938/1941 bis 1947 spiegeln sie nicht nur eine intensive Reflexion über die politischen Verhältnisse in Deutschland, über Ursachen des Faschismus, über Mitschuld der Arbeiterbewegung, sondern mehr noch Nachdenken über Möglichkeiten und Perspektiven eines anderen Deutschland. Als prominente Vertreter der deutschen Arbeiterbewegung – zunächst in der Sozialdemokratie, nach deren Auseinanderbruch an der Haltung zum Ersten Weltkrieg in der kommunistischen Bewegung – schöpften sie aus reichen politischen Erfahrungen, wussten um den Streit der Ideologien und die politischen Machtkämpfe zwischen und innerhalb der Arbeiterparteien und hatten den Terror des Faschismus am eigenen Leibe erlebt. Ihre persönliche Konsequenz war eindeutig: Nur in der Erziehung zur Demokratie sahen sie eine Perspektive für Deutschland, erst recht für ein Deutschland mit sozialistischem Antlitz. Um diese Frage kreiste ihr Nachdenken in den schweren Jahren des Exils. Es galt der Suche nach Erkenntnis über Humanität, Demokratie, Freiheit und Gleichheit, Individuum und Gesellschaft, Moral und Erziehung.

Zweitens wird deutlich, dass der Erforschung des pädagogischen Exils noch immer Neues hinzugefügt werden kann. Das gilt nicht nur für die explizit pädagogischen/erzieherischen Inhalte vieler der Texte und Notizen, die im Nachlass von Hermann und Käte Duncker zu finden sind, sondern mehr noch für das breite Spektrum der im Exil entstandenen Konzepte, Intentionen und Pläne für ein Erziehungswesen in Deutschland nach Krieg und Faschismus. Sowohl Käte als auch Hermann Duncker waren pädagogisch erfahren. Käte Duncker gehörte neben Clara Zetkin und Heinrich Schulz zweifellos zu den klügsten Vertreterinnen einer sozialistischen Reformpädagogik bereits vor dem Ersten Weltkrieg. Hermann Dunckers Popularität und Wirkung als "Wanderlehrer" in der politischen Arbeiterbildung war legendär. Was sie über Erziehung zur Demokratie zu sagen hatten, basierte auf Einsichten in Zusammenhänge erzieherischen Tuns, auf umfangreichem theoretischem Wissen und nicht zuletzt auf ihren Studien und Beobachtungen in den USA:

"wirklich tief eingewurzelte demokratische Gesinnung und Umgangsformen. Güte und Hilfsbereitschaft [...], Möglichkeit freien Meinungsaustauschs in Radio und Presse. Die 'Rund Tables' and 'Townmeetings'"[1].

Drittens ist mit der Publizierung einer kleinen Auswahl aus den umfangreichen Exil-Aufzeichnungen der Dunckers das Anliegen verbunden, Persönlichkeiten in den Blick zu rücken, die in der jüngsten Geschichte zunehmend dem Vergessen anheim gestellt werden, sei es, weil sie der kommunistischen Richtung der Arbeiterbewegung zugerechnet werden, sei es, weil sie nach ihrer Rückkehr aus dem Exil in der SBZ/DDR tätig waren, oder sei es, weil Interesse an Gesellschaftsentwürfen resp. gesellschaftstheoretischem Denken außerhalb der Deutungshoheit der gegenwärtigen politischen Klasse nicht opportun scheint. Im Falle der Dunckers und speziell der hier abgedruckten Texte wiegt dies doppelt schwer. Denn obgleich in der DDR populär und geachtet[2], blieben viele ihrer Aufzeichnungen in den Archiven verborgen. Auch hier wurde verdrängt, was nicht in den Mainstream der politischen Landschaft passte.

Lebensgeschichtliche Kontexte

Käte und Hermann Duncker gehören zu jener Generation der deutschen Sozialdemokratie, die ihr nach der Wende vom 19. zum 20. Jahrhundert politisches Profil und theoretische Gestalt gab. Es ist hier nicht der Raum für umfassende Biographien. Lediglich einige wenige lebensgeschichtlich relevante Eckpunkte für die weltanschaulichen und erzieherischen Ansichten der Dunckers sollen angeführt werden.[3]

Käte Duncker, am 23. Mai 1871 in Lörrach (Baden) in der Kaufmannsfamilie Doell geboren, nach dem frühen Tod ihres Vaters in Friedrichroda (Thüringen) aufgewachsen, wo ihre Mutter eine kleine Pension unterhielt, besuchte gegen anfänglichen familiären Widerstand das Lehrerinnenseminar in Eisenach, fand Kontakt zur Frauenbewegung und ging 1893 als Lehrerin nach Leipzig. Hier lernte sie nicht nur die zu dieser Zeit bereits bekannte Clara Zetkin kennen, sondern auch ihren späteren Mann Hermann Duncker.

Hermann Duncker, am 24. Mai 1874 in Hamburg als Sohn eines Kaufmanns geboren, studierte 1893 zunächst Musikwissenschaften am Leipziger Konservatorium, trat im gleichen Jahr der SPD bei und entschied sich dann für ein Stu-

---

[1] Nachlass Käte und Hermann Duncker, NY 4445/234Ü, Mappe 1942/43, Bl. 10. Entnommen aus Notizen über positive und negative Beobachtungen in den USA – darunter u.a. positiv "die weite Verbreitung der elektrischen Kühlschränke", das "Self-Service-System in den Lebensmittelgeschäften", negativ "die furchtbare Verschwendung u. Verwüstung von Lebensmitteln", "die hässlichen Reclamebilder".
[2] Davon zeugt beispielsweise die große Zahl künstlerisch gestalteter Denkmale und Bilder vor allem von Hermann Duncker (vgl. Kuminowski 1989).
[3] Für die biographischen Fakten wurden neben dem Nachlass folgende Publikationen benutzt: Biographisches Lexikon 1970, Kirsch 1982, Kessler 2001; Deutschland 2001, Uhlig 2006, S. 62-64; Weber/Herbst 2008.

dium der Nationalökonomie, Geschichte und Philosophie, das er 1903 mit einer Promotion abschloss. Zunächst Redakteur der "Leipziger Volkszeitung", wurde er 1906, nachdem die SPD auf ihrem Mannheimer Parteitag eine umfassende Bildungsoffensive initiiert hatte, einer der ersten Wanderlehrer der SPD, bevor er ab 1911 eine Lehrtätigkeit an der Zentralen Parteischule der SPD, an der auch Heinrich Schulz beschäftigt war, aufnahm. 1898 heirateten Käte und Hermann Duncker. Ihre Beziehung war ungeachtet schwieriger Lebensumstände – berufliche Inanspruchnahme, häufige räumliche Trennung, Erziehung von drei Kindern, existentielle Sorgen, politische Repressionen und später schwere Schicksalsschläge – in allen Lebensphasen von inniger Nähe, intensivem Gedankenaustausch und wechselseitiger Motivation geprägt. Sie hinterließ einen "Jahrhundertbriefwechsel" (Kinner 2009, S. 67) – ein beeindruckend authentisches Zeugnis der Höhen und Tiefen des 20. Jahrhunderts.

Während sich Hermann Duncker zu einem der bedeutendsten sozialdemokratischen Theoretiker und Lehrer entwickelte, profilierte sich Käte Duncker, die wegen ihrer Verbindung zur SPD eine "bürgerliche Stelle" als Lehrerin in Deutschland nicht mehr finden konnte (Kirsch 1982, S. 26), als politische Pädagogin und Bildungspolitikerin. Ihre ersten Schriften galten der Analyse der Kinderarbeit in Deutschland (vgl. Duncker 1906). Soziale und pädagogische Hilfe für die proletarischen Familien wurde wie die Vereinbarkeit von Beruf und Familie eines ihrer wichtigsten Anliegen. 1906 trat sie in die von Clara Zetkin geleitete Redaktion der "Gleichheit" in Stuttgart ein und war hier vor allem für die Kinder- und Mütterbeilagen zuständig. An eigenständiges Denken und Tun gewöhnt, fühlte sie sich allerdings durch die Dominanz Clara Zetkins eingeschränkt. 1908 verließ sie die "Gleichheit" und arbeitete, oft gemeinsam mit ihrem Mann, in den folgenden Jahren vor allem publizistisch.

Als bekennende Kriegsgegner entschieden sie sich in den Auseinandersetzungen um die Haltung der SPD zum Ersten Weltkrieg für jene Minderheit um Karl Liebknecht, Rosa Luxemburg, Clara Zetkin u.a., die sich vom Kurs der SPD distanzierte, 1916 den Spartakusbund und 1918/19 die KPD gründete. Beide Dunckers wurden zunächst in die Zentrale der neuen Partei gewählt, allerdings zeigten sich schon bald politische Differenzen. Dunckers zogen nach Gotha und engagierten sich in der Thüringischen Landespolitik der KPD. 1923, nach der Zerschlagung der Linksregierung in Thüringen, ging Hermann Duncker in die politische Bildungsarbeit zurück, gehörte 1926 zu den profilgebenden Begründern der Marxistischen Arbeiterschule (MASCH), war 1927/28 Leiter der Bildungsabteilung des ZK der KPD, gab mehrere marxistische Schriftenreihen heraus und beteiligte sich mit zahlreichen Publikationen selbst am theoretischen Diskurs der Arbeiterbewegung.[4] Obwohl zu ihren führenden theoretischen Köpfen gehörend, blieb sein politischer Einfluss auf die KPD wegen seiner im Grunde gemäßigten Haltung begrenzt und ging Ende der 1920er Jahre mehr und mehr zurück. Ähnlich erging es Käte Duncker. Nach dem Scheitern der Arbei-

---

[4] Vgl. bibliographische Hinweise in Duncker 1984; Mertens 1994; Lucks 2006.

terregierung in Thüringen nahm sie 1925 in Berlin ihre frauenpolitische, bildungspolitische und pädagogische publizistische Arbeit sowie ihre Vortragstätigkeit in der Arbeiterbildung wieder auf.

Noch in der Nacht des Reichstagsbrandes am 27./28. Februar 1933 wurde Hermann Duncker verhaftet und zunächst in das Gefängnis Spandau, dann in das KZ Brandenburg gebracht. Die Dunckersche Wohnung wurde verwüstet, die Bibliothek kassiert. Erst im November 1933 konnte ihn Käte gegen Auflagen freikämpfen. Bis 1936 lebten beide zurückgezogen in Friedrichroda. 1936 emigrierte Hermann Duncker nach Dänemark, von dort nach Großbritannien, 1938 nach Frankreich, kam schließlich im September 1941, nach mehrmonatigem Internierungslager in Marokko, in die USA. Dorthin war seine Frau bereits 1938 ausgereist, um ihren Sohn Karl zu besuchen, der nach der Flucht aus Deutschland zuletzt an der Stanfort-Universität in Kalifornien eine Professur für Psychologie innehatte. Die Situation in Deutschland ließ eine Rückkehr nicht mehr zu. Notdürftig konnten Käte und Hermann Duncker ihren Lebensunterhalt bestreiten, unterstützt durch gleichgesinnte Emigranten – Hans Meyer, die Familie Mann, Kostja Zetkin, F. C. Weiskopf u.a. Trotz dieser widrigen Situation galt ihr Engagement dem Kampf gegen den Faschismus in Deutschland. Davon zeugen nicht nur die zahlreichen in dieser Zeit entstandenen Texte, sondern auch die Mitwirkung Hermann Dunckers im "Council for a Democratic Germany". Zu den existenziellen Sorgen des Exils kamen familiäre Schicksalsschläge. 1940 nahm sich ihr Sohn Karl das Leben. Bereits 1937 hatten sie von der Verhaftung und Verurteilung ihres in die Sowjetunion emigrierten Sohnes Wolfgang erfahren müssen. Erst Jahre nach dem Krieg bekamen sie Gewissheit über seinen Tod im Lager Workuta.

1947 kam das Ehepaar Duncker nach Deutschland – in die Sowjetische Besatzungszone – zurück. Als 73-jähriger trat Hermann Duncker der SED bei, wurde zunächst Dekan der Philosophischen Fakultät der Universität Rostock, ab 1949 Leiter der neu gegründeten Gewerkschaftsschule in Bernau bei Berlin. Bis zu seinem Tod am 22. Juni 1960 blieb er, auch hier ohne nennenswerten politischen Einfluss, der politischen Bildungsarbeit treu. Käte Duncker, vom Verlust ihrer Söhne niedergeschlagen, blieb parteilos, dennoch politisch aufmerksam und nicht ohne Skepsis. Sie starb am 2. Mai 1953 in Bernau. Noch bis kurz vor ihrem Tod hatte sie sich, unterstützt von ihrem Mann, vehement für von der SED gemaßregelte ehemalige Kampfgefährten eingesetzt[5] und den politischen Stil der SED kritisiert.

---

[5] Als Beispiel sei auf ihren Einsatz für den ebenfalls aus amerikanischem Exil in die SBZ zurückgekommenen Jacob Walcher verwiesen, der 1951 wegen angeblicher "verbrecherischer" Fraktionsbildung aus der SED ausgeschlossen worden war (vgl. Brief Käte Dunckers an Walter Ulbricht vom 9.6.52, NY 4445/262, Bl. 8, darin betont sie, dass sie den Ausschluss für "unverständlich und im Parteiinteresse unklug" hält. Das Schreiben des Briefes sei ihr nicht leicht gefallen. "Aber die Sorge um den Menschen hat mich dazu getrieben"). Vgl. zu Walcher Weber/Herbst 2008, S. 983-985.

Hinweise zu den Quellen

Die ausgewählten Quellen stellen einen Bruchteil des Nachlasses von Käte und Hermann Duncker dar, der im ehemaligen Parteiarchiv der SED und nunmehr in der Stiftung der Parteien- und Massenorganisationen der DDR im Bundesarchiv aufbewahrt wird. Der Nachlass enthält einen umfangreichen Briefwechsel zwischen Käte und Hermann Duncker sowie mit anderen Personen, außerdem eine Vielzahl an Manuskriptentwürfen, Notizen, Tagebuchaufzeichnungen, Fotos u.a.m. Allein der Bestand aus den Jahren 1940 bis etwa 1946, aus dem die vorliegenden Texte stammen, umfasst fast 400 Briefe und allein von Hermann Duncker nahezu 1000 Manuskriptseiten (vgl. Deutschland 2005b, S. 107f., auch Fußnote 2,3). Vieles ist bis heute noch nicht erschlossen. Erst in jüngster Zeit rückte Heinz Deutschland, schon zu DDR-Zeiten mit Leben und Werk Hermann Dunckers befasst, diesen Nachlass mit einer Reihe von Publikationen und vor allem Briefeditionen wieder stärker in den Blick der historisch interessierten Öffentlichkeit (vgl. Deutschland 2005a, 2005b, 2005c; Mertens 1994; Lucks 2006). Dabei wird einmal mehr deutlich: Der noch längst nicht hinreichend aufgearbeitete Nachlass lässt ein gesellschafts- und kulturpolitisches Panorama des 20. Jahrhunderts aufscheinen, das seinesgleichen sucht und auch erziehungshistorisches Forschungsinteresse zu fesseln vermag.

Aus der Vielzahl der erziehungshistorisch interessanten Aufzeichnungen wurden für den vorliegenden Beitrag drei Textpassagen ausgewählt. Die erste enthält Notizen von Hermann Duncker, die sein Demokratieverständnis in einen weiten Bogen von moralphilosophischen, sozialpsychologischen und erziehungsphilosophischen Ansätzen zeichnen. Der zweite Text umschreibt einen weitreichenden Entwurf einer auf Internationalität fokussierten Erziehung. Der dritte Text von Käte Duncker scheint eher Überlegungen für konkrete Erziehungsmöglichkeiten in Deutschland nach dem Krieg zu intendierten.

Die Texte bzw. Stichworte wurden so wiedergegeben, dass sie das Erscheinungsbild des Originals – vor allem das sichtbare Bemühen um Systematisierung – spiegeln. Das gilt auch für Unterstreichungen. Nicht immer enthalten die Texte Überschriften. Entsprechende Hinweise dazu werden in den Fußnoten gegeben. Formulierungsvarianten und Streichungen im Text wurden nicht berücksichtigt. Auslassungen, Ergänzungen und unleserliche Wörter […?] sind in [Klammern] gesetzt. Einige offensichtliche Schreibfehler wurden stillschweigend korrigiert.

Auszüge aus dem Nachlass

1. Hermann Duncker: Notizen zu Demokratie und Erziehung (Auswahl)[6]

Freiheit
= freier Weg dem Willen!
3 Hindernisse:
<u>persönliche</u> (subjektive)
<u>natürliche</u> (der äußeren Natur)
<u>soziale</u> (anderer Menschen)

Die <u>Beschränkung der Freiheit</u> zählt eigentlich nur als sozial!
(Robinson hat alle Freiheit!)
Die <u>soziale Unfreiheit</u> (Willensbeschränkung)
durch <u>direkte</u> Gewalt
durch Verbotssetzung (Gesetz)
durch <u>Sittengebot</u>
Fr. = das <u>Gefühl</u> (resp. Bewusstsein) von keinem <u>fremden Willen</u> behindert zu sein.
Fr. ist der (objektive) Zustand eines <u>Landes,</u> das keiner fremden Staatsmacht unterliegt und in dem die Untertanen gegen eine schädliche Willensbehinderung gesichert sind.

Freiheitspostulate
individuelles Sein
körperlich
Ausbildungs- (Lern-)
Betätigungs- (Berufs-)
Bewegungs- (Niederlassungs-)
Sexual- (Heirats-)
Geistesfreiheit
Bekenntnis-
Rede-
Press-
Lehr- und Forschungs-

---

[6] Im Original keine Überschrift. Die Auswahl ist einem Notizbuch von Hermann Duncker entnommen, das etwa 1939 beginnt. Das Notizbuch in Oktav-Größe enthält meist nur Stichworte in deutsch, französisch, englisch, teils mit Bleistift geschrieben, teils verwischt, einiges in Stenographie, manches schwer lesbar. Ob aus den Notizen Abhandlungen geplant waren, ist schwer zu ermitteln. Einige Notizen gelten gelesenen Büchern, so z.B. Franz Kafka "lettre zur l'education" (so im Original), E. Durkheim "Education et Soziologie". NY 4445/ 34, Bl. 3-30R.

Künstl[lerisches] Schaffen
politische Freiheit
Versammlungs-
Vereins-
Wahlfr[eiheit] zur Volksvertretung
Amts-
nationale -

Pflicht
Schul-
Verteidigungs-
Steuer-
Gesetzesgehorsam-
Arbeits-

Rousseau stellt neben die beiden Pole absoluter <u>Staat</u> und absolutes <u>Individuum</u> noch das absolute <u>Volk</u>!
In diesem Dreiecksverhältnis [Staatsmacht, Volk, Individuum) meistern zwei immer das Dritte!
<u>Fiktion</u> des <u>Freigeborenen</u> (eine unumgängliche Fiktion …)
Der Mensch wird geboren mit dem Bedürfnis des <u>freien</u> sich <u>Auslebens</u>, d.h. dem Bedürfnis den aufsteigenden Regungen jeweils Folge leisten zu können!
Bedürfnis = Unlust
Befriedigung = Lust
So der <u>dauernde</u> Lebensrhythmus!

<u>Die 7 Ziele</u>
1 <u>Demokratie</u>
2 nationale <u>Selbstbestimmung</u>
3 <u>weltbürgerliche</u> Gesinnung (Antirassisismus)
4 <u>Pacifismus</u>
5 <u>Socialismus</u> (Reform) sozialer Staatskapitalismus
6 <u>Toleranz</u>
7 <u>Wissenschafts[autarkie?]</u>

<u>Die Krankheiten der Demokratie</u>
<u>Splitterparteien</u> (Sektenideologie)
Gegenseitige <u>Neutralisierung</u> fast gleich starker Parteien
Parteien<u>kuhhandel</u>
Parteien<u>käuflichkeit</u> (Corruption)
<u>Nepotismus</u>
<u>Demagogie</u>
<u>Intoleranz</u>

Was führte die Masse zum Faschismus?
die Krankheiten der Dem[okratie]
die Kompliziertheit politischer Probleme und die persönl[iche] Verantwortung
Wunderglauben an ein neues Heilmittel
Unmöglichkeit sich die Konsequenzen des Fehlens der Dem[okratie] vorzustellen.
fanatische unterwürfige Verehrung [gegenüber einer imponierenden Erscheinung?]
nur als Übergang akzeptiert
Als [...?] Machtkonzentration

Alternativen
1) Dem[okratie] / Knechtschaft, Diktatur
2) Soz[ialismus] / Kap[italismus]

Moralforderungen
Beurteile keinen Menschen nach dem Zwang seiner Herkunft, sondern nach seinem Willen in die Zukunft.
Verabscheue jede Gewalt so lange noch ein Rechtsweg offen, um Unrecht zu verhüten

Strukturgesetze der Gesellschaft
gegenseitige Hilfe (Solidarität) (soziale Erziehung)
individuelle (sozial harmonisch) Selbstbehauptung
individuelle (antisoziale) Gier (Reichtum, Macht)
Sozialreform (es gibt in diesem Sinne keine Sozialrevolution, denn das gesellschaftliche Sein wird nicht umgestürzt), Umwälzung ist nur Weiterwälzung
1) lokale Solidarität ist fast immer persönlich empfunden (in persönl[ichem] Connex), schafft nur lokale Gruppierung
2) gedankliche Solidarität, [überpersönliches...?] Bewusstsein

Problem des Friedens
1) Friedenssicherung gegen Aggressoren und faschistische [...?]
2) Wiedergutmachung
3) ökonomischer [...] Ausgleich
4) Selbstbestimmung der Nationen
5) Pakt
6) Demokratisierung
7) ökonomischer Aufbau (Reformen)

Demokratie
1) zur Aktivierung jedes Mitgliedes
2) zur Bildung des Gesamtwillens
3) zur [Verlautbarung?] der Gemeinschaft

4) zur <u>Kontrolle</u> der Leitungen

Gleichheit
unbegrenzte <u>Möglichkeiten</u> in Jedem (in Kind und Kindeskind)
<u>Heiligkeit</u> des Lebens (unerfassbares Leben)
gegenseitige <u>Rücksichtnahme</u> [...]
<u>Arbeitsteilung</u> (Arb[eiter]beteiligung)
Arb[eiter] <u>Anteilnahme</u>
<u>Funktionsteilung</u>

Demokratie (...)
1) Sozial- Individualismus
2) Humanismus, Anti-Rassismus
3) Antidiktatur
4) Sozialreform u. Sozialismus
Was charakterisiert den Menschen?[7]
I
1) "will die Umgebung unverändert" (<u>conservativ</u>)
2) will die Umgebung verändert
a) nach rückwärts (<u>reaktionär</u>)
b) nach vorwärts (<u>Reformer</u> oder <u>Revolutionär</u>)
II ist
1) <u>egozentrisch</u> (habsüchtig, ausbeutend)
2) <u>sozial</u> gerichtet (auf soziale Gruppen hin)
3) <u>sozialistisch</u> (auf die Allgemeinheit hin = humanistisch)
III ist
1) <u>Gefolgsmann</u>, Mitläufer
2) <u>Führer</u>, Avandgardist (mit Initiative und Wagemut)
IV ist
1) <u>materielle</u> Lebensbedingungen erkennend
2) auf <u>transcendente</u> Werte eingestellt (Askesen)
V ist
1) für materiellen Lebensgenuss (Materialist in moralischer Beziehung)
2) idealistische Zielsetzung (Idealisten)

Moral = Sozialmoral[8]
Ein guter Zweck heiligt böses Mittel!
(wenn die Seite, die ich fortnehme, kleiner als das, was ich zufüge).

---

[7] Datiert mit Mai 1943, ebd., Bl. 20Rf.
[8] Datiert 22.6.43, ebd. Bl. 25.

Die heiligen Bücher
Rousseau: Contrakt social – das Evangelium der Demokratie
Kropotkin: [...?] – das Evangelium der Solidarität
Engels: Entw[icklung] des Soz[ialismus] – das Evangelium des Fortschritts
Bergpredigt – Evangelium der Liebe[9]

Gefühlspädagogik
Gefühlsbeispiele
in Kunstgeschichte, Wissenschaft
unmittelbares Erleben (oder Erleiden, nicht lesbar)
Gefühl auslösende Situationen schaffen
Konsequenzen von Gefühlen zeigen
das äußere Verhalten der Fühlenden (Bildspiegel)
die objektiven Auswirkungen

Gef[ühls]erz[iehung]
durch Gewöhnung
 "   Aufklärung
 "   Kontrast
 "   Lohn und Strafe
 "   Freudigkeit und Selbstgenuss

Die zu erziehenden Gefühle[10]
Sauberkeit/ Reinlichkeit (Schmutz – Putz/ eitel; durch Gewöhnung, Aufklärung, Kontrast)
Wahrhaftigkeit (Lügen – unüberlegter Wahrheitsfanatismus)
Tapferkeit (Feigheit – Tollkühnheit)
Besonnenheit/ Selbstbeherrschung (Leichtsinn, Askese, Entschlussunfähigkeit – Maßlosigkeit, Unmässigkeit)
Tüchtigkeit (faul – ehrgeizig, Karrierist)
Schönheitsempfinden (gleichgültig – üppig, genießerisch)
dankbare Treue (Untreue – Demut)
Freiheit (knechtische [...] – Verknechtung der anderen)
Gerechtigkeit (ungerecht – grausam)
Toleranz (Verachtung – alles dulden)
Solidarität (Ausbeutung, habgierig – Selbstverleugnung)
Humanität (Rassismus – unpersönliche Menschenliebe)
abzulehnen: Erziehung zu Gehorsam, Bescheidenheit, Nationalität [...?]

---

[9] Darunter Hinweis auf E. Durkheim: Education et Sociologie. Paris 1938.
[10] Hierzu gibt es mehrere Systematisierungsversuche, verschiedene Varianten (z.B. soziale Gefühle, positive und negative Gefühle, Ranglisten der zu erziehenden Gefühle) sind durchgestrichen, schließlich entsteht die hier wiedergegebene Rangliste. Ebd., Bl. 30, 30R.

2. Hermann Duncker: Thesen zu einer Erziehungs- und Schulreform in weltbürgerlicher Absicht[11]

Das internationale Bewusstsein kann nicht so wie das Klassenbewusstsein vor allem durch die proletarische Lebenserfahrung erworben werden. Hier muß eine system[atische] Belehrung helfend eingreifen.

Eine solche Belehrung ist umso notwendiger als man die ungeheuerlichste Mordverpflichtung durch den Mangel an weltbürgerlicher Erziehung in die Jugend hineinzuschieben sucht.

Es kann sich im Unterricht gewiss nicht um geflissentliche Herabsetzung des eigenen Heimatlandes handeln, sondern nur um einen Ausgleich durch Hervorkehrung des weltbürgerlichen Zusammenhanges usw.

Noch einen Gedanken:
Es gilt den Menschen nach 2 Gesichtspunkten zu betrachten:
als Naturwesen (physiolog[isch]-biologisch)
als Sozialwesen
als Familienglied (Familienmoral)
als Klassenglied (Klassenbewusstsein)
als Menschheitsglied (internationales Bewusstsein)

Die nationale Eingliederung bedeutet so wenig wie die kommunale Eingliederung eine besondere Bewusstseinssteigerung. Die Stadt bedeutet doch zweifellos für die Lebensgestaltung des Einwohners sehr viel und doch wäre die Entwicklung eines Stadtbürgergefühls blödsinnig – ebenso aber auch ist es mit dem Staat, seine Bedeutung f[ür] den Einzelnen wird nicht verkannt, aber die [Züchtung?] des Nationalbewusstseins ist ebenso kurz[sichtig?] wie ein Kommunalbewusstsein!

Der Mensch ist Tier, Klassengenosse und Kulturgenosse! Die Kulturgenossenschaft ist aber die Menschheit, die Internationale! Stadt und Staat sind nur Fragmente der Kulturgemeinschaft!

Bedeutsam bleibt immer der Vergleich mit dem weltbewegenden Kerngedanken des Urchristentums, auch das Christentum brachte den internationalen Gedanken als wichtigstes Gefühlsmaterial in die Welt des Altertums (um sich nachher freilich jeder staatlichen Verengung zu unterwerfen!)[12]

Verkehrserleichterung! – die nationale Verengung des Geistes! (Da liegt ein noch zu ergründendes Problem!)

---

[11] Überschrift im Original. Die folgenden Notizen, meist ohne Datum, sind handschriftlichen, mit Bleistift beschrieben losen Blättern unterschiedlicher Größe entnommen. Ebd., Bl. 57-65R.

[12] Unmittelbar im Anschluss die Notiz, offensichtlich an Käte Duncker gerichtet: Neu bei Teubner ist erschienen Kerschensteiner: Begriff der staatsbürgerlichen Erziehung (2. Aufl., 1 M.) Dazu muß man Stellung nehmen! Vielleicht schaust Du es Dir an.

Was das Lateinisch des Mittelalters ist, ist das Esperanto der Zukunft – auch wir beide dürfen da keine Philister sein! Hörst Du!![13]
Keine Geschichte der Technik, der Naturwissenschaften, der Philosophie, der Pädagogik, der Malerei oder spezieller der Mathematik, der Sprachforschung, der Chemie usw. ließe sich schreiben unter Beschränkung auf ein Land! Es würde geradezu grotesk mangelhaft werden!

Hintergrund des … Patriotismus, entstand bei uns aus
1) einer künstlich erzeugten Aufblähung des lokalen Heimatgefühls der Dorf- und Kleinstadtleute.
2) der geistigen Hilflosigkeit der ein- und dabei noch schlechtsprachigen in fremden Sprachgebieten
3) der künstlichen Absteckung des Zukunftszieles grade auf das historische Zufallsterritorium "Deutschland" […]
4) der Beobachtung des gewissen Schwierigkeiten "Fremdstaatlicher" in unserem Staat (Dänen, Polen, Elsässer) […]
5) der bewussten Suggestion durch Schule, Kirche, Amtsblatt, Spießbürgerumgang, Denkmäler, Bücher, Bilder, Lieder.
Vor allem unsere "nationale Schule" mit ihrer Geschichtsfälschung […]
6) der Gewöhnung u. unbewussten Traditionen durch die ebenso Beeinflussten der früheren Generation.
7) der Unkenntnis der Übernationalität der Geisteskultur und Wirtschaftskultur.

Folgen der Unaufklärung! Hier hat vor allem die Schule einzusetzen.

Ich denke auch über einen Lehrplan der Weltbürgerkunde:
Sie knüpft an an Geographie und erweitert sie zur Anthropogeographie und Kulturgeschichte
Weltbevölkerung (Zahl, örtliche Verteilung [s. Bevölkerungsstatistik])
Gliederung: Sprachstämme, Rassen und Rassenprobleme (Tendenz der Rassenvermischung!)
Überblick, Gegenüberstellung Naturvölker – Kulturvölker (Bedenklichkeit schon einer solchen Gegenüberstellung […])
Wirtschaftsstufen, das Nebeneinander in der Menschheit, das Nacheinander im Volk
die Austauschverflechtung im Wirtschaftsleben, in der Geisteskultur
die Übernationalität der Geisteskultur, aus vielen Wurzeln! u. vielseitiger Ernährung!
die Entdeckung des Menschen (internationale Gesinnung)

---

[13] Im Folgenden werden Beispiele für weltbürgerlichen Geist in der Geschichte der Wissenschaft, Kunst und Literatur angeführt.

Kulturwerte[14],
deren Verneinung Faschismus bedeutet und die die Grundlage eines antif[aschistischen] Menschheitsbundes bilden müssten:
wahrhafte Wissenschaftlichkeit und wissenschaftliche Wahrhaftigkeit
verständnisvolle weiterführende Toleranz jeder nicht direkt gesellschaftsschädigenden und menschenvergewaltigenden Denkungsart
Anerkennung der Heiligkeit, Entwicklungsmöglichkeit und [...?] Pflegebedürftigkeit jeglichen Menschenlebens (Humanismus und Pacifismus)
Anerkennung der liberalen Demokratie als der fortschrittsichernden Beziehung zwischen Menschen und Gemeinschaften: Freiheit des Individuums auf dem Boden der Gleichheit sozialer Rechte und Pflichten und brüderlicher Solidarität.
Anerkennung des Menschheitszieles höchster wirtschaftlicher Produktivität, innigster Solidarität und edelster Individualität.

Zur Sozialpsychologie
Woher die Aktivitätssteigerung des Einzelnen in der Massenaktion?
das der Beurteilung der Masse Ausgesetztsein!
der Impuls einer gleichen Handlung vieler (oder aller in der Situation)
das Emporgerissenwerden durch das Aussergewöhnliche einer einmütigen Massenaktion
Wegfall des Verantwortungsgefühls des Einzelnen, weil sein Handeln ihm nur als teil des Collectivhandelns erscheint und die Handlung nicht aus eigener Initiative zu entspringen schien.
ein entscheidender Durchbruch , auf den man in Gedanken angespielt hat, erscheint jetzt zu erfolgen (Was danach noch kommen könnte, erscheint in dem Augenblick gleichgültig!)
So erscheint das Individualbewusstsein ausgelöscht, man ist Organ des Collektivs ("Masse"). Die Begeisterung des Einzelnen ist gleichsam unpersönlich!

Zur Erziehung
Erziehung kann vorhandene Wertungen stärken und auch die Kraft den Wertungen zu entsprechen. Vor allem wirkt da die unbewusste Erziehung durch die soziale Gemeinschaft besonders bei gemeinsamen Aufgaben! (Kameradschaft im Feld, Corpsgeist, Wetteifer u.a.) Viele würden sich vordem nie [...?] zudem vorstellen können, wessen sie "in der Gemeinschaft" fähig sein konnten.
Für jede Wertung, die wirklich erzogen (="hervorgezogen") wird, muss ein Ansatz bereits vorhanden sein. Der Gegensatz von Erziehung ist das "Zuchtloswerden", d.h. Wertungen verlieren. So hat der Weltkrieg die Moral erheblich gesenkt (und die faschist[ische] Bestialität vorbereitet).
In der Menschgesch[ichte] sehen wir eine antagonistische Beziehung zwischen Glaube an Erziehung und Glaube an gesellschaftliche Revolution (wirtschaftli-

---

[14] Wie Fußnote 6, Bl. 82-85.

che Rev[olution]). Daher die stärksten Erziehungsgläubigen bei den utopischen Sozialisten (Plato!!, Owen, Fourier) und den Religionsstiftern (Christus, Confuzius, u.a.)

Allgemeines:
Die 3 Dimensionen alles menschlichen Verhaltens
Alles menschliche Verhalten bewegt sich [in] 3 Dimensionen (aber mit verschiedener Intensität)
Dimension der   Ich-Beziehung
    Wir-Beziehung
    Sach-Beziehung
Z.B. ich arbeite um mir einen Vorteil zu verschaffen, um der Gemeinschaft zu helfen, um ein Sachproblem zu lösen.
Das Ziel sollte sein, allen 3 Beziehungen gerecht zu sein.
NB. Für religiöse Menschen kann noch als
4. Dimension die Gottesbeziehung auftreten.
So hätten wir dann die 4 Möglichkeiten des Handelns:
um meinetwillen
um unseretwillen
um Gotteswillen
um der Sache willen

Konfliktmöglichkeiten
1 gegen 2 und vor allem Konflikte zwischen sehr verschiedenen "wir"!
Erziehung nicht allmächtig!
(Beweis: Kollektiverziehung kann die in sie eintretenden verschiedenen Ichs wohl äusserlich "uniformieren" (vgl. "Kadettenhaus"), aber die Verschiedenheit nicht aufheben!).
Oft gleicht der Erzieher dem stolzen Hofhahn, der glaubt, dass er mit seinem Kikeriki des Morgens die Sonne hervorruft.
Der größte und wichtigste Teil der Erziehung ist die unbewusste Erziehung durch das Leben selbst.
Unterrichten heißt: Kenntnisse verschaffen,
Erziehung heißt: Wertungen schaffen.
Erziehung heißt: die Verhaltensweisen eines Menschen bestimmen.

Erziehungsziele
Erz[iehung] zur   Gemeinschaft (Gem[einschafts]gefühl)
    Arbeit (Leistung – Disziplin)
    Gesundheit (Körpergefühl u. Leistung)
    Selbstentfaltung (Individualentw[icklung])
    Genussfähigkeit

Erziehungswege
Individualerz[iehung]
Collektiverz[iehung]

Erziehungsmittel
autoritatives Gebot (Respekt u. Strafe)
Klarmachung der Zweckmäßigkeit (rationale Einsicht)
Gewöhnung (Beispiel u. Milieu)
Folgsamkeit in liebender Verehrung (des Erziehers)

3. Käte Duncker: Erziehung zur Demokratie[15]

Selbstbestimmung bei der Arbeitsverteilung neben gerechter Eingliederung bei unbeliebten Arbeiten, Gruppenarbeit. Gruppengeist, Selbstkritik des Einzelnen hervorrufen, zugleich aber auch Kritik der Allgemeinheit am Einzelnen.
Diskussion in allen Fragen der Allgemeinheit der "diktatorischen Bestimmung von oben" voranstellen.
Alle Fragen der Gesetzgebung der allg. Diskussion unterstellen, desgl. Durchbrechungen u. Übergriffe [Härten bei der Be- und Verurteilung vermeiden.]
Dem "Gesetzbrecher" die Gelegenheit zur Rehabilitierung geben.
Diebstahl.
Wahrhaftigkeit.
Arbeitsdisziplin, nicht blinder Gehorsam.

Jugendlager
I Allgemein: Gesundheitliche L[ager], die Jugend aus den Städten in die freie Natur zu bringen, frische Luft, etwas zusätzliche Ernährung.
Erziehlich: Freude und Interesse an der Natur, Pflanzenleben, Tierleben beobachten.
Erziehung zu Reinlichkeit und Ordnung. Zahnpflege, Sauberkeit,
Gemeinschaftsleben, Eingliederung in ein Ganzes, Arbeitsteilung, Wettbewerb und gegenseitige Hilfe, Gruppenarbeit, Gruppen und Soziales [...?]

Beobachtung der Kinder:
Individualisten und kl. Egoisten, nicht ducken [drücken?], sondern ihnen zeigen, wie sie sich als kleine Führer in verschiedenen Richtungen beteiligen können, dass sie sich durch egoistisches Vordrängen unbeliebt machen u. die Gemeinschaft schädigen, daß ihr eigener Vorteil mit dem der Gemeinschaft wächst.

---

[15] Überschrift im Original. Diese Notizen sind Teil eines umfangreicheren, handschriftlich in englischer Sprache verfassten Stichwortmanuskripts zum Thema "Was ist zu tun mit Deutschlands Jugend?", vermutlich gedacht für eine Veröffentlichung in den USA. Der hier ausgewählte Teil ist in deutscher Sprache notiert. NY 4445/ 234 Ü (1943/44), Bl. 23-26, hier Bl. 27-28.

Ängstliche und sich minderwertig fühlende Kinder ermutigen, die Seiten herauszufinden, wo sie sich auszeichnen können u. Anerkennung bei den Kameraden gewinnen. Aufgaben vorher planen, nicht offerieren (?)
Toleranz der Ausdrucksweise des anderen, keine Abstempelung, bei grundsätzlicher Bestimmtheit des Leiters

Jugendlager II
Beispiel des Leiters, kein privates Verhalten, [...?] keine Sondertische. Küchenpersonal
Gruppierung nach Altersgruppen, nach Interessen (Sport, Wandern, Erzählen, Basteln)
Gemeinschaftsspiele, Chor[...?]
Aufführungen aller Art
u. Erzählungen daran.

Erziehung zur Planmäßigkeit
"Produktivität" – keine Kräfte- und Sachenvergeudung, sondern Ökonomie
Nicht "Dienstordnung", sondern Regelung unserer Lebensgemeinschaft.[16]

Nachbemerkungen

Wie und wo lassen sich Ansichten über Demokratie wie die von Käte und Hermann Duncker, die beide ihre Herkunft aus der KPD trotz mancher politischer und weltanschaulicher Differenzen nicht verleugneten, historisch verorten? Die Frage, ob es in Deutschland einen "demokratischen Kommunismus gegeben" habe, wird seit der Wiederbelebung der Totalitarismustheorie in den 1990er Jahren nachdrücklich verneint (Müller 2002) bzw. scheint zumindest opportun. Konnte es aber dennoch in der kommunistischen Bewegung Demokratinnen und Demokraten geben? Und gehörten die Dunckers möglicherweise dazu? Es kann und soll hier nicht über Richtigkeit oder Falschheit dieser oder jener These diskutiert werden. Zusammenhänge indessen scheinen nicht übersehbar. Antikommunistische Ressentiments konnten und können offensichtlich ebenso wie antidemokratische Ressentiments dazu beitragen, Zugänge zur Geschichte zu versperren, Vielfalt und Differenziertheit zu ignorieren und Vorurteile zu tradieren. Wie sonst konnte es geschehen, dass vieles aus dem Nachdenken der Dunckers über die Konsequenzen aus der Nazi-Diktatur in den Archiven verblieb und offensichtlich niemanden bewegte?

Die hier vorgestellten Gedanken Käte und Hermann Dunckers mögen in vielem durch die Umstände ihres Exils beeinflusst gewesen sein, sie lassen sich aber gleichermaßen als Konsequenz aus ihren politischen Erfahrungen verstehen – den Kämpfen in der Weimarer Republik, der Fragilität der Weimarer Demokratie, die die Nazi-Diktatur nicht verhindern konnte, der Begegnung mit dem

---

[16] Dies (der Schrift nach) als Ergänzung Hermann Dunckers.

Amerika der Roosevelt-Zeit und nicht zuletzt die Enttäuschung über den Hitler-Stalin-Pakt und die Desillusionierung des politischen Systems der Sowjetunion – für Dunckers Zeugnis eines eklatanten Bruchs des von ihnen geforderten Verbundes von "Politik und Moral".[17]

Erziehung zur Demokratie war für sie beide eine logische Schlussfolgerung. Hier reihen sich ihre Gedanken ein in einen breiten Diskurs über die Ursachen von Krieg und Faschismus sowie über Ziele, Wege und Inhalte einer demokratischen friedlichen Perspektive für Deutschland. Sie galten der Bedeutung von Schule und Erziehung ebenso wie der demokratischen Kultur der Gesellschaft insgesamt, von der sie wussten, dass sie nicht im Selbstlauf entsteht.

Dass Käte und Hermann Duncker nach dem Sieg der Alliierten über den Faschismus 1947 aus dem Amerika der McCarthy-Ära in die SBZ zurückkehrten, scheint vor dem Hintergrund ihrer politischen Biographie ebenfalls logisch. Wie sie den politischen Weg dieses Landes reflektierten und namentlich das Erziehungsgeschehen sahen, wäre bereits ein neues Kapitel, das zu schreiben sich hoffentlich jemand finden wird – auch deshalb, weil es das Spannungsverhältnis zwischen Bejahung und Kritik aufzuklären hätte, in dem sich ihr Leben hier offensichtlich gestaltete. Wie klug und unangepasst in Stil und Ton Hermann Duncker bis zuletzt seine Grundüberzeugungen auch offiziell zu übermitteln versuchte, zeigte er beispielsweise in einer Rede auf dem 5. FDGB-Kongress im Oktober 1959 – einer vom Kalten Krieg und mancherlei Dogmatismen gezeichneten Zeit. Unter dem Titel "Jeder kann alles lernen" plädiert er für die Erziehung "geistesbewußter Kulturmenschen" und die Schaffung einer "Kulturmenschheit" als Voraussetzung für Frieden in der Welt: "Wir wollen ja nie vergessen, daß Frieden und Kultur unteilbar sind. Wenn nur ein Teil Frieden hat, dann ist kein Frieden, und wenn nur ein Teil Kultur hat, dann ist auch keine Menschheitskultur. Aber wir können es und wir schaffen es. Wir schaffen es, den Frieden für die Menschheit zu sichern, und wir schaffen es, eine Kulturmenschheit heranbilden zu helfen. Ich glaube, das ist ein Ziel, das auch immer wieder über Schwierigkeiten hinweghelfen wird." (Duncker 1984, S. 294)

---

[17] Aus dem Briefwechsel von Käte und Hermann Dunckers geht ihre Ablehnung der sowjetischen Pakt-Politik eindeutig hervor. Wie bei anderen "kommunistischen Intellektuellen" zerriss auch bei ihnen der Nichtangriffspakt zwischen der Sowjetunion und Hitler-Deutschland "das Band zur antifaschistischen 'Garantiemacht' oder beschädigte es sehr." (Kinner 2009, S. 68).

Quellen- und Literaturverzeichnis

Archivquellen
Nachlass Hermann und Käte Duncker. Stiftung Archiv der Parteien und Massenorganisationen der DDR (SAPMO) im Bundesarchiv Berlin, Signatur: NY 4445.

Literatur
Aus Briefen Käte und Hermann Dunckers aus den Jahren 1939 bis 1947 (Teil 1). Hrsg. von Heinz Deutschland.In: Jahrbuch für Forschungen zur Geschichte der Arbeiterbewegung. 2005b/1, S. [107]-124.
Aus Briefen Käte und Hermann Dunckers aus den Jahren 1939 bis 1947 (Teil 2). Hrsg. von Heinz Deutschland. In: Jahrbuch für Forschungen zur Geschichte der Arbeiterbewegung. 2005c/2, S. [112]-126.
Biographisches Lexikon. Geschichte der deutschen Arbeiterbewegung. Berlin (Ost) 1970.
Briefwechsel während des ersten Weltkrieges (1916). Käte und Hermann Duncker. In: Zeitschrift für Geschichtswissenschaft. Berlin (Ost) 13 (1965)S. 648-672.
Deutschland, Heinz: Hermann Duncker – zum Umgang mit linkem Erbe. In: Supplement der Zeitschrift Sozialismus 2001, H. 7/8, S. 32-58.
Die Erziehung der Kinder in der proletarischen Familie. Quellen zur Pädagogik der deutschen Arbeiterbewegung aus der Zeit vor dem ersten Weltkrieg: Clara Zetkin; Käte Duncker; Julian Borchardt. Berlin (Ost) 1960.
Duncker, Käte: Die Kinderarbeit und ihre Bekämpfung. Hrsg. von der Redaktion der "Gleichheit". Stuttgart 1906.
Duncker, Hermann: Ausgewählte Schriften und Reden aus sechs Jahrzehnten. Hrsg. von Heinz Deutschland. Berlin (Ost) 1984.
Gefängnisbriefe eines Kommunisten: aus dem Nachlass von Hermann Duncker. In: Beitrage zur Geschichte der Arbeiterbewegung. Berlin (Ost) 31 (1989)S. 806-819.
"Ich kann nicht durch Morden mein Leben erhalten". Briefwechsel zwischen Käte und Hermann Duncker 1915 bis 1917. Hrsg. von Heinz Deutschland. Bonn: Pahl-Rugenstein, 2005a.
Kessler, Mario: Hermann Duncker (1874-1960). Ein Beitrag zu einer Biographie. In: Supplement der Zeitschrift Sozialismus 2001, H. 7/8, S. 1-30.
Kinner, Klaus u.a.: Der deutsche Kommunismus. Selbstverständnis und Realität, Bd.3: Im Krieg (1939-1945). Berlin (Ost) 2009.
Kirsch, Ruth: "Ihr zwingt uns nicht!": ein Lebensbild der Kommunistin und Pädagogin Käte Duncker. Berlin (Ost) 1977.
Kirsch, Ruth: Käte Duncker. Aus ihrem Leben. Berlin (Ost) 1982.
Kuminowski, Sigrid: Hermann Duncker in der Kunst der DDR. Leipzig, Fachschule für Museologen, Abschlussarbeit, Leipzig 1989.

Lucks, Gudrun: Hermann und Käte Duncker: Auswahl aus den Beständen der Bibliothek. Berlin: SAPMO, 2006 (Bibliotheksbrief, 2006, 2).

Mertens, Bärbel: Hermann Duncker: 24.05.1874 – 22.06.1960, eine Literaturauswahl zum 120. Geburtstag [aus den Beständen der Stiftung Archiv der Parteien und Massenorganisationen der DDR im Bundesarchiv], erarb. von Bärbel Mertens anlässlich der Konferenz der Sassenbach-Stiftung zum 120. Geburtstag Hermann Dunckers. Berlin 1994.

Mitzenheim, Paul: Lehrerin und Arbeiterbewegung: Käte Duncker, Clara Zetkin, N. K.

Müller, Werner: Gab es in Deutschland einen demokratischen Kommunismus? In: "Ein Gespenst geht um in Europa". Das Erbe kommunistischer Ideologien. Hrsg. von Uwe Backes und Stéphane Courtois. Schriften des Hannah-Arendt-Instituts für Totalitarismusforschung, Bd. 20. Köln u.a. 2002, S. 323-382.

Krupskaja, Anna Lindemann, Thüringer Pädagogen und bildungspolitische Bestrebungen der Arbeiterbewegung. Jena 2000.

Uhlig, Christa: Reformpädagogik. Rezeption und Kritik in der Arbeiterbewegung. Quellenauswahl aus den Zeitschriften Die Neue Zeit (1883-1918) und Sozialistische Monatshefte (1895/97-1918). Frankfurt/M. u.a. 2006.

Weber, Hermann/Andreas Herbst: Deutsche Kommunisten. Biographisches Handbuch 1918 bis 1945. Überarb. u. stark erw. Aufl. Berlin 2008.

Hasko Zimmer

Pädagogische Vergangenheitspolitik nach 1945. Notizen zur Erinnerungsgeschichte und -kultur der akademischen Pädagogik

1. Vergangenheitspolitik, Erinnerungskultur und Erinnerungsgeschichte von Disziplinen

Als nach dem Ende des NS-Regimes auch die deutschen Universitäten aufgefordert waren, sich mit ihrer Rolle im Nationalsozialismus zu befassen, zeigte sich schon bald, dass in den wissenschaftlichen Disziplinen und speziell auf Seiten der nach 1933 in hohem Maße anpassungs- und kooperationswilligen Hochschullehrer wenig Bereitschaft zu einer selbstkritischen Auseinandersetzung mit dem Nationalsozialismus und dem eigenen Verhalten in dieser Zeit bestand. Vergessen und Beschweigen, Verharmlosen und Überschreiben kompromittierender Publikationen auf der einen, Zurückweisung von Entnazifizierung, Reeducation und demokratischer Bildungsreform auf der anderen Seite bildeten das für die westdeutschen Universitäten dieser Zeit charakteristische Verhaltensmuster. Es sicherte die Kontinuität der alten Eliten im akademischen Feld, sorgte vor allem in den Geisteswissenschaften für die als Neuanfang ausgegebene Rückkehr zu den vor 1933 dominierenden Inhalten und Denkkonzepten und prägte so, begünstigt durch das restaurative Klima in der frühen Bundesrepublik, noch für zwei Jahrzehnte die Entwicklung in diesen Disziplinen. Erst Mitte der 1960er Jahre zeichnete sich ein Wandel dieser Verhältnisse ab, als die Forderung nach "Aufarbeitung der Vergangenheit" (Adorno) im Zusammenhang mit dem Generationswechsel in den Disziplinen und der sich formierenden Studentenbewegung auch an den Universitäten zum Thema und Anlass für konfliktreiche Auseinandersetzungen wurde.

Für die Erziehungswissenschaft ergibt sich ein ähnliches Bild. Auch hier bestimmten die mehr oder weniger kompromittierten "Mandarine" der Weimarer Pädagogik bis in die 1960er Jahre die Richtung, verweigerten eine selbstkritische Auseinandersetzung mit der Rolle des Faches oder mit dem eigenen Verhalten in der NS-Zeit und propagierten die Rückwendung zu scheinbar unbelasteten pädagogischen Denk- und Fachtraditionen als das Gebot der Stunde.

Warum waren diese Strategien erfolgreich? Und wie "funktionierten" sie? In der historischen Wissenschaftsforschung, die sich im letzten Jahrzehnt verstärkt der Nachkriegszeit zugewendet hat, finden sich erste Antworten, die auf neue Fragestellungen und Forschungsansätze jenseits der geläufigen Annahme von einer tendenziell kollektiven Verdrängung der NS-Vergangenheit in den Universitäten zurück gehen. So haben Untersuchungen zur "Vergangenheitspolitik" in der Ära Adenauers (Frei 1996) den Blick dafür geschärft, dass auch die für die Universitäten nach 1945 kennzeichnenden Vorgänge erst genauer erfasst werden können, wenn man sie als Ausdruck einer interessebestimmten "akademischen Vergangenheitspolitik" (Weisbrod 2002) und der für die Professorenschaft charakteristischen diskursiven Strategien analysiert, etwa als "das diskursive Management der eigenen (...) Fachvergangenheit unter gewandelten politisch-gesellschaftlichen Rahmen- und Resonanzbedingungen". Unter diesem Gesichtspunkt werden Fragen nach den zugrunde liegenden "zentralen Begriffen, den grundlegenden narrativen Mustern, den rhetorischen Strategien" wichtig (Kaiser/Krell 2002, S. 190).

Mit dem Fokus auf die akademische Vergangenheitspolitik nach 1945 kommen auch die wissenschaftskulturellen Kontexte in den Blick, in denen die Protagonisten verankert waren und auf die sie sich auch durchgehend bezogen. So lassen etwa die Übereinstimmungen der Argumentationsmuster im Vergangenheits- und Neuordnungsdiskurs speziell der Geisteswissenschaften fächerübergreifende Mentalitäten, Sicht- und Verhaltensweisen erkennen, die auf ein besonderes soziokulturelles Milieu mit eigenen Regeln, Denkstilen und Verständigungscodes verweisen. Auf solche Zusammenhänge beziehen sich Überlegungen, die geisteswissenschaftlichen Fächer als eine "Erinnerungskultur" zu betrachten und diesen Aspekt in die Analyse ihrer Entwicklung nach 1945 ausdrücklich einzubeziehen (Oexle 1997).

Wissenschaftliche Disziplinen als Kulturen zu untersuchen verspricht in zweierlei Hinsicht Erkenntnisgewinne. Zum einen nimmt diese Sicht die akademischen Akteure als Repräsentanten einer Kultur wahr, deren Formen und Inhalte eng mit der Sozial- und Mentalitätsgeschichte des deutschen Bildungsbürgertums verbunden waren. Diese ständisch-elitäre Eigenwelt der "Gebildeten" hat mit ihren von humanistischer Bildung geprägten Maßstäben und Wertvorstellungen den spezifischen Habitus der "deutschen Mandarine" (Ringer 1983) geprägt und ihr Selbstverständnis begründet, die legitimen Träger und Interpreten von "Bildung und Kultur" (Bollenbeck 1994) zu sein; sie formte die Denkstile und Haltungen, Weltanschauungen und Bewertungskriterien der Dazugehörigen. Vieles deutet darauf hin, dass dieses soziokulturelle Milieu noch nach 1945 den Horizont und Referenzraum für eine akademische Vergangenheitspolitik darstellte, bei der es immer auch um den Fortbestand dieser Kultur und der von ihr geprägten Denktraditionen und Geltungsansprüche ging.

Wird "Erinnerungskultur" nun im Sinne der gegenwärtigen, an Maurice Halbwachs anschließenden kulturtheoretischen Diskussion als das institutionell verankerte kollektive bzw. kulturelle Gedächtnis von sozialen Gruppen verstanden (Assmann 1997) und auf wissenschaftliche Disziplinen bezogen, erscheinen die Protagonisten akademischer Vergangenheitspolitik noch in einem anderen Licht, nämlich als Mitglieder von Erinnerungsgemeinschaften, d. h. von Kollektiven, für die bestimmte Bezüge auf Vergangenheit eine konstitutive Funktion besitzen. Solche Gemeinschaften beziehen sich, wie Jan Assmann gezeigt hat, nicht in erster Linie auf faktische, sondern auf für sie "bedeutsame" Geschichte, d. h. auf Vergangenheitskonstrukte, die gegenwärtigen Bedürfnissen und Interessen einer Gemeinschaft, insbesondere der Sicherung ihrer Identität, ihres Zusammenhalts und Handlungsorientierung dienen. Im Rahmen dieses Modells ergeben sich für disziplingeschichtliche Untersuchungen interessante neue Fragestellungen, z. B., ob sich solche Konstrukte in einem Fach identifizieren lassen und was die Motive und Anlässe ihrer Konstruktion waren, welche Rolle sie in bestimmten Phasen der Fachentwicklung gespielt haben und welche bzw. wessen Interessen dabei jeweils ausschlaggebend waren.

Inzwischen sind auch in der Erziehungswissenschaft erste Ansätze zu erkennen, das von Assmann entwickelte kulturtheoretische Modell für eine veränderte Sicht auf die Fachgeschichte in einer Weise nutzbar zu machen, die es ermöglicht, die Entwicklung der Pädagogik seit dem ausgehenden 18. Jahrhundert als Erinnerungsgeschichte zu rekonstruieren (Zymek 2002). Aus dieser Perspektive würde sich nämlich zeigen, "dass in der Wissenschaftsgeschichte der deutschen Pädagogik unterschiedliche erinnerungspolitische Strategien eine zentrale Rolle gespielt haben und bis heute wirksam sind" (ebd., S. 348). Eines der von Bernd Zymek angeführten Beispiele ist die mit dem Namen Herman Nohls verbundene Heroisierung der so genannten "pädagogischen Bewegung" zwischen 1900 und 1933 zum Gründungsmythos der akademischen Pädagogik in der Phase ihrer Etablierung als Universitätsdisziplin.

Dieses Beispiel ist auch ein zentraler Bezugspunkt der folgenden, allerdings auf die Zeit nach 1945 konzentrierten Darstellung. An die oben skizzierten Fragestellungen und Konzepte anschließend bezieht sie sich vor allem auf die westdeutsche Universitätspädagogik im ersten Jahrzehnt der Nachkriegszeit, auf jene auch in disziplingeschichtlicher Hinsicht Weichen stellende Phase, in der die Granden der Weimarer geisteswissenschaftlichen Pädagogik erneut die Entwicklung des Faches maßgeblich bestimmten und die Grundlagen für die dominante Stellung dieser Theorietradition bis in die 1960er Jahre schufen (vgl. dazu besonders Kersting 2008). Auch in der Debatte über die Neuordnung des Bildungs- und Erziehungswesens nach dem Ende des NS-Regimes ist ihr Einfluss unübersehbar. Am Beispiel Herman Nohls und seiner Argumentation in dieser Debatte möchte ich nun exemplarisch verdeutlichen, welche Rolle die Bezugnahme auf die in der Weimarer Republik entstandene Erinnerungskultur der Disziplin in der Vergangenheitspolitik eines Faches gespielt hat, das sich in der NS-Zeit wie auch ein Großteil seiner Repräsentanten in erheblichem Maße kompromittiert hatte (vgl. dazu Keim 1989, zuletzt Ortmeyer 2009 und die von ihm herausgegebene Dokumentation der einschlägigen Publikationen von Spranger, Nohl, Weniger und Petersen). Das für Herman Nohls Stellungnahmen in der Neuordnungsdebatte Spezifische ist nun darin zu sehen, dass er sich auf eine dezidiert nationale Denktradition, nämlich auf den speziell in der geisteswissenschaftlichen Pädagogik verankerten Mythos der "deutschen Bewegung" berief, in deren Tradition Nohl in der Weimarer Republik die akademische Pädagogik verortet und ihre besondere "Aufgabe" innerhalb der "pädagogischen Bewegung" bestimmt hatte. Was das inhaltlich und perspektivisch bedeutete, nach

1945 die aktuellen pädagogischen Fragen weiterhin im Horizont bzw. im Erinnerungsraum dieses strategisch eingesetzten Traditionsbezuges zu reflektieren, soll ein genauerer Blick auf dieses Vergangenheitskonstrukt und seinen Stellenwert im pädagogischen Denken Nohls wie auch im Gedächtnis der Weimarer Pädagogik verdeutlichen. Die Rückkehr des Mythos der "deutschen" bzw. der "pädagogischen Bewegung" begründete seine lange Nachwirkung in der akademischen Pädagogik der Bundesrepublik. Als diese Wirkungsgeschichte in den 1960er Jahren mit dem Ausscheiden der Generation, in deren kommunikativem Gedächtnis diese "Bewegung" fest verankert war, endete, bedeutete dies eine erinnerungsgeschichtliche Zäsur, nach der sich die Frage stellen musste, was von dieser Erinnerung in das kulturelle Gedächtnis der Disziplin übernommen werden sollte. Dass Herman Nohl in dieser Situation zu einem "Klassiker der Pädagogik" wurde und es trotz der Belege für seine pronationalsozialistische Haltung in den Anfangsjahren der NS-Diktatur (vgl. dazu Zimmer 1995 und 1998, Gran 2005, Ortmeyer 2009) bis heute geblieben ist, gibt Anlass zu einigen abschließenden Anmerkungen zur Erinnerungskultur der Erziehungswissenschaft in der Bundesrepublik.

2. Pädagogische Vergangenheitspolitik nach 1945: Herman Nohl

Herman Nohl, einer der Gründungsväter und renommiertesten Vertreter der akademischen Pädagogik in der Weimarer Republik, 1937 zwangsemeritiert und infolge dessen nach 1945 ein als unbelastet geltender und weithin geschätzter Repräsentant seines Faches, hat sich von Anfang an intensiv an der Debatte über die Neuordnung des Erziehungs- und Bildungswesens nach dem Ende der NS-Diktatur beteiligt. Was seine Rolle und die von ihm in der Nachkriegszeit vertretenen Positionen besonders hervorhebt, ist der Umstand, dass er mit der zunächst nur von ihm, dann zusammen mit Otto Friedrich Bollnow, Wilhelm Flitner und Erich Weniger herausgegebenen Zeitschrift "Die Sammlung" über ein Publikationsorgan verfügte, mit dem er bereits ab 1945 in die öffentliche Debatte eingreifen konnte (vgl. dazu Zimmer 1990). Nohl setzte die programmatischen Akzente: Nicht die Auseinandersetzung mit dem Nationalsozialismus und der viel diskutierten Schuldfrage, sondern der Blick in die Zukunft, der "Wiederaufbau unseres Volkes" müsse im Vordergrund stehen. "Einfache Sittlichkeit" und "ein standhafter Glaube an die Ewigkeit der geistigen Welt" waren die schon im ersten Heft der "Sammlung" genannten Kernpunkte dieses Programms, die die konservative Position der Zeitschrift im Neuordnungsdiskurs kennzeichneten. Wie schon in der Weimarer Republik standen Nohl und seine Mitstreiter aus dem Lager der geisteswissenschaftlichen Pädagogik einer Demokratisierung des Bildungswesens ablehnend gegenüber; ein wirklicher Neuanfang könne nur auf der Grundlage einer "inneren" und "geistigen" Erneuerung erfolgen. Denn der Nationalsozialismus war in Nohls Verständnis, wie er in einem unpublizierten Vortrag aus dem Frühjahr 1946 vor Hildesheimer Lehrern ausführte (zit. nach Zimmer 1990, S. 106-108), das Ergebnis einer "falschen Idealbildung", die erst zum Vergessen des Humanitätsideals und in der Folge zum "Zusammenbruch unserer moralischen und intellektuellen Kultur" geführt habe. Nun gelte es, die "dunklen Flecken auf der Ehre (!) unseres Volkes" zu beseitigen, wie er bezeichnenderweise formulierte, und dafür sei die Rückkehr zum klassisch-humanistischen Erbe unverzichtbar. Diese Option vertraten damals viele und keineswegs nur die "Kulturträger" aus dem konservativen Spektrum des deutschen Bildungsbürgertums. Bei Nohl allerdings erfolgte diese Rückbesinnung, mit der er glaubte, den deutschen Nationalismus von seinen aggressiven und imperialistischen Elementen "reinigen" zu können, in einer zu diesem Zeitpunkt überraschend deutlichen, gegenüber der Deutschlandpolitik der westlichen Besatzungsmächte geradezu provokanten nationalen Tonlage. Ihm ging es in diesem Vortrag, in dem er sich mit keinem Wort zu den Verbrechen des NS-Regimes äußerte, um die Wiederherstellung deutscher "Ehre" und die Möglichkeit, an einem "höheren Nationalismus" festhalten zu können, der auf "die sittlich-geistige Steigerung des eigenen Volkes" bedacht sei:

"Diesen höheren Nationalismus werden wir in unseren Kindern und in unseren Schulen mit aller Treue und Liebe zu unserem Volke pflegen: werden die Erbgesundheit (!) zu erhalten suchen, werden die Heimatliebe entwickeln, werden unsere Muttersprache hochhalten und werden unsere Jugend immer wieder in den reinen Strom der deutschen Bewegung stellen, werden sie zu Lessing, Goethe und Schiller, zu Hölderlin und Eichendorff und Stifter führen, zu unseren großen Malern und Musikern, zu unserer tiefen deutschen Philosophie – zu allem, was den Adel und den Stolz unseres Volkes ausmacht (...)" (Hildesheimer Vortrag, zit. nach Zimmer 1990, S. 107).

Das war der national denkende Nohl der Weimarer Republik, der wie auch Eduard Spranger oder Erich Weniger das anglo-amerikanische Projekt einer Reeducation der Deutschen für ein völlig abwegiges Vorhaben hielt. Worauf es beim Thema Bildung ankomme, wollten sich die selbstbewussten pädagogischen Sachwalter der deutschen Bildungstradition nicht von Vertretern der Besatzungsmächte sagen lassen. In diesem Punkt war das speziell in der geisteswissenschaftlichen Pädagogik habitualisierte Nationalbewusstsein empfindlich tangiert. Der von Nohl in der Situation von 1945 beschworene konservative Bildungskanon fügt sich auf den ersten Blick in die ubiquitäre Rückwendung zu einem nationalen kulturellen Erbe ein, das weithin als zeitlos gültig und unversehrt betrachtet wurde. Doch eine bezeichnende Passage in seinem Vortrag macht auf eine bedeutsame Differenz aufmerksam, die seine Position charakterisiert, nämlich die Erinnerung an "den reinen Strom der deutschen Bewegung". Nohls Programm ist sein Programm der 20er Jahre, sein Kanon entspricht seinem damals propagierten Konzept einer betont "deutschen" Bildung, in der er nach dem Ersten Weltkrieg eine wesentliche Voraussetzung für den kulturellen Wiederaufstieg der besiegten Nation gesehen hatte (s. u.). Und wie schon damals werden, so z. B. in Nohls Aufsatz "Erziehung in der Kulturkrise" von 1948, die zentralen pädagogischen Probleme an der Krise der Kultur festgemacht, wobei nun der zeitgemäße kulturkritische Akzent auf dem Abbruch "der ganzen sittlich-religiösen Gedankenwelt und Gewohnheit", der Auflösung aller Werte und Bindungen, dem Verschwinden der "Träger der Kultur" und nicht zuletzt auf dem Aufstieg der "traditionslosen Massen" liegt, der schon in der Weimarer

Republik die Mandarine der geisteswissenschaftlichen Pädagogik tief beunruhigt hatte.

Dass Nohl die Neuordnung von Erziehung und Bildung nach dem Ende des NS-Terrors weiterhin im Horizont der "deutschen Bewegung" dachte, deutet auf die Fortwirkung einer zumindest in der Nohl-Schule gepflegten Erinnerungs- und Denkkultur hin, die sich selbst durch Nationalsozialismus und Holocaust nicht irritieren ließ. Nohls eigene Publikationstätigkeit in der Nachkriegszeit unterstreicht, wie sehr ihm an der Kontinuität dieser maßgeblich von ihm geformten und in das Gedächtnis der Disziplin eingegangenen Vergangenheitskonstruktion gelegen war. 1947 hielt er noch einmal seine Vorlesung über "Die deutsche Bewegung". 1949 veröffentlichte er erneut seine ursprünglich im "Handbuch der Pädagogik", 1935 als Buch publizierte Abhandlung über "Die pädagogische Bewegung in Deutschland und ihre Theorie", in der er die aus seiner Sicht bedeutenden und in die Zukunft weisenden pädagogischen Reformbestrebungen seiner Zeit als Ausdruck einer im 18. Jahrhundert einsetzenden "deutschen Bewegung" gedeutet hatte. Ebenfalls 1949 legte Nohl seine Aufsatzsammlung "Pädagogik aus dreißig Jahren" vor, in der alle seine Beiträge zur "deutschen Bewegung" und "deutschen Bildung" enthalten waren, zu jenen Themen also, die ihn seit seiner Berufung nach Göttingen kontinuierlich beschäftigt hatten.

Die Publikation dieser Bücher wenige Jahre nach dem Ende des NS-Regimes wirft ein Licht auf Nohls vergangenheitspolitische Intentionen zu dieser Zeit. Die Erinnerung an die Texte aus den 20er und 30er Jahren diente ja nicht nur der Sorge um das eigene Werk am Ende seiner Hochschullehrertätigkeit. Er wollte ihre (und seine) unverminderte Bedeutung für die Klärung der pädagogischen Fragen der Gegenwart unterstreichen, indem er mit ihnen auf Orientierung stiftende Vergangenheitsbezüge hinwies, ohne die nach seiner Auffassung eine zukunftsfähige Bearbeitung dieser Fragen nicht möglich war – und die zugleich eine intensivere Auseinandersetzung mit der NS-Vergangenheit aus pädagogischer Sicht durchaus entbehrlich erscheinen ließen. Nach 1933 erschienene Beiträge galt es allerdings vor "Missverständnissen" zu bewahren. In diesem Punkt gab es auch für Herman Nohl Handlungsbedarf. Immerhin hatte er 1935 seinem Buch über "Die pädagogische Bewegung" ein Vorwort und ein längeres Schlusskapitel hinzugefügt, in denen er seine Zustimmung zur "diktatorischen Massenführung, die auch den letzten noch national erweckt" (Vorwort) öffentlich gemacht und dem NS-Regime die Unterstützung der "pädagogischen Bewegung" bei der Verwirklichung der von ihr ersehnten "Volksgemeinschaft" angeboten hatte. Nohl löste dieses Problem nicht, wie es im akademischen Milieu üblicher Brauch war, durch Weglassen der damaligen Zusätze, sondern durch eine ebenso schlichte wie dreiste Umdeutung ihres Sinns: Ohne einen Anflug von Selbstkritik gibt er sie im Nachwort zur Neuausgabe von 1949 als "Schwimmgürtel" aus, d. h. als eine bloß taktische Maßnahme, die angeblich notwendig gewesen sei, um das Erscheinen des Buches im "Dritten Reich" zu gewährleisten. Obwohl diese Lesart eine bewusste Überschreibung seiner auch an anderer Stelle publizierten pronazistischen Überzeugungen darstellt (Zimmer 1995), ist sie vom Schülerkreis Nohls, der auch die folgende Rezeption seines Buches in der Bundesrepublik bestimmte, vorbehaltlos übernommen worden – ein aufschlussreicher Beleg für die pädagogische Erinnerungskultur der Nachkriegszeit.

Die von Nohl betriebene Legendenbildung, die die "Pädagogische Bewegung" im Nachhinein zu einem geradezu subversiven Text stilisierte, ist ein Beispiel für die akademische Vergangenheitspolitik dieser Zeit und reiht sich nahtlos ein in die Strategien der Verharmlosung, Bereinigung, Umdeutung oder Löschung kompromittierender Textpassagen, die für die Wissenschaftskultur dieser Zeit so kennzeichnend war und es den in den Nationalsozialismus involvierten Mandarinen gestattete, ihre Definitionsmacht und verinnerlichten Geltungsansprüche aufrecht zu erhalten und dabei einer Auseinandersetzung mit der NS-Vergangenheit aus dem Wege zu gehen.

Im Falle Nohls bedeutete dies, dass sein aus den 1920er Jahren stammendes Konstrukt der "deutschen Bewegung" auch nach 1945 noch als ein zeitgemäßes Deutungs- und Orientierungsmuster propagiert und damit zugleich an spezifisch nationalen Denktraditionen der deutschen Pädagogik festgehalten werden konnte.

Welche ideologischen Implikationen auf diese Weise in den pädagogischen Diskurs der Nachkriegszeit eingingen, soll im Folgenden etwas ausführlicher erörtert werden.

3. Pädagogische Vergangenheitskonstruktion: der Mythos der "Deutschen Bewegung"

Herman Nohl hat in seinem bekanntesten Werk, "Die pädagogische Bewegung in Deutschland und ihre Theorie", ein hochgradig stilisiertes und heroisiertes Bild von den pädagogischen Reformbestrebungen seiner Zeit gezeichnet, das zum Gründungsmythos der akademischen Pädagogik mit einer lange anhaltenden Wirkungsdauer geworden ist. Die Komposition dieser "Meistererzählung", die wie wohl keine andere das kommunikative Gedächtnis der Trägergeneration dieser "Bewegung" noch in den ersten Jahrzehnten der Bundesrepublik formte, wird allerdings erst ganz verständlich, wenn man nicht, wie rezeptionsgeschichtlich meist der Fall, das ihr zugrunde liegende geistesgeschichtliche Denkmodell ausklammert, das es überhaupt erst ermöglichte, die von Nohl herausgehobenen Entwicklungen seit der Jahrhundertwende als eine im Kern einheitliche und zielbewusste "pädagogische Bewegung" zu modellieren. Denn alle die von ihm unter diesem emphatischen Begriff versammelten und wirkungsmächtig mythisierten Strömungen – "die Jugendbewegung", "die Volksbildungsbewegung", "die Landerziehungsheimbewegung" etc. –, waren bekanntlich als Teil und vitaler Ausdruck einer "deutschen Bewegung" gedacht. Mit diesem Vergangenheitskonstrukt schuf Nohl den geistesgeschichtlichen Rahmen, in dem die junge akademische Disziplin sich verorten, eine historische

Legitimation ihrer Eigenständigkeit erhalten und ihre "Aufgabe" im Kontext der "pädagogischen Bewegung" finden konnte: "das Volk zu gestalten", wie es im Vorwort der Buchausgabe von 1935 hieß.

Das Konstrukt der "Deutschen Bewegung" ist nicht nur für Nohls eigenwillige Deutung der von ihm erlebten pädagogischen Zeitgeschichte grundlegend. Dieses Thema hatte einen zentralen Stellenwert in seinem pädagogischen Denken (Bollnow/Rodi 1970, Finck 1977); wie ein roter Faden zieht es sich durch seine Arbeiten von der frühen Weimarer Republik bis in die Bundesrepublik. Bereits vor dem Ersten Weltkrieg in Grundzügen skizziert habe es nach 1918 für ihn "eine entscheidende Schlüsselstellung" in Gestalt einer tragenden und Orientierung stiftenden Überlieferung erhalten, auf die es "in kritischer Lage zurückzugreifen gelte" (Bollnow/Rodi 1970, S. 9). Eine solche Lage hatte Nohl vor Augen, als er 1921 seine erste und ähnlich 1947, als er seine letzte Göttinger Vorlesung zu diesem Thema hielt. Besonders ihre Einleitung (Bollnow/Rodi 1970, S. 87-91) lässt deutlich erkennen, welche Gegenwartsbedeutung er dem ausdrücklichen Rückbezug auf diese Vergangenheit in der durch Kriegsniederlage und Revolution bestimmten Lage zugemessen hat, die er wie die meisten Repräsentanten des deutschen Bildungsbürgertums als tiefgreifende kulturelle und moralische Krise der Nation wahrnahm. "Deutsche Bewegung" war daher für Herman Nohl nicht nur ein geistesgeschichtlicher Epochenentwurf, sondern zugleich Grundlage und Perspektive eines kultur- und nationalpädagogischen Krisenprogramms (vgl. dazu Blickenstorfer 1998), bei dem der Schule eine entscheidende Rolle zufallen sollte. Von dieser Position aus griff Nohl mit einem Beitrag über "Die Deutsche Bewegung in der Schule" (1925) selbst in die Debatte über die preußische Schulreform ein.

In diesem programmatischen Beitrag, den er wie andere zu diesem Thema nach 1945 erneut publizierte (Nohl 1949), erläuterte er sein Verständnis von der "Deutschen Bewegung" und ihrer Bedeutung für die Gegenwart. Er begriff sie als eine mehrphasige und noch unabgeschlossene "geistige Revolution",

> "die etwa 1770 mit dem Sturm und Drang und seiner Besinnung auf ursprünglich deutsche Art und Kunst einsetzt, einen zweiten Stoß in der Romantik tut und dann nach einer Epoche der Stagnation und Entfremdung vor allem seit dem Aufschwung des deutschen Selbstgefühls nach 1870 angesichts des Widerspruchs unsrer äußeren nationalen Existenz zu unsrer geistigen Form zum drittenmal hervorbricht in der kulturkritischen Besinnung jener Männer, die ich eben nannte (gemeint sind Paul de Lagarde, Friedrich Nietzsche und Rudolf Hildebrand; H. Z.), aber auch in der Neubegründung der Geisteswissenschaften durch Dilthey, in dem Rückgang der Philosophie auf die idealistischen Systeme, in der Vergeistigung der Kunst wie in den großen Reformbewegungen, die sich vor allem in der Pädagogik geltend machen und in den elementaren Erscheinungen der Jugendbewegung und der Volkshochschulbewegung eine neue Humanität und eine neue Gemeinschaftskultur suchen. Auch die Forderung nach einer neuen Deutschkunde als Grundlage der neuen Schule ist nur ein Teil dieser Bewegung" (zit. nach Nohl 1949, S. 40).

Die Textpassage, ein Zitat aus seiner Göttinger Vorlesung von 1921, lässt unschwer die Konstruktionselemente des Konzepts erkennen:

Der Ansatzpunkt für die Lösung der Gegenwartsprobleme wird in der Vergangenheit gesucht und im Kontext der deutschen Geistesgeschichte lokalisiert, wobei die Diagnose der aktuellen Krisenlage als Auswahlkriterium dient. "Deutsche Bewegung" ist die Formel für eine emphatisch gedeutete zielgerichtete Entwicklung, die von der Sehnsucht nach nationaler Einheit und kultureller Identität angetrieben werde. Die Verwirklichung des unvollendeten Projekts wird nun zum Sinn und Auftrag der neuen Pädagogik: Nohl versteht sie sowohl als Teil wie auch als Träger der letzten Phase dieser "Bewegung".

Im Rahmen dieses Deutungsmusters votierte Nohl daher auch für eine entschiedene Verstärkung "deutscher" Bildung in der Schule (vgl. dazu Zimmer 1996). Wie schon die in Preußen einflussreiche, zunehmend von nationalistisch-völkischen Tendenzen bestimmte Deutschkundebewegung forderte er 1925, "das Deutsche (...) zum Prinzip jedes Unterrichts" zu machen und das Leben in der Schule als "nationales Sein" zu gestalten, "wo jedes Wort in ihr (...) ein Stück verwirklichten Deutschtums" sei (zit. nach Nohl 1949, S. 46). Dazu brauche die Schule nur auf die "deutsche Bewegung" zurückzugreifen; denn dort läge der angesichts der nationalen Lage so dringend benötigte "Fonds nationaler Bildung" schon bereit (ebd. S. 40).

Nohls Verständnis dieser "Bewegung" ging allerdings weit über den Bildungsbereich hinaus. Sie war als ein normativ aufgeladenes Handlungsprogramm konzipiert, das sich auf "das Ganze", auf die Umgestaltung von Nation, Gesellschaft und Kultur bezog. Dem Konstrukt liegt ein argumentativer Dreischritt zugrunde, der von einer Analyse der gegenwärtigen Lage ("Not") zur Suche nach historischen Lösungsansätzen und schließlich zu einem aus ihnen abgeleiteten Zukunftsentwurf führt. Diese Schrittfolge, die sich auch später immer wieder in Nohls Zeitdiagnosen findet, ist von Anfang an mit dem Mythos der "Deutschen Bewegung" verbunden. Jeweils wird zu Beginn ein dramatisches Szenario der Gegenwart als Chaos und fundamentale Krise entworfen, in der Tradition der bildungsbürgerlichen Kulturkritik als kultureller und moralischer Verfall beschrieben und als "nationale Not" bewertet. "Erniedrigung" und "Verlodderung unseres Volkes", "Zerfall unserer deutschen Existenz", "Auflösung aller moralischen Bindungen" oder "Verwesung aller Ideale" sind die bezeichnenderweise von Lagarde übernommenen Formeln, auf die Nohl seit seiner Göttinger Vorlesung immer wieder zurück greift. Der düstern Lagebeschreibung folgt die Benennung des "eigentlichen" Problems:

> "Ein Volk braucht schon zum Leben, geschweige denn zum adligen Leben, außer seiner politischen Einheit und Souveränität, seinem Staat und dessen Machtorganisation, seinen gesicherten Grenzen und seiner Aktionsfreiheit das Mark eines geistigen Gehalts, aus dem alle seine Äußerungen sich speisen, der aus seiner eigensten Kraft stammt und in dem sich alle seine Glieder verbunden wissen".

Was fehle, sei ein "einheitliches Ideal", die "Einheit des höheren Lebens": "Es hängt heute alles daran, daß unser Volk in seiner nationalen Not sich in solchem Bewußtsein der Einheit seines höheren Lebens findet" (1921, zit. nach Nohl 1970, S. 87).

Bildung und Pädagogik sind für Nohl die Bereiche, von denen die Krisenbewältigung ausgehen müsse: Bildung, weil sie als "innere Formung" und "geistige Haltung" es ermögliche, "jede Äußerung und Handlung aus diesem einheitlichen Leben zu gestalten", wie es später in der "Pädagogischen Bewegung" heißt (Nohl 1935, S. 40); die Pädagogik, weil es ihre Aufgabe sei, die "Einheit einer neuen Bildung und die neue Form des deutschen Menschentums" zu schaffen (1920, zit. nach Nohl 1949, S. 9); von ihr erwarte das darbende Volk, wie er 1920 schrieb, "die letzte lösende Antwort für die Not seiner Gegenwart" (ebd.). Der Mythos der "Deutschen Bewegung" wird so zu einem tragenden Pfeiler in Nohls Konzept einer geisteswissenschaftlichen Pädagogik; er ist die Grundlage ihrer von ihm bis in den Nationalsozialismus hinein kontinuierlich betonten nationalpädagogischen Aufgabenstellung (vgl. dazu Zimmer 1998). Wollte die akademische Pädagogik ihre historische Aufgabe recht verstehen, musste sie sich in den Dienst des "Kulturwillens" der "Deutschen Bewegung" stellen und Träger der Mission werden, die Nohl in sie hineindeutete: "Aufhebung aller Trennungen, die uns zerreißen", Erzeugung eines "Einheitswillens", "der hinter dem Gegensatz der Klassen die Volksgemeinschaft sucht und an die Stelle des Kampfes der Interessen eine innere Bindung durch 'höhere Gefühle'" setzt (1925; zit. nach Nohl 1949, S. 42). Die Schlüsselbegriffe dieses Programms (Einheit, Bindung, Ganzheit, Volksgemeinschaft) zeigen allerdings auch, dass das Konstrukt der "deutschen Bewegung", aus dem Nohl die "nationale Aufgabe" der Pädagogik ableitete, mit einem Gesellschaftsbild verbunden war, das das Fach erst in ein prekäres Verhältnis zur Demokratie und später an die Seite der nationalsozialistischen "Bewegung" brachte.

Um den Stellenwert dieses Mythos innerhalb der akademischen Pädagogik in der Weimarer Republik zu bestimmen, ist ein Blick auf den disziplingeschichtlichen Kontext hilfreich, in dem er entstand. Als Nohl 1921 seine erste Vorlesung in Göttingen über "Die deutsche Bewegung" hielt, war in Preußen die Pädagogik gerade erst als eigenständige Disziplin an Universitäten etabliert worden. Diese wissenschaftspolitische Entscheidung ging auf eine 1917 einberufene Konferenz im Berliner Kultusministerium zurück, bei der ein aktueller Bedarf an einem solchen Fach für die Ausbildung von Lehrern an höheren Schulen festgestellt und mit ungewöhnlichen Leistungserwartungen verknüpft wurde, die seine Entwicklung in der Weimarer Republik entschieden beeinflussen sollten (vgl. Tenorth 1989, Kersting 2008): Pädagogik sollte in der Philosophischen Fakultät ausdrücklich als eine geisteswissenschaftlich-kulturphilosophische Disziplin institutionalisiert werden, deren als dringlich angesehene Aufgabe es sei, in einer als fundamentale "Krise der Kultur" gedeuteten Zeit die von der damaligen Philosophie nicht mehr zu erwartende Sinn- und Einheitsstiftung zu leisten. Pädagogik als akademische Disziplin war daher nicht als Instanz der Forschung oder berufsorientierter Ausbildung, sondern ausdrücklich als Fach für "Weltanschauungsbildung" gedacht. Herman Nohl, 1920 nach Göttingen berufen und dort ab 1922 Inhaber des ersten neugeschaffenen Lehrstuhls für Pädagogik in Preußen, arbeitete in den 20er Jahren nicht eben in Distanz zu solchen Zuschreibungen an der theoretischen Grundlegung der akademischen Pädagogik als einer geisteswissenschaftlich-kulturphilosophischen Disziplin. In diesem Kontext erhielt das Sinn stiftende Konstrukt der "deutschen Bewegung" eine konstitutive Funktion für das um seine Eigenständigkeit bemühte Fach: Es stellte den Bezug auf eine bedeutende und fundierende Vergangenheit dar, die sowohl der Sicherung von Identität und Legitimation diente wie auch die Vorstellung von einer "nationalen" Aufgabe der Pädagogik begründen ließ. Indem Nohl die akademische Pädagogik als Teil und Faktor der "deutschen Bewegung" begriff, konnte er sie als einen in seinem Verständnis historisch legitimierten Akteur darstellen, der seine Aufgaben gemäß den Gehalten und Imperativen dieser "Bewegung" zu bestimmen hatte. Mit diesem grundlegenden Deutungsmuster stilisierte Nohl die Pädagogik zu einem Fach mit zentraler Bedeutung für das Wohl der Nation, brachte sie aber mit der hypertrophen Ambition, "das Volk zu gestalten" (Nohl 1935, Vorwort), auch in eine riskante Nähe zu den nationalistischen und völkischen Strömungen der Weimarer Republik, bevor er selbst schließlich im Nationalsozialismus den Vollender der von der "pädagogischen Bewegung" erstrebten Ziele sah. Gleichwohl wird man innerhalb der geisteswissenschaftlichen Pädagogik im Mythos der "deutschen" bzw. "pädagogischen Bewegung" einen Faktor der Vergemeinschaftung sehen müssen, der auch als Abgrenzung gegen konkurrierende Fachrichtungen und die mit ihnen verbundenen Milieus wirkte. Die Identifikation mit den Gehalten und der "Mission" dieser "Bewegungen" schuf eine Bildungs- und Erinnerungsgemeinschaft mit den für sie kennzeichnenden Habitusformen, Themenschwerpunkten, Denk- und Schreibstilen, eine disziplinäre Kultur, die den Nationalsozialismus unbeschadet überdauerte und erst endete, als auch die Epoche der geisteswissenschaftlichen Pädagogik an ihr Ende gekommen war.

4. Zur Gegenwart pädagogischer Erinnerungskultur: der "Klassiker" Herman Nohl

Als Hans Scheuerl 1979 seine zweibändige Ausgabe der "Klassiker der Pädagogik" vorlegte, war er sich der Problematik des zu diesem Zeitpunkt nahezu anachronistisch anmutenden Unternehmens durchaus bewusst (vgl. Scheuerl 1979, Bd. 1, Einleitung). Brauchte die moderne Erziehungswissenschaft in der Bundesrepublik wirklich eine Erinnerung an ihre "Klassiker"? War der gewählte traditionelle Sammelbegriff "Pädagogik" überhaupt noch tauglich für die längst durch Verwissenschaftlichung, Spezialisierung und Fragmentarisierung gekennzeichnete Disziplin? Und vor allem: Ließ sich die Kategorie des Klassischen "in einer so kontrovers- und konfliktreichen Gegenwartslandschaft wie der unseren" (ebd., S. 9) noch vertreten? Scheuerl hielt dagegen: Gerade im Blick auf solche Entwicklungen, insbesondere auf den zeitgenössischen Trend, Bemühungen um Traditionsvergewisserung im Namen einer so genannten "kritischen" Geschichtsbetrachtung generell zu verwerfen, bleibe es "um so wichtiger, die gegenläufige Bindung nicht loszulassen, oder, wo sie verloren scheint, wiederzugewinnen" (ebd., S. 8). In diesem Sinne verstand er sein Klassiker-Projekt als einen Beitrag "zur Vergegenwärtigung der Kontinuität jener reichen, freilich auch spannungsreichen Überlieferung, auf deren Boden wir stehen"(ebd., S. 13). Wie diese Äußerungen verdeutlichen, war auch diese Sammlung, wie Klassiker- und Kanonkonstruktionen ohnehin, ein Erinnerungsprogramm, hier adressiert an das Wir-Kollektiv einer disziplinären Gemeinschaft, für deren Zusammenhalt und Identität die Sicherung von Denktraditionen im Sinne "bindender" Vergangenheitsbezüge unverzichtbar sei.

Scheuerls Versuch, den von ihm befürchteten Traditions- bzw. Erinnerungsverlust mit einem Klassiker-Kanon zu begegnen, stellt selbst ein "klassisches" Verfahren der Gedächtnissicherung dar, wie man Jan Assmanns kanontheoretischen Überlegungen entnehmen kann.

"Ein Kanon antwortet auf die Frage: 'Wonach sollen wir uns richten?' In Zeiten verschärfter Polarisierung, Zeiten zerbrochener Traditionen, in denen man sich entscheiden muss, welcher Ordnung man folgen will, kommt es zu Kanonbildungen" (Assmann 1997, S. 123 und 125 f.).

In dieser Sicht waren die "Klassiker der Pädagogik", im zeit- und disziplingeschichtlichen Kontext betrachtet, eine Antwort auf "1968" sowie auf den in der viel zitierten Weniger-Gedenkschrift konstatierten "Ausgang" der Epoche der geisteswissenschaftlichen Pädagogik und den Aufstieg der Kritischen Theorie in der Erziehungswissenschaft. Und sie reagierten auf den einschneidenden Generationswechsel nach dem Ableben der Gründungsväter der akademischen Pädagogik in der Weimarer Republik, d. h. auf eine erinnerungskulturelle Zäsur, in der sich die Frage stellt, was vom kommunikativen Gedächtnis dieser Zeitzeugengeneration im kulturellen Gedächtnis der Disziplin dauerhaft aufbewahrt werden sollte. In dieser Situation wurden die "Mandarine" der geisteswissenschaftlichen Pädagogik – Herman Nohl, Eduard Spranger, Theodor Litt und der damals noch lebende Wilhelm Flitner – sowie Peter Petersen zu "Klassikern der Pädagogik". Dass sich die so Ausgezeichneten mit Ausnahme Litts 1933 und danach mit ihren am Ende der 1970er Jahre nicht unbekannten pronazistischen Stellungnahmen kompromittiert hatten, war kein Hindernis bei der Auratisierung der Granden des Faches. Es ging, wie der Herausgeber, selbst ein Schüler Flitners, äußerte, um die Sicherung der Kontinuität, um ihre Verankerung im Gedächtnis der Disziplin.

Nun sollte man die Wirkung von Kanon-Konstruktionen wie dieser nicht überschätzen. Zwar sind mit ihnen durchaus Machtaspekte verbunden, doch die Macht, sie tatsächlich durchzusetzen, ist im modernen Wissenschaftssystem eher unwahrscheinlich. Dass sie dennoch nicht folgenlos sein müssen bzw. als ein Argument bei der Verteidigung von "Klassikern" in Phasen ihrer Problematisierung oder Entmythisierung gelten können, zeigte sich, als am Ende der 1980er Jahre an die Rolle der Pädagogik und Pädagogen im Nationalsozialismus als ein "unerledigtes Problem der Erziehungswissenschaft" erinnert (Keim 1988, Keim u. a. 1990) und dieses Thema zum Gegenstand einer mehrjährigen scharfen Fachkontroverse wurde. Im Zentrum standen die in der Disziplin noch immer verehrten Repräsentanten der Weimarer akademischen Pädagogik, deren Haltung zum Nationalsozialismus jahrzehntelang im Fach beschwiegen oder verharmlost worden war, sowie die kontrovers diskutierte Frage der Kontinuität ihres Denkens über 1933 hinaus. Da es sich bei ihnen aber um "Klassiker" der Pädagogik handelte, ging es immer auch – und mehr, als es wohl vielen Kontrahenten bewusst gewesen ist –, um das kulturelle Gedächtnis der Disziplin. Ohne diesen Aspekt sind die polemische Schärfe der Debatte und der z. T. bizarre apologetische Umgang mit historischen Fakten, deren Deutung beim Stand der NS-Forschung wenig Spielräume ließ, kaum zu verstehen. Es stand offenbar mehr auf dem Spiel als das auratisierte Bild der Granden des Faches, nämlich, wie man etwa in einem Kommentar zur Weniger-Debatte lesen konnte, die "Besorgnis, dass mit der politisch motivierten Demontage der 'Großen alten Männer' – gewollt oder ungewollt – auch ein Stück der Substanz unseres Faches zerstört werden könnte" (Herrlitz 1997, S. 136).

In einer Situation, in der die Übereinstimmungen führender Vertreter der Weimarer Erziehungswissenschaft mit wesentlichen Aspekten der NS-Ideologie nicht mehr ernsthaft geleugnet werden konnten, stellten solche Positionen aus ihrem Schülerkreis den Versuch dar, eine kritische Aufklärungs- und Erinnerungsarbeit zu delegitimieren, die zu einer Neubewertung der verehrten Lehrer nötigte. Die Abwehr solcher Konsequenzen war kein besonderes Merkmal der erziehungswissenschaftlichen Kontroverse. Auch in anderen wissenschaftlichen Disziplinen, so z. B. in der Geschichtswissenschaft (vgl. Schulze/Oexle 1999), spielten gerade bei diesem Thema diskursdisziplinierende Forderungen nach Respekt vor den "großen alten Männern" des Faches eine erhebliche Rolle. In dieser Debatte ging es daher nie nur um eine schonungslose Aufarbeitung belastender Fakten und Quellen, sondern zugleich um die Wahrung der den um die Disziplin verdienten Granden gebührenden Wertschätzung. In der Fachsozialisation vermittelt und habitualisiert wirkten solche Haltungen besonders im Umgang mit den ins Zwielicht geratenen Repräsentanten der geisteswissenschaftlichen Pädagogik als moralische Hemmschwellen, die die Kritik an ihrem Denken und Verhalten als gewissermaßen illegitim erscheinen ließen.

Diese Konstellation gab der Kontroverse über die zeitgenössische Rolle prominenter akademischer Pädagogen den Charakter einer erinnerungspolitischen Auseinandersetzung, bei der es immer auch um die Frage ging, welche generelle Bedeutung bei der Beurteilung von Fachrepräsentanten ihrem Verhältnis zum Nationalsozialismus zukommen sollte. Aufschlüsse über die erinnerungskulturellen Auswirkungen der Debatte bietet ein Blick in die veränderte Neuausgabe der "Klassiker der Pädagogik" (Tenorth 2003). Im Unterschied zu dem 25 Jahre zuvor publizierten Kanon Hans Scheuerls sind nur noch Herman Nohl und Eduard Spranger geblieben, doch dass zum Denken und Werk der renommierten geisteswissenschaftlichen Pädagogen auch ihre pronazistischen Äußerungen sowie die ihnen zugrunde liegenden ideologischen Positionen aus der Weimarer

Republik gehören, erfährt der Leser nicht: Sie werden ebenso wie die Erträge einer langjährigen wissenschaftlichen Auseinandersetzung ignoriert.

So bleibt im Blick auf Herman Nohl und seine Apologeten festzuhalten, dass weder sein national-völkisches Denken in den 1920er Jahren noch seine Begeisterung für die "nationale Revolution" von 1933 und die ihr folgende Wendung zur Rassenhygiene seinen Status als Klassiker des Faches gefährden konnten (so z. B. bei Klafki/Brockmann 2002 und Klika 2003). Wie sehr Nohl im disziplinären Gedächtnis verankert ist, lässt sich auch an einer kurz vor der Klassiker-Neuausgabe durchgeführten Umfrage unter den Mitgliedern der Deutschen Gesellschaft für Erziehungswissenschaft ablesen, die nach den "pädagogisch wichtigsten" Veröffentlichungen des 20. Jahrhunderts fragte (vgl. Horn/Ritzi 2001). Auch wenn sie keinen Anspruch auf Repräsentativität stellen kann und die Fragestellung durchaus mehrdeutig ist, musste überraschen, dass "Die pädagogische Bewegung in Deutschland und ihre Theorie" unter den "Top Ten" auf einem der vorderen Plätze landete. Man kann dieses Ergebnis durchaus als Beleg für die jahrzehntelange Rezeptions- und Wirkungsgeschichte dieses vielfach wieder aufgelegten Buches verstehen, das lange als gültige Darstellung der deutschen Reformpädagogik gelesen wurde und noch heute als anregend gilt (vgl. dazu Kraul 2001). Sieht man aber in dieser Umfrage sowie in dem Nohl erneut zugeschriebenen Klassikerstatus Indikatoren für das gegenwärtige kulturelle Gedächtnis der Disziplin, geraten noch andere Aspekte in den Blick. Diese Sicht würde es nämlich erforderlich machen, verstärkt nach den Gründen und Motiven für die erinnerungskulturelle Resistenz solcher Mythen- und Klassikerkonstruktionen zu fragen und genauer als in diesem Beitrag den Zusammenhängen mit den Strategien pädagogischer Vergangenheitspolitik nach 1945 nachzugehen, die die Erinnerungskultur der Erziehungswissenschaft nachhaltig und z. T. bis in die Gegenwart geprägt haben.

Quellen und Literatur

Assmann, J.: Das kulturelle Gedächtnis. Schrift, Erinnerung und politische Identität in frühen Hochkulturen. 2. Aufl. München 1997.
Blickenstörfer, J.: Pädagogik in der Krise. Hermeneutische Studie, mit Schwerpunkt Nohl, Spranger, Litt zur Zeit der Weimarer Republik. Bad Heilbrunn 1998.
Blochmann, E.: Herman Nohl in der pädagogischen Bewegung seiner Zeit 1879-1960. Göttingen 1969.
Bollenbeck, G.: Bildung und Kultur. Glanz und Elend eines deutschen Deutungsmusters. Frankfurt/M. 1994.
Bollenbeck, G./C. Knobloch (Hrsg.): Semantischer Umbau der Geisteswissenschaften nach 1933 und 1945. Heidelberg 2001.
Cornelißen, Chr.: Was heißt Erinnerungskultur? Begriff – Methoden – Perspektiven. In: Geschichte in Wissenschaft und Unterricht 54 (2003), S. 548-563.

Finckh, H.-J.: Der Begriff der "Deutschen Bewegung" und seine Bedeutung für die Pädagogik Herman Nohls. Frankfurt/M. 1977.

Frei, N.: Vergangenheitspolitik. Die Anfänge der Bundesrepublik und die NS-Vergangenheit. München 1996.

Gran, M.: Das Verhältnis der Pädagogik Herman Nohls zum Nationalsozialismus. Hamburg 2005.

Herrlitz, H.-G.: Vergangenheitsbewältigungen. In: Die Deutsche Schule 1997, S. 134-137.

Horn, Kl.-P./Ritzi, Chr. (Hrsg.): Klassiker und Außenseiter. Pädagogische Veröffentlichungen des 20. Jahrhunderts. Hohengehren 2001.

Kaiser, G./M. Krell: Ausblenden, Versachlichen, Überschreiben. Diskursives Vergangenheitsmanagement in der Sprach- und Literaturwissenschaft in Deutschland nach 1945. In: Weisbrod, B.(Hrsg.): Akademische Vergangenheitspolitik. Göttingen 2002, S. 190-214.

Kersting, Chr.: Pädagogik im Nachkriegsdeutschland. Wissenschaftspolitik und Disziplinentwicklung 1945 bis 1955. Bad Heilbrunn 2008.

Keim, W. (Hrsg.): Pädagogen und Pädagogik im Nationalsozialismus – Ein unerledigtes Problem der Erziehungswissenschaft. Frankfurt/M./Bern/New York/Paris 1988.

Keim, W. u. a.: Erziehungswissenschaft und Nationalsozialismus – Eine kritische Positionsbestimmung. Marburg 1990 (Forum Wissenschaft. Studienhefte Nr. 9)

Klafki, W./Brockmann, J.-L.: Geisteswissenschaftliche Pädagogik und Nationalsozialismus. Herman Nohl und seine "Göttinger Schule" 1932-1937. Weinheim/Basel 2002.

Klika, D.: Herman Nohl (1879-1960). In: Tenorth (2003), S. 123-136).

Kraul, M.: Herman Nohl: Die pädagogische Bewegung in Deutschland und ihre Theorie. In: Horn/Ritzi (2001), S. 105-126.

Loth, W./Rusinek, B.-A. (Hrsg.): Verwandlungspolitik. NS-Eliten in der westdeutschen Nachkriegsgesellschaft. Frankfurt/M./New York 1998.

Nohl, H.: Zur deutschen Bildung. Göttingen 1926.

Nohl, H.: Die pädagogische Bewegung in Deutschland und ihre Theorie. 2. Aufl. Frankfurt/M. 1935.

Nohl, H.: Pädagogik aus dreißig Jahren. Frankfurt/M. 1949.

Nohl, H.: Die Deutsche Bewegung. Vorlesungen und Aufsätze zur Geistesgeschichte von 1770-1830. Hrsg. von O. Fr. Bollnow und Fr. Rodi. Göttingen 1970.

Oexle, O. G.: Zweierlei Kultur. Zur Erinnerungskultur deutscher Geisteswissenschaftler nach 1945. In: Rechtshistorisches Journal 16 (1997), S. 358-390.

Ortmeyer, B.: Mythos und Pathos statt Logos und Ethos. Zu den Publikationen führender Erziehungswissenschaftler in der NS-Zeit: Eduard Spranger, Herman Nohl, Erich Weniger und Peter Petersen. Weinheim und Basel 2009.

Ortmeyer, B. (Hrsg.): ad fontes. Dokumente 1933-1945 – Herman Nohls Schriften und Artikel in der NS-Zeit. Frankfurt/M. 2006.

Ringer, F.: Die Gelehrten. Der Niedergang der deutschen Mandarine 1890-1933. Stuttgart 1983.

Scheuerl, H. (Hrsg.): Klassiker der Pädagogik. 2 Bde. München 1979.

Schulze, W./O. G. Oexle (Hrsg.): Deutsche Historiker im Nationalsozialismus. Frankfurt/M. 1999.

Tenorth, H.-E.: Deutsche Erziehungswissenschaft im 20. Jahrhundert. In: Zedler, P./E. König (Hrsg.): Rekonstruktionen pädagogischer Wissenschaftsgeschichte. Weinheim 1989, S. 117-140.

Tenorth, H.-E. (Hrsg.): Klassiker der Pädagogik. 2 Bde. München 2003.

Weisbrod, B. (Hrsg.): Akademische Vergangenheitspolitik. Beiträge zur Wissenschaftskultur der Nachkriegszeit. Göttingen 2002.

Zimmer, H.: Pädagogische Intelligenz und Neuanfang 1945. "Die Sammlung" im Kontext der Faschismus- und Neuordnungsdiskussion 1945-1949. In: Keim, W. u. a.: Erziehungswissenschaft und Nationalsozialismus – eine kritische Positionsbestimmung. Marburg 1990 (= Forum Wissenschaft. Studienhefte 9), S. 101-122.

Zimmer, H.: Die Hypothek der Nationalpädagogik. Herman Nohl, der Nationalsozialismus und die Pädagogik nach Auschwitz. In: Jahrbuch für Pädagogik 1995: Auschwitz und die Pädagogik. Frankfurt/M. 1995, S. 87-114.

Zimmer, H.: Pädagogik, Kultur und nationale Identität. Das Projekt einer "deutschen Bildung" bei Rudolf Hildebrand und Herman Nohl. In: Jahrbuch für Pädagogik 1996: Pädagogik in multikulturellen Gesellschaften. Frankfurt/M. 1996, S. 159-177.

Zimmer, H.: Von der Volksbildung zur Rassenhygiene: Herman Nohl. In: Rülcker, T./Oelkers, J.: Politische Reformpädagogik. Frankfurt/M. 1998, S. 515-540.

Zymek, B.: Erinnerung und Gedächtnis – neue Grundbegriffe der historisch-systematischen Erziehungswissenschaft? In: Jahrbuch für Historische Bildungsforschung Band 8. Bad Heilbrunn(Obb.) 2002, S. 345-363.

Edgar Weiß

Adorno als Pädagoge – Erziehungs- und bildungstheoretische Positionen eines "Negativisten" und die Frage ihrer Aktualität

1. Adorno als Pädagoge?

Der Titel des vorliegenden Beitrags ist möglicherweise geeignet, Befremden auszulösen, – immerhin hat sich Adorno selbst explizit als einen "Nicht-Fachpädagogen" bezeichnet (Adorno, 1965, S. 70), und in der Tat: ein Erziehungswissenschaftler im engeren Sinne des Wortes war er, neben Horkheimer der führende, darüber hinaus der gewiss produktivste und meist beachtete Vertreter der "ersten Generation" der "Kritischen Theorie" bzw. "Frankfurter Schule" (Reijen, 1984), ohne Zweifel nicht. Das teilte er mit den anderen frühen Repräsentanten der "Frankfurter", deren Denken freilich seit jeher auch pädagogische Implikationen aufwies und sich mitunter auch explizit auf pädagogisches Terrain begab (vgl. Peukert, 1983), die aber allesamt keine Fachpädagogen im Sinne der üblichen Bereichsvermessungen des arbeitsteiligen akademischen Betriebes waren. Fachpädagogen – eben den Protagonisten der seit den 1960er Jahren als "kritisch" oder "emanzipatorisch" firmierenden erziehungswissenschaftlichen Strömung – blieben dann auch die systematisch-disziplinbezogenen Bemühungen vorbehalten, unter Rekurs auf die "Frankfurter Schule" Pädagogik "als Kritische Theorie" (Klafki, 1971a, S. 262 ff.) auszuformulieren.

Nun ist Kritischer Theorie mit gängigen, auf mehr oder minder säuberliche Grenzziehungen bedachten Ordnungsversuchen gemäß disziplinärer Schubladen-Kategorien schwerlich beizukommen, und sicherlich gilt dies im Hinblick auf den "interdisziplinären Einzelarbeiter" Adorno (Wiggershaus, 1988, S. 566) noch einmal in besonderem Maße. Dessen Œuvre wie dessen Biographie weisen, das ist kein Geheimnis, eine stupende Vielseitigkeit, intellektuelle Präsenz und Brillianz, fächerübergreifende Kompetenz und Originalität auf, die ihm von geistesnahen Autoren – also solchen, bei denen man personenkultverdächtige Wendungen eher nicht erwartet – wiederholt die Kennzeichnung "Genie" zugetragen haben.[1] Bekanntlich war Adorno Philosoph und Sozialwissenschaftler, Musiker, Musik- und Literaturkritiker und – mit seinen Studien zum autoritären Charakter und zur psychoanalytischen Theorie (Adorno, 1973; 1946; 1966e) – auch Psychologe, – aber Pädagoge?

Gewiss ließe sich – etwa im Anschluss an ein Diktum Jaspers'[2] – dahingehend argumentieren, dass sich Adorno als bedeutender Philosoph bereits *implizit* auf dem Gebiet der "Menschheitserziehung" bewegte; auch ließe sich, als gleichsam negativer Beleg, darauf verweisen, dass Adorno wiederholt die Ehre zuteil ge-

---

[1] Horkheimer (1969), S. 45; Habermas (1991), S. 51; Claussen (2003); Kaiser (2003).
[2] Jaspers (1981), S. 453: "Alle großen Philosophen sind unsere Erzieher."

worden ist, mit jenem denunziatorischen Etikett belegt zu werden, mit dem die Gralshüter des Konventionalismus insbesondere die unübersehbar pädagogisch effizienten unter den kritischen Geistern seit der Verurteilung des Sokrates immer wieder zu brandmarken pflegen: dem des "Jugendverführers". Diese Schmähung, die Adorno von staatsanwaltschaftlicher Seite noch in seinem Todesjahr 1969 zugedacht wurde³, wurde vor wenigen Jahren noch einmal bekräftigt, – von einem Autor, dessen Begriff von "Bildung" als der Gesamtheit dessen, "was man wissen muß", Adorno fraglos als Musterbeispiel der von ihm analysierten "Halbbildung" hätte gelten können (vgl. Gruschka, 2001, S. 621 ff.; 2002, S. 6 ff.).⁴

Aber es gibt stärkere Argumente, Adorno ungeachtet des Umstandes, dass man ihm im Hinblick auf Erziehung und Pädagogik hauptsächlich "Skepsis" (Paffrath, 1987b) attestiert oder ihm gar eine "Anti-Pädagogik" (Rath, 1982, S. 134 f.) unterstellt hat, als Pädagogen zu behandeln. Adorno, gewiss misstrauisch gegenüber der zeitgenössischen Pädagogik, deren "Jargon der Eigentlichkeit" und deren "Tiefsinn aus zweiter Hand" (Adorno, 1964b; 1959, S. 25) er zutiefst verabscheute⁵, hat sich wiederholt engagiert zu pädagogischen Fragen geäußert: vor allem in den Vorträgen und Rundfunkgesprächen mit Hellmut Becker aus den Jahren 1959-69, die Gerd Kadelbach 1970 gesammelt unter dem Titel "Erziehung zur Mündigkeit" herausgegeben hat, sowie in seiner 1959 vorgelegten "Theorie der Halbbildung", aber auch in seinem Aufsatz "Zur Musikpädagogik" und anderen Beiträgen zu den "Dissonanzen", in verstreuten Aufsätzen sowie in Vorworten.⁶ Im Rahmen dieser Bemühungen agierte Adorno augenscheinlich als auf unmittelbare praktische Verbesserungen abzielender Aufklärer, – eben "als Pädagoge" (Gruschka, 2004c, S. 57).

Gewiss hat Adorno seine pädagogischen Überlegungen, die freilich unlösbar mit seinen philosophischen und gesellschaftstheoretischen Reflexionen verschränkt sind (vgl. Herrmann, 1978, S. 3, 6), "nicht systematisch ausformuliert oder zu-

---

3   Im Kontext des Prozesses gegen Adornos Doktoranden Krahl, der sich als Studentenführer für die damalige Frankfurter Institutsbesetzung zu verantworten hatte. – Vgl. Lüth (1969), S. 122; Herhaus (1970), S. 95; Kraushaar (1998), S. 450. – Vgl. in diesem Kontext auch Kempski (1969).
4   Schwanitz (2006), S. 493: "... die narkotische Prosa Adornos (hat) die Sprache einer ganzen Generation verdorben, so daß sie nur als Jargon weiterlebte. Sie hat die Hirne so benebelt, daß der Unterschied zwischen faschistischem Terror und kapitalistischer Bewußtseinsverkürzung so verschwamm wie der zwischen bürgerlicher Demokratie und totalitärer Herrschaft. Damit hat er die politische Urteilskraft einer ganzen Generation ernsthaft beschädigt."
5   "So unverzichtbar Pädagogik ihm zu sein schien, ihre überkommenen Formen waren ihm zutiefst suspekt. Von daher hätte er von der jungen erziehungswissenschaftlichen und pädagogischen Intelligenz wohl deren radikale Aufklärung erwartet", hat Gruschka (2004b, S. 136) gewiss mit Recht festgestellt.
6   Vgl. Adorno (1981); (2003); (1957); (1991); (1956); (1962a); (1967); Adorno/Friedeburg (1968).

sammenhängend dargestellt" (Paffrath, 1992, S. 129; 1987b, S. 31 f.), aber über die Bedeutung, die er ihnen selbst beigemessen hat und/oder die ihnen mit guten Gründen beigemessen werden kann, besagt das wenig; denn der konstatierte Umstand verweist lediglich auf ein Charakteristikum der Auseinandersetzungs- und Darstellungsmodi Adornos, dem – auf den Spuren Nietzsches[7] – das "System" grundsätzlich suspekt war.[8] Nichtsdestoweniger sind etwa Adornos Studien zum autoritären Charakter von eminent pädagogischer Bedeutung[9]; die Position der Kritischen Theorie im "Positivismusstreit", von Adorno und Habermas wirkungsmächtig zur Geltung gebracht[10], hatte erhebliche Bedeutung für das sozialwissenschaftliche Methodenbewusstsein, gerade auch für das erziehungswissenschaftliche (vgl. Wulf/Wagner, 1987, S. 22 ff.).

Zweifellos übte Adorno, selbst mit Aufgaben in der Ausbildung von Lehrerinnen und Lehrern betraut[11], "Einfluß im pädagogischen Bereich aus" (Wiggershaus, 1987, S. 128), – "als Kritiker der Pädagogik und Aktivist der Aufklärung"

---

[7] Nietzsche (1889), S. 946: "Der Wille zum System ist ein Mangel an Rechtschaffenheit."

[8] Schon der Untertitel der "Dialektik der Aufklärung" (Horkheimer/Adorno, 1969) – "Philosophische Fragmente" – sollte andeuten, dass sich die Autoren dem Zwang zum System verweigern (vgl. Scheible, 1989, S. 106). Zu Adornos Vorbehalten gegenüber dem System, das das Nichtidentische zu vergewaltigen und durch seine Suggestion der Abgeschlossenheit kritisches Denken stillzustellen riskiert, vgl. Adorno (1966d), S. 31 f.; dementsprechend präferierte Adorno die Formen des Essays, der Aphorismen, "Stichworte", "Eingriffe" und "Prismen", – der "Modelle" (Adorno, 1954-58; 1951; 1969g; 1980; 1976; 1966d, S. 209 ff.): "Die Forderung nach Verbindlichkeit ohne System ist die nach Denkmodellen. Diese sind nicht bloß monadologischer Art. Das Modell trifft das Spezifische und mehr als das Spezifische, ohne es in seinen allgemeineren Oberbegriff zu verflüchtigen. Philosophisch denken ist soviel wie in Modellen denken; negative Dialektik ein Ensemble von Modellanalysen" (Adorno, 1966d, S. 39). – Dass Adornos Denken unfreiwillig freilich dennoch "systematische" Strukturen erkennen lässt, ist wiederholt angemerkt worden: Kaiser etwa spricht von Adornos "negativistischem System-Zwang", Bubner von Adornos "unerhörtem Unternehmen, ein System gegen alle Systeme zu schreiben", Habermas zufolge untersteht Adorno dem "systematischen Zwang, immer wieder die Idee der Versöhnung in Anspruch zu nehmen", Hörisch bemerkt, "wie systemnah Adornos antisystematisches Denken ist" (Kaiser, 2003, S. 15; Bubner, 1983, S. 35; Habermas, 1969, S. 175; Hörisch, 2003, S. 46).

[9] Die Studien des Instituts für Sozialforschung zur autoritären Persönlichkeit, an denen Adorno maßgeblich beteiligt war, standen explizit im Zeichen des Interesses, gegen autoritäre Charakterzüge "einen wahrhaft pädagogischen Gegenangriff zu führen" (Horkheimer, 1950, S. 417).

[10] Vgl. Adorno u.a. (1976); dazu: Dahms (1994); Müller-Doohm (2009).

[11] "Nach der Rückkehr aus dem Exil im Jahre 1949 und der Wiederaufnahme seiner Lehrtätigkeit an der Universität Frankfurt gehört es zu den Daueraufgaben Adornos, die allgemeine Prüfung in Philosophie, Bestandteil des Referendarexamens für das Lehramt an Höheren Schulen im Lande Hessen, abzunehmen. In dieser Funktion begegnet er zukünftigen Lehrern und kommt so mit Fragen von Erziehung, Bildung, Schule und Unterricht in Berührung. Sein Vortrag 'Philosophie und Lehrer' steht in unmittelbarem Zusammenhang mit diesem Auftrag und spiegelt Erfahrungen mit der neuen Lehrergeneration wider" (Paffrath, 1992, S. 16).

hat er "wie vielleicht kein anderer ab Mitte der 60er Jahre in den pädagogischen Diskurs hineingewirkt" (Gruschka, 2004b, S. 136). Adornos Gesellschaftstheorie ist als "ungeschriebene Erziehungslehre" gedeutet worden (Herrmann, 1978), und im niedersächsischen Elze wird der – freilich gewiss nicht unproblematische – Versuch unternommen, mit "Adorno Schule zu machen".[12] Und wenngleich Adornos Äußerungen zu praktischen Erziehungsfragen mitunter als eigentümlich "dünn" betrachtet worden sind[13], hat man dem Beitrag Adornos zur Pädagogik verschiedentlich einen durchaus wichtigen Stellenwert in dessen Gesamtwerk zuweisen wollen. Man hat darauf verwiesen, bei den betreffenden Texten handle es sich keineswegs nur um "Gelegenheitsarbeiten", sondern um dem Autor selbst unzweifelhaft wichtige Beiträge (Paffrath, 1992, S. 14 f.), und Groothoffs – angesichts Adornos skeptischer Zurückhaltung hinsichtlich konkreter politischer Aktionen wohl kaum der Plausibilität entbehrender – Einschätzung zufolge war Adornos "letztes Wort" eher ein "pädagogisches" als ein "politisches" (Groothoff, 1971, S. 74). Und schließlich hat sich Adorno, was seine eigene Praxis als Hochschullehrer betraf, selbst offensichtlich durchaus für einen guten Pädagogen gehalten, was er damit begründete, dass er sich aller persuasiven und missionarischen Gesten, die ihrer augenscheinlichen Beliebtheit zum Trotz ja allemal als pseudo-pädagogisch zu entlarven sind, zu enthalten pflege.[14]

---

[12] Hilbig (1995); zur Kritik: Paffrath (1998). – Hilbigs Konzept, an der von ihm geleiteten Hauptschule mit Orientierungsstufe durch eine von Adorno inspirierte "Reformpädagogik" (Hilbig, 1995, S. 21), d.h. vermittelst einer basal an Überlegungen Adornos anknüpfenden Praxis und der Orientierung an einem gewaltlosen, durch Respekt, Freundlichkeit und Vertrauen bestimmten Gemeinschaftsleben, zur Generierung von Mündigkeit bzw. Demokratie- und Kritikfähigkeit beizutragen, ist gewiss von erfreulichen Motiven getragen. Unterbelichtet freilich bleibt dabei die Reflexion auf die Frage, ob diese hehre Absicht im Rahmen einer staatlichen Regelschule nicht zwingend zur bloßen Ideologie degenerieren muss, solange an den offiziellen Vorgaben – der schulischen Selektionsfunktion, schulischen Zwangsritualen usw. – festgehalten wird. Dass mithin die Adorno-Rezeption Hilbigs mitunter problematisch ist, zeigt etwa die gegen Adorno gewendete, dessen Bildungsverständnis jedoch verfehlende und ihn daher nicht treffende Vermutung, "Barbarei" und "Bildung" seien durchaus miteinander verträglich (Hilbig, 1995, S. 40 ff.). Insgesamt deutet vieles darauf hin, dass Hilbigs Projekt eher einem "idealistischen Wunschbild" folgt und auf "stilisierte Gemeinschaft" rekurriert (Paffrath, 1998, S. 351), gegenüber der auf Adornos Warnung vor einer "manipulierten und angedrehten Wärme des Miteinander" (Adorno, 1959, S. 18) zu verweisen wäre. Ernstzunehmen wäre Paffraths Bedenken: "Wer mit Adorno Schule macht, schafft der nicht zugleich auch eine Schule der Macht?" (Paffrath, 1998, S. 354).

[13] So Keckeisen (1984), S. 16, Fn. 9: "Wo immer sich ein Autor wie Adorno zu praktischen Erziehungsfragen geäußert hat, wirkt dies merkwürdig 'dünn' und mit der theoretischen Analyse wenig vermittelt – so als wollte er guten Willens einer Sache beistehen, deren Vergeblichkeit ihm doch erwiesen scheint."

[14] Adorno (1965), S. 75 f.: "Max Scheler sagte einmal, er habe pädagogisch nur deshalb gewirkt, weil er niemals seine Studenten pädagogisch behandelt habe. Wenn mir die persönliche Bemerkung gestattet ist, so kann ich das aus meiner Erfahrung sehr bestätigen. Erfolg

Nach diesen Hinweisen dürfte es hinreichend gerechtfertigt sein, den "interdisziplinären Einzelarbeiter" Adorno (Wiggershaus) auch als "Pädagogen" zu behandeln. Im folgenden soll dessen Beitrag zur Pädagogik zunächst konkretisiert werden (Abschnitt 2), ehe der Bezug Adornos pädagogischer Äußerungen zu philosophischen Grundpositionen Adornos (Abschnitt 3) und Adornos Verhältnis zur frühen, Adorno als Referenzautor weitgehend marginalisierenden Kritischen Pädagogik (Abschnitt 4) untersucht werden sollen, während abschließend der Frage nachzugehen sein wird, ob eine neue pädagogische Adorno-Rezeption zu einem kritisch-pädagogischen "Paradigmenwechsel" zwingt und welche pädagogische Aktualität Adorno behält (Abschnitt 5). Verstanden seien diese Bemühungen als Beitrag zu dem m.E. von unverminderter Bedeutung bleibenden Versuch fortwährender Selbstvergewisserung Kritischer Pädagogik.

2. Adorno im Lichte seiner pädagogischen Texte

Es war eine gewiss glückliche Entscheidung, den Titel des letzten Rundfunkgesprächs Adornos (Adorno, 1969a) zugleich als Titel für die von Adorno nicht mehr selbst veranlasste (vgl. Kadelbach, 1970) Sammlung einiger seiner wichtigsten pädagogischen Einlassungen zu wählen: Die Formel "Erziehung zur Mündigkeit" markiert zweifellos treffend und umgreifend, worum es Adorno in pädagogischer Hinsicht ging, sofern man sich vergegenwärtigt, dass "Mündigkeit" hier nicht – etwa nach Maßgabe absolvierter Initiationsriten zur Gewähr des "Erwachsenen"-Status oder juristischer Altersbestimmungen des "Mündigkeits"-Erwerbs – konventionalistisch reduziert[15], sondern emphatisch und entschieden *postkonventionalistisch* gemeint ist.

Vorgängige handliche Definitionen darf man bei Adorno nicht erwarten[16], nichtsdestoweniger wird unmissverständlich deutlich, was er mit "Mündigkeit" verbindet:

> "Mündigkeit bedeutet in gewisser Weise soviel wie Bewußtmachung, Rationalität. Rationalität ist aber immer wesentlich auch Realitätsprüfung, und diese involviert regelmäßig ein Moment von Anpassung. Erziehung wäre ohnmächtig und ideologisch, wenn sie das Anpassungsziel ignorierte und die Menschen nicht darauf vorbereitete, in der Welt sich zurechtzufinden. Sie ist aber genauso fragwürdig, wenn sie dabei stehenbleibt und nichts anderes als 'well adjusted people' produziert, wodurch sich der bestehende

---

als akademischer Lehrer verdankt man offenbar der Abwesenheit einer jeden Berechnung auf Einflußnahme, dem Verzicht aufs Überreden."

[15] Solchen Reduktionen entgegen verweist Adorno darauf, dass "es ungezählte Erwachsene gibt, die eigentlich nur den Erwachsenen spielen, der sie nie ganz geworden sind" (Adorno, 1969a, S. 141). Mündigkeit heißt für Adorno somit immer Erwerb von "Erwachsenheit" in einem emphatischen, wirkliche geistige "Reife" erfordernden Sinne, heißt, dass man sich aus "Infantilismen" herausgearbeitet hat (Adorno, 1968a, S. 126).

[16] Adorno hat sich vorgängigen Definitionen entschieden widersetzt, Definitionen haben für ihn "ihren Ort in der Bewegung des Gedankens", sind diesem aber nicht voranzustellen (Adorno, 2003, S. 140; 1954-58, S. 19 f.).

Zustand, und zwar gerade in seinem Schlechten, erst recht durchsetzt" (Adorno, 1966b, S. 109).

Unübersehbar ist damit der unmittelbare Bezug zu Kant[17], der bereits seinerzeit gefordert hatte, nicht bei einer Anpassung an den status quo stehen zu bleiben, sondern so zu erziehen, dass "ein zukünftiger besserer Zustand dadurch hervorgebracht werde" (Kant, 1803, S. 704). Im Anschluss an Kant besteht Adorno darauf,

> "daß anders als durch Denken, und zwar durch unbeirrbares und insistentes Denken so etwas wie die Bestimmung dessen, was zu tun richtig sei, richtige Praxis überhaupt, nicht vollziehbar ist" (Adorno, 1969a, S. 137).

Mit Kant begreift Adorno "Mündigkeit" als "Autonomie", als "die Kraft zur Reflexion, zur Selbstbestimmung, zum Nicht-Mitmachen", womit zugleich die "einzig wahrhafte Kraft gegen das Prinzip von Auschwitz" benannt sei (Adorno, 1966a, S. 93). "Erziehung zur Mündigkeit" heiße damit, "Abscheu vor der physischen Gewalt" zu erzeugen (Adorno, 1968a, S. 130)[18], heiße zugleich "Erziehung zur Entbarbarisierung". Sie erfordere "Verzicht auf autoritäres Verhalten", den schon für die frühkindliche Erziehung überaus wichtigen "Abbau jeglicher Art von unerhellter Autorität" (Adorno, 1968a, S. 131) und die Gewähr der Möglichkeit, "geistige Erfahrungen" zu machen, so dass Erziehung zur Mündigkeit implizit immer auch "Erziehung zur Erfahrung" bedeute (Adorno, 1966b, S. 116). Damit ist, was sich für Adorno zwingend als Konsequenz aus den Erfahrungen mit dem "Ungeheuerlichen" (Adorno, 1966a, S. 88) des Nationalsozialismus und aus den Erkenntnissen der frühen Forschungen des Instituts für Sozialforschung (Fromm, 1980; Horkheimer, 1936) ergab, deutlich eine *antiautoritäre* Erziehung gefordert.

---

[17] Er war Adorno notabene zweifellos bewusst (vgl. Adorno, 1969a, S. 133 ff.), so dass Groothoffs Hinweis, mit seiner Forderung nach einer "Erziehung zur Mündigkeit" sei Adorno, "ohne sich dessen bewußt zu sein, auf die Grundlinie der an Kant orientierten deutschen Pädagogik" eingeschwenkt (Groothoff, 1987, S. 74), eine richtige mit einer falschen Aussage verbindet.

[18] Gleichwohl hat sich Adorno, der ansonsten keinen Zweifel daran lässt, dass ihm das Züchtigungsrecht als "barbarisch" gilt (vgl. Adorno, 1968a, S. 131), sein Votum für gewaltfreie Erziehung vermittelst einer m.E. ärgerlichen Formulierung relativiert: "Gewisse Autoritätserscheinungen, die in dem Augenblick, wo sie nicht mehr blind, nicht mehr ihrerseits aus dem Gewaltprinzip folgen, sondern bewußt sind, und vor allem: wo sie ein Moment der Durchsichtigkeit auch für das Kind selbst haben, eine andere Bedeutung einnehmen; wenn die Eltern dem Kind 'eine auf die Pfoten hauen', weil es einer Fliege die Flügel ausreißt, so ist das ein Moment von Autorität, das zur Entbarbarisierung beiträgt" (Adorno, 1968a, S. 131). Das überzeugt freilich nicht; eher ist zu vermuten, dass ein Kind, das Fliegen Flügel ausreißt, bereits – Fragen hinsichtlich des vorgängigen elterlichen Erziehungsverhaltens aufwerfende – "barbarische" Einstellungen introjiziert hat, die, sowenig sie unbearbeitet hinzunehmen wären, durch eine "autoritäre" Abstrafung allenfalls stabilisiert werden könnten. – Vgl. auch Gruschka (2004c), S. 85: "Gerade die Schärfe der das Handeln verbietenden Reaktion der Eltern, wenn das Kind die Katze traktiert, führt bei diesem vielleicht erst zur trotzigen Reaktion, mit fortgesetzter Quälerei gegen die Autorität der Eltern aufzubegehren."

Der Satz: "Die Forderung, daß Auschwitz nicht noch einmal sei, ist die allererste an Erziehung" (Adorno, 1966a, S. 88), ist – immer wieder aufgegriffen[19] – der wohl meistzitierte (vielleicht auch meistinstrumentalisierte) Satz aus Adornos pädagogischen Schriften und kann fast nicht mehr zitiert werden, ohne Verdächtigungen hervorzurufen.[20] Bei Adorno steht er als eine der einprägsamsten Äußerungen des Erschauerns über Auschwitz, das sich indes nicht nur in einzelnen Äußerungen sedimentiert hat, sondern sein Werk – wie auch dasjenige Horkheimers – nachgerade schlechthin durchzieht. Dass Auschwitz sich nicht wiederhole, ist der "kategorische Imperativ", den die Hitlerei der Menschheit unwiderruflich aufzwang (Adorno, 1966d, S. 358), die nationalsozialistischen Verbrechen waren "die Barbarei, gegen die alle Erziehung geht" (Adorno, 1966a, S. 88) und gegen die Adornos gesamtes Denken aufbegehrt, – gerade deshalb konnten von Adorno "besonders wichtige Anstöße" zur Aufarbeitung der NS-Vergangenheit ausgehen (Keim, 1995/97, Bd. 2, S. 8).[21]

Ohne autoritätsgebundene Charaktere aber wären die NS-Verbrechen undenkbar gewesen. Freilich nicht nur sie, für die stalinistischen Massenmorde und andere gleichgeartete Vorgänge gilt Entsprechendes; Totalitarismen folgen – welche Ideologeme auch immer für sie in Anspruch genommen werden – allesamt derselben "Logik", stützen sich auf dieselben psychischen Voraussetzungen:

"Für beide totalitären Formen... sind die gleichen Typen anfällig. Man beurteilte die autoritätsgebundenen Charaktere überhaupt falsch, wenn man sie von einer bestimmten politisch-ökonomischen Ideologie her konstruierte; die wohlbekannten Schwankungen der Millionen von Wählern vor 1933 zwischen der nationalsozialistischen und kommunistischen Partei sind auch sozialpsychologisch kein Zufall. Amerikanische Untersuchungen haben dargetan, daß jene Charakterstruktur gar nicht so sehr mit politisch-ökonomischen Kriterien zusammengeht. Vielmehr definieren sie Züge wie ein Denken nach den Dimensionen Macht – Ohnmacht, Starrheit und Reaktionsunfähigkeit, Konventionalismus, Konformismus, mangelnde Selbstbesinnung, schließlich überhaupt Fähigkeit zur Erfahrung. Autoritätsgebundene Charaktere identifizieren sich mit realer Macht schlechthin, vor jedem besonderen Inhalt. Im Grunde verfügen sie nur über ein schwaches Ich und bedürfen darum als Ersatz der Identifikation mit großen Kollektiven und der Deckung durch diese" (Adorno, 1959, S. 17).

Vor diesem Hintergrund wird deutlich, dass die Generierung von Mündigkeit Adorno zufolge allenfalls durch eine antiautoritäre Erziehung gefördert werden kann, die immer auch die "*Herstellung eines richtigen Bewußtseins*" meint

---

[19] Vgl. etwa Rathenow/Weber (1989); Peukert (1990).

[20] Vgl. Peukert (1990), S. 345: "Wer heute die in ihrer Wirkungsgeschichte fast zur Formel erstarrte Wendung 'Erziehung nach Auschwitz' oder überhaupt die Wendung '... nach Auschwitz' gebraucht, gerät unter den Verdacht, auf Kosten der Opfer eines ungeheuerlichen Vorgangs Relevanz für das eigene Tun oder die eigenen Überlegungen erschleichen zu wollen."

[21] Keims eigene Bemühungen (vgl. dazu stellvertretend Keim, 1980; 1990, 1995/97) gehören zweifellos zu den bedeutendsten und ertragreichsten Forschungen, mit denen aus den Reihen der Erziehungswissenschaft zur Aufarbeitung der NS-Vergangenheit beigetragen worden ist.

(Adorno, 1966b, S. 107): eines kompromisslos antitotalitären, eines demokratischen Bewusstseins; Erziehung zur Mündigkeit ist für Demokratie unverzichtbar, sie ist wesensgemäß immer auch Erziehung im Dienste wirklicher Demokratie (Adorno, 1969a, S. 133):

"... eine Demokratie, die nicht nur funktionieren, sondern ihrem Begriff gemäß arbeiten soll, verlangt mündige Menschen. Man kann sich verwirklichte Demokratie nur als Gesellschaft von Mündigen vorstellen. Wer innerhalb der Demokratie Erziehungsideale verficht, die gegen Mündigkeit, also gegen die selbständige bewußte Entscheidung jedes einzelnen Menschen, gerichtet sind, der ist antidemokratisch, auch wenn er seine Wunschvorstellungen im formalen Rahmen der Demokratie propagiert. Die Tendenzen, von außen her Ideale zu präsentieren, die nicht aus dem mündigen Bewußtsein selber entspringen, oder besser vielleicht: vor ihm sich ausweisen, diese Tendenzen sind stets noch kollektivistisch-reaktionär" (Adorno, 1966b, S. 107).

Antiautoritäre Erziehung darf freilich nicht missverstanden werden. Sie bedeutet nicht overprotection und meint ebensowenig Laissez-faire. Mündigkeit gedeiht in traditionalistischen, patriarchalisch-autoritären Familien so schlecht wie im Klima sozialer Vernachlässigung und emotionaler Gleichgültigkeit; "bürgerliche Kälte" (Adorno, 1951, S. 23, 90; 1966d, S. 356; Gruschka, 1994) ist ihr ungünstig, kann aber nicht durch das "Predigen" von Liebe und das "künstliche Andrehen" von Wärme, sondern allenfalls über den Weg der Bewusstmachung überwunden werden (vgl. Adorno, 1966a, S. 101 ff.). Antiautoritäre Erziehung erfordert Auseinandersetzung, Bewusstwerdung, Problem- und Konfliktbearbeitung, Phantasie, Zugänglichkeit für das Objektive ohne dessen subjektive Deformation, das Einüben von Kritik, – gerade das meint Adorno mit dem für ihn wichtigen Begriff "Erfahrung" (vgl. Adorno, 1969h; Negt, 1995).

"Autorität", gegen die die Anstrengungen Adornos – wie überhaupt diejenigen der "Frankfurter Schule" – gerichtet sind, wird nicht im Sinne der lateinischen "auctoritas" als "Glaubwürdigkeit" oder "würdevolle Haltung" verstanden, sondern dem etymologisch jüngeren Bedeutungsgehalt gemäß, der sich etwa als "in illegitimer Machtausübung handelnd" bestimmen lässt (Dudenredaktion, 1963, S. 43). Sie meint explizit nicht "Sachautorität", deren guter Sinn nicht bestritten wird, sondern Herrschaft als solche (vgl. Adorno, 1969a, S. 139). Freilich weiß Adorno, dass Autonomie "nicht einfach das Aufmucken gegen jede Art von Autorität" bedeutet und dass "sogenannte brave Kinder" später nicht selten "eher zu autonomen und opponierenden Menschen geworden sind als refraktäre Kinder, die dann als Erwachsene sofort mit ihren Lehrern am Biertisch sich versammelt und die gleichen Reden geschwungen haben" (Adorno, 1969a, S. 140).[22] Und als intimer Psychoanalysekenner weiß er, dass sich, was auch die

---

[22] Der einstmalige "Primus" Adorno, der die Unterprima zu überspringen vermochte (vgl. Scheible, 1989, S. 18; Müller-Doohm, 2003, S. 53 ff.), spricht hier mithin autobiographische Erfahrungen an, die er auch andernorts thematisiert hat (vgl. Adorno, 1951, S. 255 ff.). Dort heißt es gleichsinnig: "Jene..., die immerzu trotzig gegen die Lehrer aufmuckten und, wie man es wohl nannte, den Unterricht störten, vom Tag, ja der Stunde des Abiturs an jedoch mit den gleichen Lehrern am gleichen Tisch beim gleichen Bier zum Männer-

entwicklungspsychologischen Befunde Piagets und Kohlbergs bestätigen (vgl. Piaget, 1976; Kohlberg, 1974), Mündigkeit erst über die vormalige Identifikation mit "Autoritäten" erlangen lässt:

"Das Moment der Autorität ist... als ein genetisches Moment von dem Prozeß der Mündigwerdung vorausgesetzt. Das aber wiederum darf um keinen Preis dazu mißbraucht werden, nun diese Stufe zu verherrlichen und festzuhalten, sondern wenn es dabei bleibt, dann resultieren nicht nur psychologische Verkrüppelungen, sondern eben jene Phänomene der Unmündigkeit im Sinne der synthetischen Verdummung, die wir heute an allen Ecken und Enden zu konstatieren haben" (Adorno, 1969a, S. 140).

Bei aller Kritikbedürftigkeit der bürgerlichen Familie war diese eine Instanz, in der potentiell immerhin noch maßgebliche Voraussetzungen für eine Entwicklung zur Mündigkeit erworben werden konnten. Zur Mündigkeit gehört eine "bestimmte Festigkeit des Ichs, der Ich-Bindung..., wie sie am Modell des bürgerlichen Individuums gebildet ist" (Adorno, 1969a, S. 143). Dessen Begriff aber ist von dem der bürgerlichen Familie kaum zu trennen (Adorno, 1955, S. 303). Die "Lockerung der Familienautorität" bzw. die "Krisis der Familie" (Adorno, 1955, S. 303, 305), die auch von Marcuse und Mitscherlich eingehend beschrieben worden ist (Marcuse, 1963; Mitscherlich, 1976), ist daher durchaus ambivalent: Sie birgt emanzipatorische Chancen (Aufweichung patriarchalischer Herrschaft, Abbau sexistischer Ausbeutung und geschlechtsbezogener Klischees, permissive Erziehungspraktiken), aber auch die Möglichkeit eines "Rückfalls in Barbarei" (Adorno, 1955, S. 305): die Gefahren eines progredierenden Schwunds der Möglichkeiten zur entwicklungspsychologisch relevanten Identifikation, der Fixierung präödipaler Haltungen und des Verlustes des "bergenden Moments", das mit der bürgerlichen Familie *auch* verbunden war; jedenfalls erwartet Adorno, dass ein Verfall der Familie keineswegs zum Verschwinden der Autorität führe, sondern Autorität lediglich "abstrakter" werden lasse und soziale Kälte letztlich vermehre (Adorno, 1955, S. 306 ff.). Damit aber werde der Erwerb von Mündigkeit eher erschwert, Ich-Schwäche samt der Bereitschaft zur flexiblen Anpassung an jeweilige Manipulationsinteressen der kapitalistischen Konsumgesellschaft – Fromm würde sagen: die Ausbildung eines Sozialcharakters der "Markt-Orientierung" (Fromm, 1978, S. 82 ff.) – hingegen begünstigt (Adorno, 1969a, S. 143).[23]

Beurteilt Adorno vor dem Hintergrund der "Krise der Familie" das mündigkeitsfördernde Potential dieser Institution unter den gegebenen Verhältnissen überaus skeptisch, so fällt seine Einschätzung der Möglichkeiten der Schule, deren systemstabilisierende Funktionen er eher unterbelichtet lässt, vergleichsweise optimistisch aus. Gewiss schätzt er die "Chancen für eine unverkürzte Aufklä-

---

bund sich zusammensetzten, waren zur Gefolgschaft berufen, Rebellen, in deren ungeduldigem Faustschlag auf den Tisch die Anbetung der Herren schon dröhnte" (Adorno, 1951, S. 256).

[23] Die späteren Befunde über die zunehmende Ausprägung eines narzißtischen Sozialisationstypus haben diese Entwicklungsmöglichkeit als die in hohem Maße real gewordene bestätigt. Vgl. stellvertretend Ziehe (1981); Häsing (1981); Lasch (1982).

rung" auch hier letztlich "als gering ein" (Gruschka, 1995, S. 95); gewiss ist er überzeugt, dass Kritik der "verwalteten Schule" unerlässlich ist, dass der Erziehungsprozess auch hier überwiegend "mißlingt", dass Schule für das Individuum "fast der Prototyp gesellschaftlicher Entfremdung überhaupt" ist und dass sie auf eine aus sich selbst heraus "Barbarei" erzeugende Gesamtgesellschaft nur "minimal" Einfluss nehmen kann (Adorno, 1965, S. 70, 81 f., 86). Gleichwohl sei es – bei entsprechendem Bewusstsein – "nur sie", "die inmitten des Bestehenden" "unmittelbar auf die Entbarbarisierung der Menschheit hinzuarbeiten vermag" (Adorno, 1965, S. 86). In diesem Sinne geht es Adorno in seinem oft zitierten, nicht selten auch mit einem überzeichneten oder gar "ungerechten" (so Groothoff, 1971, S. 73)[24] Lehrerbild assoziierten Aufsatz "Tabus über dem Lehrberuf" darum, auf die Überwindung eines allgemeinen, von vielen Lehrern introjizierten Negativ-Imagos hinzuwirken.

Adorno konstatiert, der Lehrberuf werde im allgemeinen mit dem Urbild des Kerkermeisters und des erotisch verkrüppelten Sadisten verbunden, wovon das Genre des Schulromans[25] ebenso zeuge wie überkommene Bezeichnungen ("Pauker", "Steißtrommler") (Adorno, 1965, S. 77 ff.). Zumindest unbewusst seien diese Vorstellungen, wenngleich sie "ihre reale Basis in weitem Maße verloren" hätten (Adorno, 1965, S. 71)[26], im Selbstbild der Lehrer nach wie vor

---

[24] Entgegen solchen Zweifeln ist – Adornos Annahme eines stark negativen Lehrer-Images im wesentlichen bestätigend – ein starkes berufliches Inferioritätsgefühl von Lehrerinnen und Lehrern im Kontext m.E. plausibler Erklärungsansätze immer wieder konstatiert worden. Vgl. stellvertretend Combe (1971), S. 49 ff.; Rolff (1997), S. 138; Meyer (1997), S. 35.

[25] Vgl. stellvertretend Hesse (1980); Mann (1951); Musil (1957); Wedekind (1971).

[26] Hatte Adorno schon als Schüler die Lehrerschaft dem durch die Schulromane vermittelten Bild gegenüber verteidigt (Adorno, 1919, S. 717 f.) und dabei das Ausmaß schulischer Gewalt und ihrer psychischen Folgen (vgl. Schiller, 1992) vermutlich stark unterschätzt, so dürfte er auch hier die Verbreitung autoritärer und neurotischer Dispositionen im Lehrberuf (vgl. Brinkmann, 1976, S. 73) sowie die zur Zeit der Abfassung der "Tabus" noch starke Verbreitung körperlicher Züchtigungen an bundesdeutschen Schulen, über die Adorno sich z.B. bei seinem Freund Fritz Bauer hätte informieren können (vgl. Bauer, 1973) – sie reichte mithin bis weit in die 1970er Jahre –, verkannt haben. Allerdings ist sein Urteil in dieser Hinsicht nicht eindeutig. 1962 spricht er noch von den "Leiden in der Schule", "das die Dichter vor sechzig Jahren anklagten, und das man, *wahrscheinlich zu Unrecht*, für längst beseitigt hält" (Adorno, 1962b, S. 40, Hervorhebung E.W.). – Übrigens lässt sich noch heute, da Lehrkräften die körperliche Gewaltausübung erfreulicherweise eindeutig untersagt ist, unterdessen aber ein erschreckendes Maß an Gewaltbereitschaft bei Schülern und Schülerinnen festgestellt werden muss, die in den Amokläufen der letzten Jahrzehnte lediglich ihre brutalste Ausdrucksform gefunden hat, auf eine noch kaum reflektierte Korrelation zwischen einstiger und inzwischen entrohter, gleichwohl aber in veränderter Gestalt fortdauernder schulischer Gewalt einerseits und Schüler/Schülerinnen-Gewalt andererseits schließen. "Es drängt sich... der Verdacht des Zusammenhanges auf, wenn sich gegenwärtig wirkliche Gewalt, nunmehr von Kindern verübt, an den Schulen bemerkbar macht: an dem Ort, wo die Gewalt den Kindern lange zugemutet wurde und sie bisher mit dem Berührungsverbot über diese Sphäre verließen" (Grave, 2006, S. 357).

weithin präsent, was sich etwa an Heiratsinseraten zeige, in denen Lehrer immer wieder betonten, keineswegs "Lehrertypen" zu sein (Adorno, 1971, S. 71). Adorno zufolge behindert dieses negative Selbstbild einen produktiven schulischen Beitrag zur "Entbarbarisierung", der eine Überwindung der "psychologischen Deformation" von Lehrern erfordere, was wiederum die "Notwendigkeit psychoanalytischer Schulung und Selbstbesinnung im Beruf der Lehrer" anzeige (Adorno, 1965, S. 85, 83).

Adornos Engagement für eine Mündigkeit zu fördern geeignete "demokratische Erziehung" (Adorno, 1959, S. 24) ist somit verbunden mit der Überzeugung, dass eine solche weithin auf Ablehnung stößt und die Gesellschaft nach wie vor "die Menschen unmündig hält" (Adorno, 1969a, S. 147), dass es jedoch auch gewisse, freilich massive und durchgreifende Änderungen verlangende Chancen gebe. Einstweilen habe Demokratie keineswegs "derart sich eingebürgert, daß sie die Menschen wirklich als ihre eigene Sache erfahren, sich selbst als Subjekte der politischen Prozesse wissen" (Adorno, 1959, S. 15). Das "Nachleben des Nationalsozialismus" stelle nach wie vor eine permanente und ernsthafte Bedrohung dar, wobei Adorno "das Nachleben des Nationalsozialismus *in* der Demokratie als potentiell bedrohlicher" betrachtet als "das Nachleben faschistischer Tendenzen *gegen* die Demokratie" (Adorno, 1959, S. 10). In Anspielung auf die dritte Feuerbachthese (Marx, 1845, S. 5 f.) sieht er die Notwendigkeit einer "Erziehung der Erzieher" (Adorno, 1959, S. 25), die in einer weithin verwalteten Welt unterdessen auf massive Hindernisse stoße und sich keineswegs schon in ermutigendem Maße abzeichne. Die mit dieser Zeitdiagnose verbundene Ohnmacht müsse selbst noch in jedes demokratisch-pädagogische Engagement einbezogen, d.h. in dessen Kontext fortwährend reflektiert werden: Wäre Mündigkeit "an allen, aber wirklich an allen Stellen unseres Lebens überhaupt erst herzustellen", seien diesbezügliche Hoffnungen allenfalls darauf zu setzen, dass "die paar Menschen, die dazu gesonnen sind, mit aller Energie darauf hinwirken, daß die Erziehung eine Erziehung zum Widerspruch und Widerstand ist" (Adorno, 1969a, S. 145).

Dieser Einschätzung korrespondieren Adornos Ausführungen über "Bildung" und "Halbbildung".

Der Begriff der "Halbbildung", dessen Verwendung in der Pädagogik eine gewisse Tradition hat[27], findet sich im Schrifttum der Kritischen Theorie schon in

---

[27] Er findet sich bereits bei Betty Gleim, die die Bildung des Menschen im Anschluss an den Neuhumanismus als "allseitig harmonische Gestaltung oder Gestalt seiner selbst" definiert, während der "Halbgebildete" "die Dinge nur von einer Seite, nicht von mehreren" sehe (Gleim, 1989, S. 13, 26 f.). – Eine gewisse Popularität erlangte der Begriff durch Paulsen, der – in der Stoßrichtung auf die Linie der Kritik Nietzsches am "Bildungsphilistertum" (vgl. Nietzsche, 1873 ff.) – das gängige Bildungsverständnis seiner Zeit als Ausdruck einer "Halbbildung" betrachtete, die als "unvollendete Bildung" eine "bloß äußerliche" Aufnahme von Stoffen zum Zweck des "Mitredens" repräsentiere, während wirklich gebildet sei, "wer mit klarem Blick und sicherem Urteil zu den Gedanken und Ideen, zu den Le-

der "Dialektik der Aufklärung". Bereits sie konstatiert, "daß im modernen Wissenschaftsbetrieb die großen Erfindungen mit wachsendem Zerfall theoretischer Bildung bezahlt werden" und "unter den Bedingungen des Spätkapitalismus die Halbbildung zum objektiven Geist geworden" sei (Horkheimer/Adorno, 1969, S. 1, 177). An dieser Diagnose hat Adorno festgehalten, der Begriff "Halbbildung" taucht in seinen Schriften seither häufig auf (vgl. etwa Adorno, 1951, S. 27, 81; 1960; 1968b, S. 274; 2006). Fünfzehn Jahre nach Erstpublikation der "Dialektik der Aufklärung" spricht er von den – allen isolierten pädagogischen Reformbemühungen trotzenden – "allerorten bemerkbaren Symptomen des Verfalls von Bildung"; diese sei zu "sozialisierter Halbbildung" heruntergekommen, die die "herrschende Form des gegenwärtigen Bewußtseins" repräsentiere und damit die "Allgegenwart des entfremdeten Geistes" bezeuge (Adorno, 2006, S. 7 ff.). Es ist die Rede von der "totalitären Gestalt von Halbbildung" bzw. der "universalen Halbbildung" als der "Verwandlung aller geistigen Gehalte in Konsumgüter" (Adorno, 2006, S. 27; 1960, S. 575).

Was "Halbbildung" bei Adorno meint, lässt sich nur im Kontext eines Verständnisses von "Bildung", deren "Halbierung" behauptet wird, näher bestimmen. Als "Antithese zur sozialisierten Halbbildung" taugt ihm zufolge nur der "traditionelle Bildungsbegriff", dieser aber steht – und nur daraus wird, wie zu zeigen sein wird, auch die Bezeichnung "Halbbildung" verständlich – für Adorno "selber zur Kritik" (Adorno, 2006, S. 24 f.).

Den "traditionellen" Bildungsbegriff fasst Adorno nicht, wie sich zunächst durchaus vermuten ließe, im Sinne des schon von Paulsen (1893) als "Halbbildung" kritisierten Verständnisses oberflächlich angelernten Faktenwissens, sondern in dem Sinne, in dem insbesondere der Neuhumanismus von "Bildung" gesprochen hat:

> "Bildung sollte sein, was dem freien, im eigenen Bewußtsein gründenden, aber in der Gesellschaft fortwirkenden und seine Triebe sublimierenden Individuum rein als dessen eigener Geist zukäme. Sie galt stillschweigend als Bedingung einer autonomen Gesellschaft: je heller die Einzelnen, desto erhellter das Ganze" (Adorno, 2006, S. 15).

Das hier angesprochene, maßgeblich von Humboldt vertretene Verständnis, demzufolge "die höchste und proportionirlichste Bildung seiner Kräfte zu einem Ganzen" der "wahre Zweck des Menschen" sein sollte (Humboldt, 1792, S. 99), dem aber die Beziehung auf die "Welt" letztlich als unwesentlich galt[28], postu-

---

bensformen und Bestrebungen seiner geschichtlichen Umgebung Stellung zu nehmen weiß" (Paulsen, 1893, S. 101 ff., 88). Mit Paulsens Begriffsgebrauch trifft sich Adorno allenfalls hinsichtlich der Kritik an oberflächlicher Aneignung und prätentiöser Präsentation von Wissensstoffen; die mit Paulsens Bildungsverständnis – das die geisteswissenschaftlich-pädagogische und schließlich die faschistische Idee "deutscher Bildung" schon präludierte (vgl. Weiß, 1999) – verbundenen Intentionen stehen denjenigen Adornos indes diametral entgegen.

[28] Humboldt (1855), S. 203: "Ich lege keinen so hohen Werth auf die Begebenheiten und Umwälzungen der Welt. Sie sind nur mittelbar wichtig; das an sich Wichtige ist die individuelle Gestaltung."

liert, wie Adorno – analog zu Heydorns Ausführungen über den "Widerspruch zwischen Bildung und Herrschaft" (Heydorn, 1970) – sieht, zwar einen "Zustand der Menschheit ohne Status und Übervorteilung", dennoch aber wird ihm zufolge schon die "Reinheit" dieser Bildungsidee zur Ideologie (Adorno, 2006, S. 15 f.). Bildung in diesem Sinne war nämlich nicht nur "Zeichen der Emanzipation des Bürgertums", ohne die "der Bürger, als Unternehmer, als Mittelsmann, als Beamter und wo auch immer kaum reüssiert" hätte, sie trug zugleich auch zum Aufstieg eines Bürgertums bei, das sich in einen Interessensantagonismus zur proletarischen Klasse brachte, der Bildung und Aufstieg versagt wurde (Adorno, 2006, S. 17 f.).[29] Gleichsinnig hat Horkheimer in einem Beitrag, an dessen Erstellung Adorno vermutlich in einem solchen Maße beteiligt war, dass er als Mitverfasser angesehen werden kann (vgl. Paffrath, 1992, S. 69 ff.), bemerkt:

"Die sogenannte Bildung der Persönlichkeit, die Verinnerlichung, die Rückwendung des gestaltenden Willens auf sich selbst, so viel Positives sie auch gewirkt haben mögen, trugen doch zweifellos zur Verhärtung der einzelnen Menschen, zum Hochmut, zum Privilegbewußtsein und der Verdüsterung der Welt bei. Indem unter dem Titel der Bildung der gestaltende Wille, und das heißt die Liebe, von der Realität auf das seiner eigenen Formung lebende Individuum sich zurückwandte, kündigte die Barbarisierung der Menschheit bereits im neunzehnten Jahrhundert sich an. Es könnte – weiter – in unserem Fall so sein, daß eine der geistigen Ursachen der Bildungskrise gerade im Festhalten des aufs vereinzelte Ich bezogenen Bildungsbegriffs gelegen ist, in der Vergötzung des sich selbst genügenden Ichs, die vielleicht ein notwendiges historisches Durchgangsstadium, jedoch ganz und gar keine ewige Norm war" (Horkheimer, 1952, S. 168).

Ist Bildung "nichts anderes als Kultur nach der Seite ihrer subjektiven Zueignung", so ist sie zugleich dialektisch (Adorno, 2006, S. 9, 36; 1962a, S. 55), denn Kultur selbst hat – als "Geisteskultur auf der einen Seite, als sich anpassende Naturbeherrschung auf der anderen" – einen "Doppelcharakter" (Adorno, 1960, S. 574; 2006, S. 9). Bildung als subjektive Zueignung von Kultur ist folglich auch die subjektive Zueignung dieses Doppelcharakters, d.h. sie ist

"in sich antinomischen Wesens. Sie hat als ihre Bedingung Autonomie und Freiheit, verweist jedoch zugleich, bis heute, auf Strukturen einer dem je Einzelnen gegenüber vorgegebenen, in gewissem Sinn heteronomen und darum hinfälligen Ordnung, an der allein er sich zu bilden vermag. Daher gibt es in dem Augenblick, in dem es Bildung gibt, sie eigentlich schon nicht mehr. In ihrem Ursprung ist ihr Zerfall teleologisch bereits gesetzt" (Adorno, 2006, S. 28 f.).

"Halbbildung" nun – und deshalb spricht Adorno von einer solchen und nicht etwa von "Viertel-", Achtel-" oder sonstiger "-Bildung" – *reduziert diesen Doppelcharakter um die eine zugunsten der Verabsolutierung der anderen Seite*. So verstanden hat sie, bezogen auf Wahrheit, "keinen Approximationswert" (Adorno, 1960, S. 576), so verstanden ist das "Halbverstandene und Halberfahrene... nicht die Vorstufe der Bildung, sondern ihr Todfeind" (Adorno, 2006, S.

---

[29] "... die Entmenschlichung durch den kapitalistischen Produktionsprozeß verweigerte den Arbeitenden alle Voraussetzungen zur Bildung, vorab Muße" (Adorno, 2006, S. 18).

42; 1960, S. 576).[30] "Halbbildung" verabsolutiert die "Kulturgüter", überantwortet "Bildung" der "alles mit Ähnlichkeit" schlagenden und im Zeichen des gewinnträchtigen "Massenbetrugs" und der "Vorherrschaft des Effekts" stehenden Kulturindustrie (Horkheimer/Adorno, 1969, S. 108 ff.), lässt "Bildung" zu "fixierten Kategorien" erstarren und vereidigt sich damit auf "Konformismus" (Adorno, 2006, S. 10, 17, 26, 12, 49). Sie ist der "vom Fetischcharakter der Ware ergriffene Geist", dessen tendenziell ubiquitäre Ausbreitung bezeuge, dass die "Profitmotive der Bildung" "wie Schimmelpilze die gesamte Kultur überzogen" haben (Adorno, 2006, S. 36 f.):

"Im Klima der Halbbildung überdauern die warenhaft verdinglichten Sachgehalte von Bildung auf Kosten ihres Wahrheitsgehalts und ihrer lebendigen Beziehung zu lebendigen Subjekten. Das etwa entspräche ihrer Definition" (Adorno, 2006, S. 25).

Die im "traditionellen Bildungsbegriff" noch angelegte Spannung zwischen der "Bändigung der animalischen Menschen durch ihre Anpassung aneinander" und der "Rettung des Natürlichen im Widerstand gegen den Druck der hinfälligen, vom Menschen gemachten Ordnung" wird zugunsten einer "allherrschenden" Anpassung abgespannt, womit, wie Adorno unter Rekurs auf Freuds "Unbehagen in der Kultur" (Freud, 1930) vermerkt, das "Ungestalte", die Aggression, die die Bändigung "geformt zu haben wähnt", erst recht perpetuiert wird (Adorno, 2006, S. 11 f.): Natur triumphiert "gerade vermöge ihrer Bändigung stets wieder über den Bändiger, der nicht umsonst ihr, einst durch Magie, schließlich durch strenge szientifische Objektivität, sich anähnelt", denn die "ganz angepaßte Gesellschaft ist... bloße darwinistische Naturgeschichte. Sie prämiert das survival of the fittest" (Adorno, 2006, S. 13, 12).

Im Prozess dieser "Anähnelung" aber erfolgt – auch hier befindet sich Adorno in deutlicher Übereinstimmung mit Heydorn[31] – die "Eliminierung des Subjekts um seiner Selbsterhaltung willen", die paradoxerweise gerade zur Gefährdung jener Selbsterhaltung, der sie galt, mutiere (Adorno, 2006, S. 13): dem "bloßen unmenschlichen Naturverhältnis" des "survival of the fittest" ist das Potential zur Destruktion inhärent wie gerade die Produktion eines vermeintlich der Verteidigung dienenden nuklearen Waffenarsenals ein potentiell menschheitsvernichtendes Bedrohungsrisiko generiert.

Halbbildung im Sinne Adornos signalisiert Unmündigkeit, sie ist zugleich "geistig prätentiös und barbarisch anti-intellektuell", mit dem Anspruch der Überlegenheit verbunden, notorisch anmaßend und "besserwisserisch", damit ressenti-

---

[30] So gesehen fällt "Halbbildung" noch hinter "Unbildung" zurück: "Unbildung, als bloße Naivität, bloßes Nichtwissen, gestattete ein unmittelbares Verhältnis zu den Objekten und konnte zum kritischen Bewußtsein gesteigert werden kraft ihres Potentials von Skepsis, Witz und Ironie – Eigenschaften, die im nicht ganz Domestizierten gedeihen. Der Halbbildung will das nicht glücken" (Adorno, 2006, S. 29).
[31] Auch Heydorn (1974) hat die These entfaltet, bares, "entmenschlichtes" Überleben widerrufe sich tendenziell selbst, werde also prinzipiell selbstdestruktiv.

mentgeladen und letztlich der Paranoia verwandt (Adorno, 2006, S. 55, 51)[32], – ihr "entgegenwirken könnte man wohl einzig tiefenpsychologisch" (Adorno, 2006, S. 56). Stehe der Bildung im zeitgenössischen Bildungswesen nichts mehr bei (vgl. Adorno, 1962a, S. 58), sei es umso dringlicher, im Widerstand gegen die vorherrschende gesellschaftliche Tendenz Bildung *als* Reflexion auf sozialisierte Halbbildung zu realisieren bzw.

> "an Bildung festzuhalten, nachdem die Gesellschaft ihr die Basis entzog. Sie hat aber keine andere Möglichkeit des Überlebens als die kritische Selbstreflexion auf die Halbbildung, zu der sie notwendig wurde" (Adorno, 2006, S. 61).

Damit aber würde Bildung über "traditionelle" hinauswachsen: Halbbildung reflektierende und überwindende Bildung wäre nicht einfach Rückkehr zu ihren historisch verlassenen Stufen, – das neuhumanistische Bildungsideal gilt Adorno als "gescheitert", es kann für ihn keinesfalls unverändert erneuert werden (Adorno, 1953b, S. 316); vielmehr wäre einzusehen, "daß, was entsprang, nicht auf seinen Ursprung reduziert, nicht dem gleichgemacht werden kann, woraus es kam" (Adorno, 2006, S. 59). Entgegen dem letztlich selbstgenügsamen Individualismus des Neuhumanismus erfordert ein radikalisiertes kritisches Bildungsverständnis "Anstrengung", "Interesse", "Liebe" (Adorno, 1962b, S. 40) im Dienste über individuelle Interessen immer schon hinausgehender Entäußerung, wie sie unter anderen historischen Bedingungen schon von Goethe und Hegel gegen Humboldt zur Geltung gebracht wurde[33]: "Hingabe des Geistes an ein ihm Entgegenstehendes und Fremdes, in der er erst seine Freiheit gewinnt" (Adorno, 1962a, S. 54), oder, präziser formuliert:

---

[32] Tischer hat – luzide interpretierend – präzisiert: "An die Stelle der lebendigen Erfahrung und Aneignung von Kultur tritt das protzerhafte So tun als ob. Die Attitüde des Halbgebildeten ist 'die des Verfügens, Mitredens, als Fachmann sich Gebärdens'. Der Halbgebildete kompensiert seine soziale Ohnmacht, das Bewußtsein, dem eigenen Begriff des sich selbst bestimmenden Subjekts zu widersprechen, indem er sich zum Teil eines Höheren macht, von dem er imaginär jene Qualitäten empfängt, die ihm real, d.h. im tätigen Leben, verweigert werden. Der Halbgebildete ist zwangsläufig ein Angeber. Er verspricht mit seinen Versatzstücken von Bildung immer mehr als er wirklich weiß, d.h. als Bildungsinhalt sich bewußt angeeignet hat. Er muß das Selbstbewußtsein des Gebildeten schauspielern und den Glauben aufrecht erhalten, er sei die Rolle, die er spielt. Daher lebt er in der beständigen Angst, von demjenigen durchschaut zu werden, der mehr weiß oder dies jedenfalls zu suggerieren versteht. Der Halbgebildete darf deshalb nicht ehrlich bekennnen, einer zu sein. Der Konformitätsdruck unter dem heteronom bleibenden Diktat der Bildung nötigt zur Attitüde des Immer schon Bescheid Wissens" (Tischer, 1990, S. 8).

[33] Während Herder, Schiller, Schleiermacher und Humboldt primär auf "Verinnerlichung insistierten", haben Horkheimer und Adorno zufolge Goethe und Hegel insofern "tiefer gesehen", als sie davon ausgingen, "daß der Weg der Bildung einer der Entäußerung ist; man könnte auch schlicht sagen: einer der Erfahrung. Gebildet wird man nicht durch das, was man 'aus sich selbst macht', sondern einzig in der Hingabe an die Sache, in der intellektuellen Arbeit sowohl wie in der ihrer selbst bewußten Praxis" (Horkheimer, 1952, S. 169; gleichsinnig: Adorno, 1962a, S. 54; gleichsinnig, aber in der Einschätzung Humboldts abweichend: Adorno, 1966c, S. 55; vgl. auch Heydorn, 1973).

"Mit dem Aneignen ist es nicht getan. Wer nicht aus sich herausgehen, sich an ein Anderes, Objektives ganz und gar verlieren und arbeitend doch darin sich erhalten kann, ist nicht gebildet, und der sogenannte Gebildete, der dazu unfähig ist, wird stets Male einer Beschränktheit und Befangenheit aufweisen, die seinen eigenen Anspruch auf Bildung Lügen strafen. Das Andere, Objektive aber ist... die vernünftige und menschliche Einrichtung, die Verbesserung und Durchbildung des gesellschaftlichen Ganzen... Bildung ist so sehr Bildung des äußeren Ganzen, wie gerade damit Bildung seiner selbst. Niemand ist gebildet, der nicht in der Hingabe an seine eigene Sache ihren Zusammenhang mit dem Ganzen erkennt und der nicht dieselbe Freiheit von Schlagwörtern, Clichés und Vorurteilen, die man im akademischen Beruf in seiner Wissenschaft sich erwerben soll, gegen den Zeitgeist auch in den öffentlichen Dingen tätig anwendet" (Horkheimer, 1952, S. 169).

3. Negativistischer Holismus und realer Humanismus – Bemerkungen zu Adornos kalkulierter Selbstwidersprüchlichkeit

Gegen seine Kennzeichnung als "Negativist" hätte Adorno, der Kritische Theorie mit "negativer Dialektik" gleichsetzte und dem die "Versessenheit aufs Positive" als Ausdruck des Destruktionstriebes galt (Adorno, 2003, S. 36 f.; 1969b, S. 408; 1969c, S. 19), gewiss nichts einzuwenden gehabt. Es muss im vorliegenden Kontext weder eigens auf die Mehrdeutigkeit des Negativismus-Begriffs eingegangen noch kann hier der volle Bedeutungsgehalt des Ausdrucks "negativ" bei Adorno ausgeleuchtet werden, – genügen soll der Hinweis, dass Adornos Negativismus allenthalben den Bereich des Sollens betrifft (vgl. Theunissen, 1983, S. 42). In diesem Sinne sehen und sagen "negativistische Geister", "was das Grauen ist, was nicht sein soll", wobei sie wollen, dass "es gut wird" (Horkheimer, 1949-69, S. 240).[34] Sie sind überzeugt, dass "die vollendete Negativität, einmal ganz ins Auge gefaßt, zur Spiegelschrift ihres Gegenteils zusammenschießt" (Adorno, 1951, S. 334). Das Bekenntnis zum Bilderverbot geht dabei einher mit der Zurückhaltung hinsichtlich konkreter Handlungsempfehlungen und der Ablehnung eines jeden Aktionismus. Gegen Attentismus-Vorwürfe hat Adorno unterdessen allemal geltend gemacht, das kompromisslos-kritische Denken sei selbst eine potentiell verändernde "Gestalt von Praxis" und daher keineswegs resignativ, wohingegen der selbstverblendet vom Wunschdenken beherrschte Aktivismus regressiv und eher zur Perpetuierung überwindungsbedürftiger als zur Herbeiführung besserer Verhältnisse geeignet sei (Adorno, 1969e, S. 150; 1969b, S. 408).

Hätte Adorno gewiss nichts gegen seine Kennzeichnung als "Negativist" einzuwenden gehabt, so ist es durchaus fragwürdig, ob er die Bezeichnung "Huma-

---

[34] Vgl. zur Präzisierung auch Horkheimer (1950-70), S. 495: "Das Negative kann nicht gedacht werden, ohne daß in seinem Gedanken das Positive vorausgesetzt ist. Der Begriff des Relativen schließt den des Absoluten mit ein, der des Nichts (den) des Etwas. Die Kritik an der schlechten Gesellschaft setzt die Möglichkeit einer guten Gesellschaft voraus. Ohne Einbeziehung des Positiven wird jede Aussage über das Negative inhaltslos, sinnlos. Aber von dem Positiven darf und kann ich mir kein Bild machen."

nist" für sich akzeptiert hätte.[35] Gleichwohl hat Alfred Schmidt sie für angemessen gehalten und Adorno – unter Aufnahme eines von Marx/Engels (1845, S. 7) geprägten Begriffs – als "realen Humanisten" charakterisiert (Schmidt, 1969), – wohl mit gutem Grund; denn der leitenden Idee des "realen Humanismus", die "darauf abzielt, einen Zustand herbeizuführen, der über den Konflikt zwischen der materiellen Praxis und der Kultursphäre endlich hinaus ist" (Schmidt, 1969, S. 31), wusste sich Adorno gewiss zeitlebens verpflichtet.

Nun scheint das Bedenken nicht abwegig, Adornos Negativismus habe in etlichen seiner Formulierungen einen *holistischen Charakter* angenommen, das Positive im Sinne des real Bestehenden werde dabei *total* als das Negative im Sinne des Nichtseinsollenden ausgewiesen, und gerade diese Verabsolutierung sei mit einem realen Humanismus letztlich unvereinbar.

In der Tat lässt sich bei Adorno eine Neigung zu totalisierenden Aussagen, zu einer Verabsolutierung des Negativismus und zu dem Wortsinne nach paradoxen Apercus konstatieren, – zu Sprechhandlungen also, die in sich selbst oder aber im Rahmen des Denkzusammenhanges, in den sie eingebunden sind, als widersprüchlich dekuvrierbar sind. Bereits die von Horkheimer und Adorno gemeinsam verantwortete "Dialektik der Aufklärung" – das, wie Habermas mit einer seinerseits anfechtbaren, gleichwohl aber gezielt pointierenden Superlativbildung sagt, "schwärzeste Buch" der Autoren (Habermas, 1985, S. 130)[36] – diagnostizierte bei gleichzeitigem Festhalten am Prinzip der (freilich ihrerseits aufzuklärenden) Aufklärung, Vernunft sei bereits "vollends funktionalisiert" (Horkheimer/Adorno, 1969, S. 3 ff., 80). Adornos spätere Schriften zeigen immer wieder die gleiche Verabsolutierungsbereitschaft, wie sie dann ja auch schon im voranstehenden Abschnitt an verschiedenen Zitaten deutlich wurde, – etwa wenn bei Adorno von "universaler Halbbildung" oder der "Allgegenwart des entfremdeten Geistes" die Rede war oder davon, dass Mündigkeit "an allen Stellen unseres Lebens erst herzustellen" sei (Adorno, 1960, S. 575; 2006, S. 8; 1969a, S. 145). Solche – wörtlich genommen – keine Ausnahmen mehr als möglich konzedierenden Bemerkungen lassen sich auch anderweitig finden, etwa wenn die "wahre Identität des Ganzen" als die "des Schreckens ohne Ende"

---

[35] Schmidt meint gar, Adorno hätte sich fraglos "gegen eine derart positive Kennzeichnung... gewehrt": "Ironisch, wie er sein konnte, hätte er vielleicht gesagt, angesichts dessen, was den Menschen im Namen erhabener Programme tagtäglich angetan werde, wolle er lieber noch als 'Anti-Humanist' gelten" (Schmidt, 1969, S. 27).

[36] Die Anfechtbarkeit des Superlativs "schwärzeste" nimmt Habermas vermutlich bewusst in Kauf, um – Horkheimers und Adornos Neigung zu verabsolutierenden Formulierungen gewissermaßen parodierend – vermittelst farbsymbolischer Kontrastierung (der für die Aufklärung charakteristischen Lichtmetaphorik wird die als solche wahrgenommene dunkelste Dunkelheit der kritisch-theoretischen Aufklärungskritik gegenübergestellt) die Schwierigkeit der Autoren der "Dialektik der Aufklärung" zu akzentuieren, einerseits die Aufklärung als finsteres, letztlich immer wieder misslingendes Unternehmen ausweisen, zugleich aber doch an der erhellenden Intention der Aufklärung festhalten zu wollen. Vgl. dazu auch Schlüter (1990), S. 85, Anm. 45.

betrachtet wird oder wenn es heißt: "Jede Aussage, jede Nachricht, jeder Gedanke ist präformiert durch die Zentren der Kulturindustrie" (Adorno, 1951, S. 316, 138), wenn behauptet wird, alle Menschen seien "ausnahmslos unterm Bann" oder wenn Adorno urteilt: "Alle Kultur nach Auschwitz, samt der dringlichen Kritik daran, ist Müll" (Adorno, 1966d, S. 356, 359).

Die in solchen Äußerungen sich artikulierende Verabsolutierungsneigung ist oft kritisiert worden. Künzli beispielsweise spricht von Adornos "Kult der absoluten Negativität", Adornos "mythischem" Totalitätsbegriff und "kritischem Irrationalismus" und meint, Adorno pervertiere "beinahe manisch" "relative Wahrheiten durch deren Verabsolutierung zur Absurdität" (Künzli, 1971, S. 139, 144 f., 141). Künzlis Wortwahl ist dabei in mancher Hinsicht gewiss problematisch, nichtsdestoweniger aber berührt seine Kritik durchaus einen empfindlichen Punkt. Wenn er fragt: "wie kann das Partikulare einen Standpunkt außerhalb des von der Totalität über es verhängten Bannes gewinnen, wenn dieser Bann absolut ist?" (Künzli, 1971, S. 138), deutet er auf die Schwierigkeit einer Kritischen Theorie, die bei gleichzeitiger Behauptung eines allgegenwärtigen Verblendungszusammenhanges gleichwohl noch Kritische Theorie sein will, womit sie – andernfalls könnte sie eine kritische nicht mehr sein – doch notwendig beanspruchen müsste, außerhalb dieses Verblendungszusammenhanges zu stehen, der dann aber eben kein allgegenwärtiger mehr wäre. Sollte tatsächlich *jeder* Gedanke durch die Kulturindustrie "präformiert" sein, müsste sich dies auch auf die Gedanken Kritischer Theorie erstrecken, die dann jedoch eine kritische nicht mehr sein könnte. Auch Adornos oft zitierter und viel diskutierter Satz: "Das Ganze ist das Unwahre" (Adorno, 1951, S. 57) *kann* als implizites Selbstdementi Kritischer Theorie interpretiert werden[37], lässt er doch als solcher nicht mehr erkennen, wie diese, doch wohl ihrerseits Teil des Ganzen, unter diesen Bedingungen noch Wahrheitsansprüche für sich sollte geltend machen können.[38]

---

[37] Der Satz ist bekanntlich die "negativ-dialektische" Reaktion auf und als solche eine "Ergänzung" zu Hegels Satz: "Das Wahre ist das Ganze" (Hegel, 1807, S. 24): "Es handelt sich nicht um einen diametralen Gegensatz, sondern um einen Fortschritt der Erkenntnis, um eine Ergänzung. Der Satz Adornos bedeutet nicht: 'Hegel spricht die Unwahrheit, wenn er sagt, das Wahre sei das Ganze, denn das Ganze ist das Unwahre', sondern er bedeutet: 'Hegel hat richtig gesehen, daß das Ganze – das nunmehr materialistisch als Bereich der gesellschaftlichen Praxis verstehbar geworden ist – die Wahrheit der Realität ist. In der Tat ist das Wahre das Ganze. Aber das Ganze selber ist das Unwahre.' Adorno fügt seinen Satz dem Hegelschen hinzu, er setzt ihn ihm nicht entgegen. Die Entgegensetzung findet auf einer anderen Stufe statt, dort, wo Hegel die Totalität als geschichtlich erreichte absolute Positivität ausgibt. Dort erst wird nach Adorno Hegels Philosophie affirmativ" (Grenz, 1974, S. 133).

[38] Vgl. auch Schmucker (1977), S. 15: "Ist aber das Ganze das Unwahre, dann ist die Theorie, die das ausspricht, nicht als ein dem Ganzen Jenseitiges einfach von diesem auszunehmen" (vgl. auch Schmucker, 1977, S. 132). Ähnlich Hörisch (2003), S. 16: "Gilt der Satz, daß das Ganze das Unwahre ist, auch von sich selbst? Wenn nicht, wenn also dieser Satz selbst wahr sein soll, so gibt es mehr als das unwahre Ganze – nämlich zumindest das unwahre Ganze plus diesen wahren Satz über das unwahre Ganze. Dann aber ist ersichtlich

Es scheint also, als untergrabe Adornos verabsolutierender Negativismus, der gleichwohl gegen saloppe Diskreditierungsversuche zu verteidigen bleibt[39], das eigene Argumentationsfundament und als führe er unweigerlich zu schlechten Widersprüchen. Ein *totaler* Negativismus, wie die "Negative Dialektik" sie an manchen Stellen "ausmalt", müsste, wenn auch unfreiwillig, das Bestehende belassen, wie es ist und insofern "mit der absoluten Vernichtung allen Lebens" koinzidieren, denn sie könnte nicht einmal "jener Momente in sich selbst... gedenken", durch die der kritische Gedanke ein solcher "und gerade in seiner Gestalt als Eingedenken des Leidens überhaupt erst möglich ist" (Schmucker, 1977, S. 146 f.). *Verabsolutierter* Negativismus ist *selbstwidersprüchlich* schon deshalb, weil ja jeder Negativismus ein "Ja" zu diesem selbst implizieren müsste; er ließe ohne unmittelbare Widersprüchlichkeit auch keinen Raum mehr für humanes Engagement und konkrete Praxis-Empfehlungen.[40]

Solche aber lassen sich bei Adorno finden, gerade auch in seinen pädagogischen Schriften, in denen er mit Paffraths Worten allen "Stilisierungen" entgegen gerade nicht als "der ewige Verneiner" in Erscheinung tritt (Paffrath, 1987b, S. 36), – ob er das Lateinlernen gegenüber "törichten Klassenreisen nach Rom" aufwertet, eine kritische Medienerziehung nahelegt, "mobile Erziehungsgruppen" aufs als rückständig wahrgenommene Land geschickt sehen möchte, die

---

das Ganze nicht das Ganze – denn zum Ganzen zählt ja auch der Satz über das Ganze." – Demgegenüber hält Grenz solche Einwände für verfehlt, da Adorno die "Unwahrheit der Begriffe" gar nicht behaupte: "Es handelt sich nicht um Sätze, die den logischen Wahrheitswert der Begriffe oder des Satzes von der Wahrheit als des Ganzen bestreiten. Sondern die reale Übereinstimmung von Logik und Sein: daß der Wahrheitswert identifizierender Begriffe und Sätze objektive Geltung hat, führt zu einem ontischen Urteil über das Seiende: es selber ist das Negative" (Grenz, 1974, S. 134). Das dürfte Adornos Intention entsprechen, widerspricht m.E. gleichwohl aber nicht der Feststellung der Problematik des betreffenden Adorno-Satzes, der – "ganz monolithisch" und "völlig kommentarlos" (Grenz, 1974, S. 114) in den "Minima Moralia" stehend – als solcher die Begriffe keineswegs vom "Ganzen" ausschließt, schon gar nicht philosophische und sozialwissenschaftliche Theorien.

[39] So etwa gegen die bei Künzli, dessen Adorno geltende Ausführungen m.E. zwar partiell berechtigte Einwände formulieren, im übrigen aber Adornos Philosophie allzu selektiv und daher weitgehend missverstanden rekonstruieren, zu findende Suggestion, Adornos Werke erweckten den Eindruck, sie stammten von "einem Paranoiker oder Zwangsneurotiker" (Künzli, 1971, S. 146 f.). Urteile dieses Zuschnitts dürften mehr über ihren Urheber als über Adorno entbergen.

[40] Diese Widersprüchlichkeit wird notabene auch nicht überwunden, sondern allenfalls bestätigt durch das bekannte Bekenntnis Horkheimers, er sei zugleich "theoretischer Pessimist" und "praktischer Optimist" (Horkheimer, 1970, S. 175), sofern dabei der theoretische Pessimismus als totaler gedacht wäre; denn ein verabsolutierter theoretischer Pessimismus müsste jeglichen Sinn praktischer Ambitionen bestreiten, könnte an "optimistischer Praxis" also nur im Kontext einer schlechten Selbstwidersprüchlichkeit festhalten. Noch der etwaige Hinweis, diese Spannung spiegele nur die schlecht-widersprüchliche Wirklichkeit, auf die die pessimistische Theorie lediglich "realitätsgerecht" reflektiere, änderte daran nichts.

dort vermittelst von Diskussionen, Kursen und Unterricht die Bewusstseinsbildung anregen sollen, ob er den politischen Unterricht in eine über das "gesellschaftliche Kräftespiel" belehrende Soziologie verwandelt wissen will oder ob er empfiehlt, jungen Menschen die Produkte der Kulturindustrie "madig" zu machen (Adorno, 1965, S. 84; 1963; 1966a, S. 94, 104; 1969a, S. 146).

Muss es nach allem Bisherigen so aussehen, als stehe Adorno mit seinem – freilich emanzipatorisch ambitionierten und somit *prinzipiell* fraglos rational gebotenen – Engagement im Widerspruch zu seinen theoretischen Äußerungen, so ließe sich dagegen allerdings einwenden, dass Adorno – was schon seine Freunde mitunter stark irritiert hat[41] – seine verabsolutierenden Bemerkungen wiederholt zurückgenommen oder zumindest relativiert hat.

Adornos Philosophie, die – in nicht eindeutiger und letztlich problematischer Weise (vgl. Schnädelbach, 1983) – in der Rettung des "Nichtidentischen" gegenüber dem Begrifflich-Allgemeinen eines ihrer Hauptmotive hat, fasst auch den Totalitätsbegriff als einen solchen, der mit sich nicht identisch ist, wodurch auch die an die Begriffe der Identitätslogik zwangsläufig gebunden bleibende negative Dialektik gewissermaßen "falsch" sei und lediglich in der Entfaltung ihrer selbst diese Falschheit abzustreifen vermöge.[42]

Nicht nur hat Adorno schon früh der erkenntnistheoretischen Überzeugung Ausdruck verliehen, dass es "in Kraft des Denkens" nicht möglich sei, "die Totalität des Wirklichen zu ergreifen" (Adorno, 1931, S. 325)[43], er hat sich auch gegen die Hypostasierung der Negativität bzw. gegen deren Verklärung zum Positiven gewendet (vgl. Adorno, 2003, S. 152, 44). Das Negative wäre demnach "das Ganze nur in dem Sinne, daß es herrscht"; und nicht die These der Universalität der Negativität als solche,

---

[41] So bemerkte schon Siegfried Kracauer in einem Brief an Leo Löwenthal vom 15.2.1960 über Adornos Gedankenentfaltung: "Teddie... verfährt... nach immer demselben Prinzip: zuerst zertrampelt er alles, dann streicht er es wieder glatt... der Begriff der Utopie wird... als reiner Grenzbegriff benutzt, der nicht den geringsten Inhalt hat... Ich kenne kein anderes Beispiel von scheinbar eingreifender Kritik, die so wenig Greifkraft hat. Es bleibt am Ende alles beim Alten, und im Grunde fühlt er sich recht wohl dabei" (zitiert nach Schütte, 2003, S. 53 f.).

[42] "Der Totalität ist zu opponieren, indem sie der Nichtidentität mit sich selbst überführt wird, die sie dem eigenen Begriff nach verleugnet. Dadurch ist die negative Dialektik, als an ihrem Ausgang, gebunden an die obersten Kategorien von Identitätsphilosophie. Insofern bleibt auch sie falsch, identitätslogisch, selber das, wogegen sie gedacht wird. Berichtigen muß sie sich in ihrem kritischen Fortgang, der jene Begriffe affiziert, die sie der Form nach behandelt, als wären es auch für sie noch die ersten" (Adorno, 1966d, S. 150).

[43] Der Satz, das Ganze sei das Unwahre, markiert schon von daher, in prima facie gleichwohl seinerseits totalisierender Sprache, eine Kritik am idealistischen Totalitätsanspruch. Deshalb ist es für eine Fehlinterpretation gehalten worden, den Satz, das Ganze sei das Unwahre mit dem Satz: "Das Unwahre ist das Ganze" gleichzusetzen (vgl. Liebrucks, 1963; Schlüter, 1990, S. 78).

"sondern erst die Auslegung der Universalität als Herrschaft drückt dem Negativismus Adornos seinen... Stempel auf. Ist aber das Negative das Ganze nur als das Herrschende, dann besagt seine Universalität keineswegs, daß es nichts Positives gäbe. Sie besagt dann nur, daß das Negative alles andere in der bestehenden Welt *überformt*" (Theunissen, 1983, S. 49).

Mehr noch: das Negative ließe sich demnach "von innen" gerade deshalb erkennen, "weil es das Positive verbergend in sich birgt", worin Adorno zufolge noch die Voraussetzung der Verzweiflung über das Negative liege (Theunissen, 1983, S. 49), – eine in der Überzeugung, Adornos Philosophie sei in Wahrheit *kein totaler* Negativismus, gipfelnde Interpretation, die durch Adorno durchaus selbst bestätigt wird: durch seine Kritik an einem sich notwendig selbst aufhebenden Nihilismus (Adorno, 1966d, S. 369 ff.), durch seine Feststellung: "Bewußtsein könnte gar nicht über das Grau verzweifeln, hegte es nicht den Begriff von einer verschiedenen Farbe, deren versprengte Spur im negativen Ganzen nicht fehlt", durch seinen Hinweis, es gebe notwendig so etwas wie ein "positives movens des Gedankens" (Adorno, 1966d, S. 370; 2003, S. 46). Nichtsdestoweniger bleibt in Adornos Werk die Spannung zwischen solchen Äußerungen einerseits und den verabsolutierenden andererseits bestehen.

Adorno zufolge ist in Philosophie und Soziologie "nichts durchaus wörtlich gemeint" (Adorno, 1972, S. 44), und wiederholt hat er sich explizit zu "Übertreibungen" bekannt. Die von ihm unterbreitete Behauptung der Universalität der Halbbildung sei "undifferenziert und übertrieben", schreibt er (Adorno, 2006, S. 24), und in seinem Aufsatz "Was bedeutet: Aufarbeitung der Vergangenheit" heißt es, er, Adorno, habe "das Düstere übertrieben, der Maxime folgend, daß heute überhaupt nur Übertreibung das Medium von Wahrheit sei" (Adorno, 1959, S. 23).

Übertreibung als *einziges* (hier artikuliert sich abermals Adornos Verabsolutierungsneigung) Wahrheitsmedium, – das ist logisch paradox, denn offenbar ist die "übertriebene" Darstellung gerade nicht mehr "wahrheitsgemäß". Und doch wird hier die Methode benannt, auf deren Kraft Karikaturen, überzeichnende Zuspitzungen oder kafkaeske[44] Botschaften rechnen: die Hoffnung, dass durch

---

[44] Kafka, dessen Werk Adorno sehr vertraut war und das von ihm geschätzt wurde (vgl. Adorno, 1953a), war bekanntlich ein Meister der Paradoxie, wie expressionistische Epik nach Adornos Urteil überhaupt "paradox" ist: "Sie erzählt von dem, wovon sich nicht erzählen läßt" (Adorno, 1953a, S. 332). Das aber verweist auf eine Wesensverwandtschaft zur Philosophie Adornos, der Wittgensteins Diktum: "Wovon man nicht sprechen kann, darüber muß man schweigen" (Wittgenstein, 1977, S. 115) als "antiphilosophischen Satz schlechthin" bezeichnet hat und Philosophie gerade als Anstrengung fasst, "das zu sagen, was nicht sich sagen läßt: nämlich was nicht unmittelbar, was nicht in einem einzelnen Satz oder in einzelnen Sätzen, sondern nur in einem Zusammenhang sich sagen läßt" (Adorno, 2003, S. 111 f.; 1966d, S. 21). Kafkas Neigung zur Paradoxie hat noch in der Zeit des bereits todkranken Dichters ihren Niederschlag gefunden, in der Kafka seinen zögernden Arzt an dessen Versprechen erinnerte, ihm im Falle äußerster Qualen eine tödliche Opium-Injektion zu verabreichen, – mit den Worten: "Töten Sie mich – oder Sie sind ein Mörder" (vgl. Brod, 1974, S. 185; Haas, 1966, S. 213). Das erinnert stark an Adorno-For-

das provokativ Überzogene etwas bewusst und deutlich werde, was der Befürchtung des Provokateurs nach ohne Überzeichnung verkannt zu bleiben droht.[45] Die Verwendung der Paradoxie, der Gebrauch schlecht-widersprüchlicher Bonmots, wird dabei nicht nur in Kauf genommen, sondern geradezu als notwendiges, Einsichten hervorzurufen geeignetes Mittel betrachtet und gerade in der Hoffnung auf diese Funktion eingesetzt; von dessen Nutzung wird ein produktiv schockierender und Besinnung freisetzender Effekt erwartet. Sie ist bei Adorno somit also offenbar *kalkuliert*: in emanzipatorischer Absicht auf Erkenntnis generierende Wirkung berechnet.

Freilich gehen Kalkulationen nicht zwangsläufig auf. Widersprüchliche Wendungen bleiben widersprüchlich auch dann, wenn mit ihnen auf Einsichten freisetzende Effekte spekuliert wird; damit aber bleiben sie allemal unweigerlich problematisch und mit der Gefahr belastet, unbeabsichtigt kontraproduktiv zu werden. Es könnte ja sein, dass *gerade infolge* der Widersprüchlichkeit der erhoffte Effekt ausbleibt, dass Rezipientinnen und Rezipienten nämlich gerade die Widersprüchlichkeit fokussieren und sich an ihr stoßen und für die an sie geknüpften Erwartungen nicht oder kaum mehr offen sind. Es ist möglich, dass der paradoxale Gehalt der wie auch immer kalkulierten Widersprüchlichkeit so "sinnvernichtend" wirkt, dass er die intendierten Botschaften mehr oder minder bis zur Unkenntlichkeit entstellt. Das Diktum: "Es gibt kein richtiges Leben im falschen" etwa (Adorno, 1951, S. 42) mag trotz oder vielleicht aufgrund seiner pointiert-paradoxen Zuspitzung[46] deutlich werden lassen können, dass, solange

---

mulierungen wie die folgende: "... seit Auschwitz heißt den Tod fürchten, Schlimmeres fürchten als den Tod" (Adorno, 1966d, S. 364).

[45] Übertreibung wird auch als – notabene wiederum "einziges" – Wahrheitsmedium der Psychoanalyse ausgewiesen: "An der Psychoanalyse ist nichts wahr als ihre Übertreibungen" (Adorno, 1951, S. 56). Auch hier handelt es sich um einen Satz, der als solcher widersprüchlich ist, aber gerade vermittelst seiner Widersprüchlichkeit etwas deutlich machen soll. Offenkundig zielt er auf die Verteidigung Freuds gegenüber der verbreiteten Abwehrformel, die Psychoanalyse "übertreibe" die Macht des Unbewussten vor allem die Bedeutung der Sexualität, – eine Abwehr, die zu repräsentieren noch die oberflächlich-soziologisierenden Entschärfungstheorien des von Adorno kritisierten psychoanalytischen "Revisionismus" (vgl. Adorno, 1946; 1966e) vermuten lassen. Adorno hätte nun in seinem zitierten Aphorismus sowohl den problematischen Absolutheitscharakter ("nichts als") wie den logischen Widerspruch ("Übertreibungen" als "Wahrheits"-Ausweis) vermeiden können: im ersten Fall etwa durch eine Wendung wie "... kaum etwas so wahr wie" (denn es könnte ja sehr wohl sein, dass die Psychoanalyse Wahres auch noch jenseits dessen, was an ihr Anstoß erregt hat, mitzuteilen weiß), im zweiten Fall durch die Setzung des Wortes "Übertreibungen" in Anführungszeichen, um es als Zitat gängiger Klischees kenntlich zu machen. Dadurch wäre der Aphorismus gegen die angedeuteten Anfechtungsmöglichkeiten formal zu schützen gewesen; allerdings hätte er dadurch wohl auch einiges von seinem provokativen Charakter, auf den es Adorno sichtlich ankam, verloren.

[46] Die Paradoxie des betreffenden Aphorismus ist unverkennbar: "Ist der Satz, es gebe kein richtiges Leben im falschen, ein richtiger oder falscher Satz? Wenn es möglich sein sollte, im falschen Leben richtige Sätze (und seien es auch nur Sätze über das falsche Leben) zu bilden, so kann das falsche Leben nicht nur falsch sein" (Hörisch, 2003, S. 16). Andernfalls

und soweit die gesellschaftlichen Verhältnisse antagonistisch, repressiv und emanzipationshinderlich sind, keine noch so anständig bemühte individuelle Lebensform diesem Zusammenhang ganz zu entgehen vermag und insofern allemal zur "Beschädigung" verurteilt ist. Es birgt aber auch das Risiko, so gelesen zu werden, als solle rebus sic stantibus jedes redliche Bemühen ab ovo als schicksalhaft zum Scheitern verurteilt desavouiert werden, wobei Adorno als pessimistischer Defätist wahrgenommen werden könnte, von dem man emanzipationsförderliche Erkenntnisse kaum mehr erwartet.

Adorno mag das geahnt haben, – immerhin hat er die lapidare Auskunft seines in Rede stehenden Diktums verschiedentlich relativiert. "Zumindest Negatives", heißt es einmal bei ihm,

"läßt sich über den Begriff eines richtigen Menschen sagen. Er wäre weder bloße Funktion eines Ganzen, das ihm so gründlich angetan wird, daß er davon nicht mehr sich zu unterscheiden vermag, noch befestigte er sich in seiner puren Selbstheit..." (Adorno, 1966c, S. 56).

Und an anderer Stelle bemerkt er, "daß das richtige Leben heute in der Gestalt des Widerstandes gegen die von dem fortgeschrittensten Bewußtsein durchschauten, kritisch aufgelösten Formen eines falschen Lebens bestünde" (Adorno, 1996, S. 248 f.), was bedeutete, dass es eben doch ein "richtiges Leben im falschen" geben könne, freilich allemal nur als ein "Leben im falschen gegen das falsche".

So bleibt Widersprüchliches in Adornos Schriften wiederholt unvermittelt nebeneinander stehen; allenfalls vermittelst gründlichen Textvergleichs und behutsamer Deutung vor dem Hintergrund seines Gesamtkontextes wäre seine Spannung zu mindern, – ein Umstand, der Adornos Werk letztlich zu einem "Steinbruch" macht, dessen Schätze nur durch mühsame Freilegungsarbeiten zu heben sind.

4. Adorno und die Kritische Pädagogik

Klaus Mollenhauers 1968 erschienener, eine Reihe seit 1962 entstandener Texte enthaltender Sammelband "Erziehung und Emanzipation" gilt gewöhnlich als eine Art Gründungsdokument einer explizit als "kritisch" bzw. "emanzipatorisch" firmierenden erziehungswissenschaftlichen Strömung (vgl. Kreis, 1978, S. 11).[47] Als deren Kennzeichen gilt gewöhnlich ein mehr oder minder starker

---

aber müsste der Satz von vornherein falsch sein, wie es überhaupt im "falschen Leben" keine Möglichkeit "richtiger" Theoriebildung gäbe, was einem Selbstdementi der Philosophie Adornos entsprechen müsste, sofern diese – woran Adorno keinen Zweifel lässt – davon ausgeht, dass die historischen und gegenwärtigen gesellschaftlichen Lebensbedingungen "falsches Leben" repräsentieren.

[47] Tenorth hat daran erinnert, dass als eigentliches "Geburtsjahr" dieser erziehungswissenschaftlichen Strömung das Jahr 1964 gelten könne, das Erscheinungsjahr der in Mollenhauers "Erziehung und Emanzipation" wiederabgedruckten Arbeit "Pädagogik und Rationalität" (Mollenhauer, 1968, S. 55 ff.), die schon "alle starken und wichtigen

151

Anschluss an die Kritische Theorie der "Frankfurter Schule", zumindest aber eine prinzipielle Geistesverwandtschaft mit ihr. Als Vertreter dieser Richtung, die sich freilich keineswegs als monolithischer Block erwies und im einzelnen manche Positionsdifferenzen umfasste, können vor allem ehemalige Weniger-Schülerinnen und -Schüler gelten, die – wie Blankertz, Hoffmann, Klafki, Lempert, Mollenhauer u.a. – seinerzeit mit der Geisteswissenschaftlichen Pädagogik abrechneten (Dahmer/Klafki, 1968) und damit den Anbruch einer neuen "pädagogischen Epoche" als notwendig und zeitgemäß proklamierten[48], aber auch Pädagogen mit anderer Herkunft wie Heydorn, Koneffke und Gamm.[49] Das durch die Proteste der Studentenbewegung der späten 1960er Jahre geprägte und – freilich nicht sehr dauerhafte – geistige Gesamtklima war der Kritischen Pädagogik, die rasch zu einer der "Hauptströmungen der Erziehungswissenschaft" avancieren konnte (Benner, 1973, S. 281 ff.), für kurze Zeit durchaus günstig, – ungeachtet verschiedener aggressiver, gewiss "ein entsetzliches intellektuelles Niveau" aufweisender (Gruschka, 1995, S. 92) Diffamierungen.[50] Es führte alsbald aber auch dazu, dass Begriffe wie "Kritik" und "Emanzipation" modisch und epidemisch wurden, jenseits seriöser Anstrengungen auch für bloße "Zeitgeist"-Spekulationen in Anspruch genommen wurden (vgl. Greiffenhagen, 1973) und auch Ansätze dekorierten, deren Zugehörigkeit zur Kritischen Pädagogik jenseits jeweiliger Eigenansprüche in Frage zu stellen wäre (vgl. Weiß, 2008, S. 306 ff.).[51]

Diesen Aspekt will ich hier jedoch nicht weiter verfolgen, stattdessen beschränke ich mich auf die Berücksichtigung der bereits erwähnten Positionen, die m.E. mit Recht beanspruchen können, ernsthafte Versuche der Begründung und Ausgestaltung Kritischer Pädagogik unterbreitet zu haben. Gemeinsam ist ihnen bei allen Differenzen zumindest die mit der "Frankfurter Schule" geteilte durchgängige Orientierung am Ziel sozialer und individueller Emanzipation und die entsprechende Anknüpfung an die untrennbar mit den Namen Marx' und Freuds verbundenen kritischen Forschungstraditionen, die Reflexion auf ökonomische und soziokulturelle Sozialisationsbedingungen im Interesse konsequenter Demokratisierung, rationaler Selbstverwirklichung und ihnen dienlicher Erziehungs- und Bildungsprozesse, die entschiedene Opposition gegen Totalitarismus, Autoritarismus, Rassismus, Sexismus, kapitalistische Ausbeutung und sonstige irrationale Repressionen und das Interesse an der pädagogischen Gene-

---

Argumente" enthalte, die für die Kritische Erziehungswissenschaft der Folgezeit maßgeblich gewesen seien (Tenorth, 1999, S. 143 ff.).

[48] Vgl. stellvertretend Mollenhauer (1968); (1974); Klafki u.a. (1970/71); Klafki (1976); Lempert (1971); Hoffmann (1978); Blankertz (1979).

[49] Vgl. stellvertretend Heydorn (1970); (1971); Heydorn/Koneffke (1973); Gamm (1970); (1972).

[50] Exemplarisch etwa Brezinka (1981); Wilhelm (1975).

[51] Zur Übersicht über ihrem Eigenanspruch gemäß "kritische" pädagogische Ansätze vgl. in diesem Zusammenhang Claußen/Scarbath (1979); Stein (1979); (1980).

rierung entsprechender Widerständigkeit und die Kritik an allen positivistisch und hermeneutizistisch verkürzten Wissenschaftsverständnissen.

Gewiss konnte eine Kritische Pädagogik dieses Gepräges für sich in Anspruch nehmen, an zentrale Motive auch Adornos anzuschließen. Dessen Verpflichtung aller Pädagogik auf die "Forderung, daß Auschwitz nicht noch einmal sei", Adornos Postulat einer "Erziehung zur Mündigkeit", sein Engagement gegen autoritäre Charakterstrukturen, die Stoßrichtung seiner Spätkapitalismusanalyse (vgl. Adorno, 1969f) und andere von ihm vertretene Gehalte gehörten zweifellos auch zum Elementarbestand kritisch-pädagogischer Theorie und Praxis. Gleichwohl ist schon relativ früh darauf hingewiesen worden, dass die Kritische Pädagogik kaum unmittelbar an die frühen Repräsentanten der Kritischen Theorie, umso stärker aber an die Habermassche Lesart Kritischer Theorie angeknüpft habe; Löwisch hat dies bereits in den 1970er Jahren als "unzulässige Verkürzung der Kritischen Theorie" bezeichnet (Löwisch, 1974, S. 7). Ein Jahrzehnt später konstatierten Piecha und Zedler, die Pädagogik sei hinsichtlich einer Rezeption Adornos bemerkenswert schwerfällig, bestenfalls dienten ihr Adornos Schriften "als Steinbruch für Aufmerksamkeit erheischende Zitate" (Piecha/Zedler, 1984, S. 330). Und vor wenigen Jahren bemerkte Alfred Schäfer:

"Man sagt wohl nicht zu viel, wenn man feststellt, dass die 'Kritische Erziehungswissenschaft' einen Bogen um die Theorie Adornos gemacht hat. Diese pädagogische Perspektive, die 'Emanzipation' ermöglichen wollte..., nahm von der Frankfurter Kritischen Theorie nur das auf, was 'brauchbar' war. Dabei stand der Neuansatz der Kritischen Theorie durch Jürgen Habermas im Vordergrund" (Schäfer, 2004, S. 7).[52]

Das lässt sich so sicherlich für die Gruppe der um eine Überwindung des geisteswissenschaftlich-pädagogischen "Paradigmas" bemühten Weniger-Schülerinnen und -Schüler belegen, – Mollenhauer z.B. begreift Erziehung im Anschluss an Habermas als auf Diskurskompetenz zielendes "kommunikatives Handeln" und betrachtet Apel neben Mead und Marx als "theoretischen 'Paten'" für ihn maßgeblicher Ansätze (Mollenhauer, 1974, S. 17 ff., 8), Klafki greift explizit insbesondere Impulse Habermas' auf: "Habermas ist", hat er noch 1991 bemerkt,

"... der für meine Rezeption der Kritischen Theorie unter erziehungswissenschaftlichen Perspektiven wichtigste Autor der Frankfurter Schule gewesen und es bis heute geblieben. Mir scheint überdies, daß dies auch für die Mehrheit der Erziehungswissenschaftlerinnen und Erziehungswissenschaftler gilt, die von der Kritischen Theorie beeinflußt worden sind" (Klafki/Lingelbach, 1991, S. 189).

Zugleich hat er sich veranlasst gesehen, im Rahmen seiner Anknüpfung an die Kritische Theorie Adorno gegenüber eher auf Distanz zu gehen.[53] Unterdessen

---

[52] Zu dem gleichen Ergebnis gelangen freilich auch andere Autoren. Vgl. etwa Peukert (1983), S. 197; Krüger (1999), S. 162 ff.

[53] Klafki (1971b), S. 377, Fn. 51: "Die Übereinstimmung der hier vertretenen Auffassung mit gewissen wissenschaftstheoretischen Grundpositionen der Vertreter der 'Frankfurter Schule' darf keinesfalls daran hindern, in bestimmten, pädagogisch relevanten Fragen entschiedene Kritik anzumelden. Insbesondere bei Th. W. Adorno zeigt sich an manchen Stellen

kann – insofern ist der Vorwurf eines "Habermas-Zentrismus" der Kritischen Pädagogik Ausdruck einer personell stark restriktiven Bezugnahme auf diese erziehungswissenschaftliche Richtung – Analoges für andere Emanzipationspädagogen kaum überzeugend behauptet werden. Heydorns Ansatz weist starke Berührungen mit demjenigen Adornos auf und bei Gamm, der seinerseits "die Perspektiven kritischer Sozialwissenschaft in das pädagogische Feld verlängert" sehen möchte (Gamm, 1970, S. 18), findet sich ein deutlicher Anschluss an die Kritische Theorie, der nicht in gleicher Weise eingeschränkt ist (vgl. Gamm, 1979a, S. 251 ff.).[54] Gleichwohl ist festzustellen, dass während der kurzen Blütezeit Kritischer Pädagogik (vgl. Weiß, 2008, S. 301 ff.) Adornos pädagogische Überlegungen innerhalb des emanzipationspädagogischen Diskurses insgesamt allenfalls marginal Beachtung fanden.

"Die Kinder der kritischen Theorie", hat Helmut Dubiel konstatiert, "streiten sich heute miteinander" (Dubiel, 1989, S. 504); Kritische Theorie war nie ein monolithischer Block völlig homogener Ansätze und hat sich seit ihrer "zweiten Generation" – bei freilich einigen fundamentalen Gemeinsamkeiten – weiter diversifiziert (vgl. Weiß, 2010). Analoges kann, worauf noch näher einzugehen sein wird, auch für die Kritische Pädagogik notiert werden. Zunächst aber ist kurz zu markieren, worum der Streit sich im wesentlichen dreht.

Habermas, vormals Assistent bei Adorno, ist der wohl prominenteste Vertreter einer "sprachanalytischen Wende" (Wellmer, 1974) der Kritischen Theorie, für die – mit z.T. keineswegs geringen Differenzen[55] – auch andere Repräsentanten der "zweiten Generation" der "Frankfurter Schule" (Apel, Schnädelbach, Wellmer) einstehen. Verbunden mit dieser "Wende" ist der Anspruch, die Aporien der frühen "Frankfurter Schule" – die Selbstwidersprüchlichkeit einer verabsolutierten Vernunftkritik und der Diagnose der "totalen Verwaltung" bzw. den

---

der Umschlag kritisch-emanzipatorisch gemeinter Argumentationen in fragwürdige, auf Mangel an erziehungswissenschaftlichem Problembewußtsein hinweisende und – gewiß gegen die Intentionen des Autors – bisweilen die Grenze des Pädagogisch-Reaktionären streifende Aussagen; Adornos Thesen erinnern gelegentlich an die latent-autoritäre 'Pädagogik des Objektiven' im Sinne der Gymnasialreden Hegels, an anderen Stellen an Positionen einer elitären Bildungstheorie." (Vgl. auch Klafki/Lingelbach, 1991, S. 191). – Dazu sei an dieser Stelle nur angemerkt, dass die Charakterisierung der in vielem erschreckend autoritären Hegelschen Gymnasialreden (vgl. z.B. Hegel, 1986, S. 330, 332, 334, 347) als bloß "latent-autoritär" als Untertreibung betrachtet werden kann und die Charakterisierung der Bildungstheorie Adornos als "elitär" m.E. kaum mehr als ein eklatantes Missverständnis verrät.

[54] Neben zustimmenden Habermas-Bezügen (vgl. Gamm, 1979b, S. 70, 76, 171) stehen bei Gamm der gelegentliche Idealismus-Verdacht gegenüber der "Theorie des kommunikativen Handelns" und Bedenken hinsichtlich der Radikalität des kritischen Neuansatzes der Weniger-Schüler (vgl. Gamm, 1979a, S. 252 f.).

[55] Vgl. vor allem Apels im Interesse der Entfaltung einer von Habermas' "universalpragmatischer" Variante abweichenden "transzendentalpragmatischen" Variante der Diskurstheorie stehenden Versuche, "mit Habermas gegen Habermas zu denken": Apel (1998), S. 649 ff., 701 ff., 729 ff.

Mangel einer rational zwingenden Eigenlegitimation Kritischer Theorie – zu überwinden.

Habermas verweist auf die Schwierigkeiten der älteren Kritischen Theorie, "über ihre eigenen normativen Grundlagen Rechenschaft zu geben" (Habermas, 1981, Bd. I, S. 500); Adorno hätte unterdessen – als "Platoniker des Nichtidentischen" und "Evidenztheoretiker der Wahrheit", der letztlich nicht recht klar zu machen weiß, wie sein Erkenntnisziel, vermittelst der Begriffe ohne Identitätszwang über diese hinaus zum unverstellten Blick auf die "Sachen selbst" zu gelangen, dingfest zu machen wäre (Schnädelbach, 1983, S. 73 f., 80, 89) – die Forderung, dass Philosophie über ihre Voraussetzungen Rechenschaft abzugeben habe, geradezu als Zumutung und als "unvereinbar mit geistiger Erfahrung" betrachtet (Adorno, 1966d, S. 41). Das aber verweist auf Gedankenmotive Adornos, "die sich heute unmittelbar irrationalistisch und antiaufklärerisch ausnehmen" (Schnädelbach, 1983, S. 77). Als "Ontologie des falschen Zustandes" (Adorno, 1966d, S. 22) dürfte "Negative Dialektik" rational nicht zu retten sein[56], weil sie "evidenztheoretisch" auf einer "ontologischen Interpretation von nur scheinbar widersprüchlichen Aussagestrukturen inhaltlicher Rede" beruht, "die dadurch zustande kommt, daß Adorno sie in ein ganz unmittelbares Abbildungs- oder zumindest Isomorphieverhältnis zur Realität setzt" (Schnädelbach, 1983, S. 89). Das aber hält den starken Argumenten, die eine Konsensustheorie der Wahrheit für sich geltend machen kann (vgl. Habermas, 1972), offenkundig nicht stand.

Die diskurstheoretischen Ansätze Kritischer Theorie versuchen, diese – ausgehend von der normativ relevanten Einsicht in den nicht ohne aktuellen Selbstwiderspruch bestreitbaren Umstand, dass in jeder ernsthaften kommunikativen Handlung unweigerlich die Intention eines allgemeinen und ungezwungenen Konsenses angelegt ist – auf ein Fundament ohne performativen Selbstwiderspruch zu stellen. Im Kontext einer intensivierten Rückbesinnung auf die maßgeblich von Kant eröffnete Reflexion auf die Möglichkeitsbedingungen von Erkenntnis überhaupt, einer anspruchsvollen Rezeption der Geschichte der Erkenntnistheorie, einer kritischen Beerbung der Befunde der an Wittgensteins Spätphase anschließenden sprachanalytischen Philosophie, einer Rezeption pragmatistischer und kognitivistisch-entwicklungspsychologischer Einsichten

---

[56] Auch die Idee einer "Ontologie des falschen Zustandes" bleibt in Adornos Denken notabene keineswegs widerspruchslos. Herrmann hat darauf hingewiesen, dass Adorno vermittelst seines (gewiss problematisierbaren) Vertrauens auf die kognitive Differenzierungskraft des diesbezüglich noch nicht manipulierten Kindes – "... gerade die Möglichkeit zum Differenzieren, zum Wahrnehmen des qualitativ Verschiedenen, ist den Kindern als mimetisches Erbe eigen und wird ihnen erst von den Erwachsenen abgewöhnt, die sie zur Raison bringen" (Adorno, 1957, S. 110) – seiner "Ontologie des falschen Zustandes" "insgeheim eine 'Ontologie' der Möglichkeit des richtigen Zustands" entgegengesetzt habe (Herrmann, 1978. S. 103).

wurden – knapp resümiert[57] – quasi-transzendentale Erkenntnisinteressen freigelegt und Bedingungen unverzerrter und idealer Kommunikation herausgearbeitet, deren Realisierung als rational unhintergehbares Postulat und als entsprechender Referenzpunkt sozialer Emanzipation aufgewiesen wurde.

Der damit verbundene Neuansatz Kritischer Theorie galt einigen Protagonisten Kritischer Pädagogik als insgesamt anschlussfähiger als die Philosophie Adornos, – nach einer gewissen Lesart um einer (geisteswissenschaftlich-)pädagogischen "Traditionssicherung" willen, die sich mit Habermas vermeintlich besser als mit der Kritischen Theorie der "ersten Generation" erlangen ließ (Schäfer, 1997), vielleicht aber doch eher, weil er offenbar nicht in gleicher Weise in den Aporien einer negativ-dialektischen Perspektive befangen zu bleiben schien. Adornos pädagogische Schriften enthielten "neben dem Plädoyer für Mündigkeit vor allem Hinweise darauf, warum Pädagogik, wie sie ist, diese sabotiert" (Gruschka, 1995, S. 95). Das war wichtig, kaum aber hinreichend für handlungsrelevante Indices zur Klärung der Frage, wie Erziehungs- und Bildungsbemühungen konkret zur Generierung von Mündigkeit beizutragen hätten. Voll entwickelte Diskurskompetenz, als die postkonventionelle Mündigkeit begriffen werden kann, war als anspruchsvolles Set für sie konstitutiver Subkompetenzen präzisierbar, dessen Generierung durch Handlungsformen begünstigt wird, die sich vermittelst des Rückgriffs auf entsprechende "Theorien zum Erziehungsprozeß" (Mollenhauer, 1974) transparent machen ließen (vgl. Weiß, 1987). Zudem eröffnete Habermas' Begründung eines "emanzipatorischen Erkenntnisinteresses" (Habermas, 1965, S. 159; 1977, S. 244) der Pädagogik die Aussicht, als kritische auf einen genuinen Wissenschaftsstatus rekurrieren zu können, – eine Chance, die gern genutzt wurde, wenngleich bezweifelt worden ist, dass sich Kritische Pädagogik tatsächlich auf eine *authentische* Habermas-Rezeption gestützt hat oder auf sie hätte gegründet werden können (vgl. Groothoff, 1985; Schäfer, 1988b; 1997).

Auf die verglichen mit den Ansätzen der älteren "Frankfurter Schule" optimistischeren, verstärkt an die Potentiale der zeitgenössischen Wissenschaftsdiskurse anknüpfenden und elementare Aufgaben emanzipatorischer Praxis konkretisierbar werden lassenden diskurstheoretischen Varianten Kritischer Theorie ist verschiedentlich mit stark polemischen Vorstößen reagiert worden: mit Vorstößen, die die Konzepte der älteren "Frankfurter" durch Bezichtigungen aufzuwerten versuchten, die diskurstheoretischen Ansätze beraubten Kritische Theorie letztlich ihrer kritischen Potenzen, sie hätten sich auf den Weg der Affirmation begeben und machten eine nunmehr kastrierte Kritische Theorie im Rahmen des schlechten Bestehenden mehr oder weniger salonfähig.[58] Manches aus dieser Richtung ersetzte kritische Argumentation durch schiere Denunziation, manches

---

[57] Eine diesbezüglich weiter ausgreifende Darstellung müsste den Rahmen des vorliegenden Themas sprengen. Verwiesen sei für Näheres insbesondere auf Habermas (1977); (1972); (1981); Apel (1973); (1988); (1998).

[58] Vgl. Löbig/Schweppenhäuser (1984); Bolte (1989); Moritz (1992); Rademacher (1993).

bediente sich nachgerade geschichtsklitternder Stilisierung.[59] Demgegenüber ist der diskurstheoretische "Paradigmenwechsel" m.E. durchaus überzeugend, was notabene keineswegs bedeutet, dass alle – unter den "Paradigmenwechslern" selbst partiell stark umstrittenen – Habermasschen Theorieentwicklungen als angemessen betrachtet werden müssten oder die Positionen der älteren Kritischen Theorie schlicht als "obsolet" zu verabschieden wären. Vielmehr ist m.E. damit zu rechnen, dass maßgebliche Intentionen Horkheimers und Adornos erst vor dem Hintergrund einer diskurstheoretisch neu fundierten Kritischen Theorie ohne schlechte Widersprüchlichkeit zur Geltung gebracht werden können. Auch bleibt es denkbar, dass jenseits der m.e. überzeugend nicht bestreitbaren Überlegenheit eines diskurstheoretischen "Paradigmenwechsels" eine an ihm orientierte Gesellschaftstheorie und Kritische Pädagogik ältere kritisch-theoretische Einsichten allzu leicht marginalisiert oder gar ignoriert hat, wobei allerdings nicht einzusehen ist, dass dies eine zwingende Folge einer diskurstheoretischen Fundierung Kritischer Theorie sein sollte.

Zudem ist, was aber im vorliegenden Beitrag nicht weiter zu verfolgen ist, damit zu rechnen, dass die frühen Begründungsversuche einer Kritischen Erziehungswissenschaft (etwa Mollenhauer, 1968; 1974), die m.E. trotz verschiedener Obsoleszenz-Verdikte (vgl. Sünker/Krüger, 1999) keineswegs als prinzipiell "überwunden" zu betrachten sind, inzwischen in mancher Hinsicht zu revidieren, präzisieren und zu ergänzen wären, und schließlich könnte es sein, dass ein überzogener Praxisoptimismus im Kontext kritisch-pädagogischen Engagements ernüchterter Skepsis und Korrektur bedürfte.

Es kann im vorliegenden Rahmen nicht in gebührender Weise der Versuch einer Darlegung unternommen werden, wie sich ein diskurstheoretisch begründetes Verständnis Kritischer Pädagogik unter adäquater Berücksichtigung der zwischenzeitlich erfolgten Auseinandersetzungen mit den frühen Ansätzen in dieser Richtung heute plausibel entfalten ließe. Hier muss es beim Notat des Überzeugtseins von der Möglichkeit solcher Plausibilisierung bleiben, das im vorliegenden Kontext lediglich der Kenntlichmachung des Hintergrundes dient, von dem aus argumentiert wird, wenn es im folgenden um die Vorstöße zur jüngeren pädagogischen Adorno-Rezeption geht, deren Behandlung schwerlich ausgespart werden kann, wo Adornos Pädagogik heute zum Thema gemacht wird. Diese Vorstöße sind insbesondere seit den 1980er Jahren feststellbar[60] und füh-

---

[59] Vgl. etwa Moritz' Bestreben, Habermas "affirmativer" Theorieentschärfungen zu überführen und Horkheimer als "fortschrittlicheren" Denker gegen diese auszuspielen (Moritz, 1992). Dabei wurde geflissentlich übersehen, dass sich Horkheimer in seiner Spätphase explizit zu einem – freilich gegen "pseudo-konservative" Ansätze abgegrenzten – die westliche status quo-Gesellschaft mit gleichwohl resignativem Gestus weitgehend akzeptierenden "Konservatismus" bekannt hat (Horkheimer, 1950-70, S. 469, 413) und dass Habermas von Horkheimer zwischenzeitlich als "zu links" für das Institut für Sozialforschung betrachtet wurde (vgl. Wiggershaus, 1988, S. 597 ff.).

[60] Hatten die Ansätze Mollenhauers, Klafkis, Blankertz' und anderer "noch in der eher fortschrittsoptimistisch orientierten Geschichtsphilosophie von Habermas ihre gesellschafts-

ren zu der – sich diesbezüglich postmodernistischen Ansätzen annähernd – Auffassung, dass Erziehungswissenschaft sich *nurmehr* "reflexiv", nicht aber mehr auch als "Handlungswissenschaft" vertreten lasse (vgl. Krüger, 1999, S. 163, 176; Dammer, 1999, S. 194 f.). Sie beanspruchen für sich so etwas wie einen (implizit immer auch gegen den angesprochenen kritisch-theoretischen "Paradigmenwechsel" im Zeichen der Diskurstheorie gerichteten) kritisch-pädagogischen Paradigmenwechsel, der vom "Scheitern" der älteren, dabei freilich im wesentlichen auf die an die "Frankfurter Schule" anknüpfenden Weniger-Schülerinnen und -Schüler reduzierten Kritischen Pädagogik ausgeht (vgl. Schäfer, 1991) und Adorno im Sinne eines entsprechenden "Läuterungsprozesses" reaktualisieren und pädagogisch erstmals "angemessen" aktualisieren möchte.

Das argumentative Grundmuster dieser Vorstöße lässt sich etwa so umreißen: Adornos Aufklärungskritik und seine Reflexion auf die "gesellschaftliche Korrumpierung der Gesellschaftskritik" sperre sich bei ernsthafter Rezeption gegen eine kritische Erziehungswissenschaft, "die auch in ihren praktischen Umsetzungsversuchen programmatisch auf Emanzipation abzielt" (Wigger, 2006, S. 114). Die "pädagogische (Nicht-)Rezeption" der Kritischen Erziehungswissenschaft habe ihren Grund

"darin, dass bei Adorno positive Perspektiven vermisst werden. Man könnte dies auch so formulieren, dass die Pädagogik, selbst und gerade da, wo sie sich als kritische Wissenschaft versteht, der Aufklärung verpflichtet bleibt. Gegen deren von Horkheimer und Adorno konstatierte Dialektik hält sie weitgehend ungebrochen an den metaphysischen Ideen der Aufklärung fest: begriffliche Selbst- und Welterkenntnis als Grundlage für Autonomie als Selbstgesetzgebung, Vernunftsubjektivität, Bildung, pädagogische Kontrollier- und Verantwortbarkeit der Entwicklung des Kindes usw." (Schäfer, 2004, S. 129).

Schon Klafkis Vorliebe für das Etikett einer "kritisch-konstruktiven" Pädagogik (Klafki, 1976), das Adorno gewiss als hochproblematisch betrachtet hätte[61], ließe sich als Beleg dafür heranziehen. Die Kritische Pädagogik, wie sie bei Klafki, Mollenhauer und Blankertz verstanden wurde, hat aus der Adorno paradigmatisch zu aktualisieren beanspruchenden Perspektive den Bruch mit der Geisteswissenschaftlichen Pädagogik insofern nicht radikal genug vollzogen, als auch sie noch an der Pädagogik als einer "pragmatisch engagierten Handlungswissenschaft" festhalte, "die das Gute als Teil der Praxis auszuweisen hat, um

---

theoretischen und normativen Bezugspunkte, so rückten in den späten achtziger Jahren, sicherlich nicht unbeeinflußt durch die Debatte um die sogenannte Postmoderne..., die fortschrittsskeptischen Spätschriften von Horkheimer und Adorno sowie die paradox-negativistische Bildungstheorie von Adorno ins Zentrum der Diskussion um die Begründung einer Kritischen Erziehungswissenschaft..." (Krüger, 1999, S. 162 f.).

[61] Adorno (1969c), S. 18: "Stets wieder findet man dem Wort Kritik, wenn es denn durchaus toleriert werden soll, oder wenn man gar selber kritisch agiert, das Wort konstruktiv beigesellt. Unterstellt wird, daß nur der Kritik üben könne, der etwas Besseres anstelle des Kritisierten vorzuschlagen habe; in der Ästhetik hat Lessing vor zweihundert Jahren darüber gespottet. Durch die Auflage des Positiven wird Kritik von vornherein gezähmt und um ihre Vehemenz gebracht."

diese insgesamt jenem näherzubringen" (Gruschka, 1995, S. 89); "traditionelle" Kritische Erziehungswissenschaft sei, insoweit sie am "Postulat eines Kontinuums von Theorie und Praxis" festgehalten habe, "Postulatepädagogik" geblieben (Gruschka, 2004b, S. 138) und erschöpfe sich damit in kritischer *Pädagogik*, ohne zu einer Kritik *der* Pädagogik vorzustoßen: Statt einer wirklich Kritischen Theorie der Pädagogik, die "allein eine der Selbstbesinnung auf die Verhinderung von Aufklärung durch pädagogische Aufklärung" wäre, habe sie lediglich eine "praxisorientierte kritische Pädagogik" zu schaffen vermocht (Gruschka, 1995, S. 99, 88), die zur Ohnmacht verurteilt sei und letztlich die unveränderte Weiterexistenz des Bestehenden unfreiwillig stütze.

5. Adorno als Referenzautor eines kritisch-pädagogischen Paradigmenwechsels?

Dagegen will Gruschka "die von Adorno zur Verfügung gestellten Denkmittel auf die Pädagogik" anwenden (Gruschka, 1995, S. 88); im Anschluss an die "Negative Dialektik" möchte er eine "Negative Pädagogik" formulieren, die von der "Unmöglichkeit" handelt, "eine Pädagogik zu verwirklichen, die ihre Ziele ernst nimmt" (Gruschka, 2004c, S. 15). Der Titel "Negative Pädagogik" wird von ihm

"bewußt gewählt, weil andere nicht so präzise kennzeichnen könnten, was den Autor bewegt. Auch der Begriff einer 'kritischen' Pädagogik suggeriert, es wäre möglich, ihren Gegenstand positiv zu fassen, aus der Kritik ließe sich direkt ableiten, was positiv getan werden müßte, um pädagogisches Handeln ins Recht zu setzen und erfolgreich zu machen. Negativ ist diese Pädagogik nicht wie die Rousseausche, die als Vermeidung von Erziehung auftritt: Noch die Abschaffung dessen, was bei ihm als traditionelle Erziehung gilt, verweist direkt auf einen Zustand, in dem aufgehoben ist, was Erziehung heute scheitern läßt: Die Ermächtigung des Menschen zu sich selbst. Negativ heißt *diese* 'Pädagogik', weil sie – wenn auch vom Interesse an der Veränderung der Praxis her motiviert – nicht sagen kann, was direkt und konstruktiv aus der Kritik gefolgert werden kann. In den radikal analysierten Verhältnissen ist begründet, daß Theorie und Praxis sich nicht in ein Kontinuum eintragen lassen. So ergibt sich die paradox anmutende Voraussetzung...: Es soll in die Pädagogik, in ihre Theorie und Praxis eingeführt werden, und zugleich die historische Unmöglichkeit des Einlösens ihrer Ansprüche rekonstruiert werden" (Gruschka, 2004c, S. 42).

"Negative Pädagogik" beansprucht, die einzig plausible Konsequenz aus den Erfahrungen mit einer Kritischen Pädagogik zu ziehen, wie sie von Gruschkas akademischem Lehrer Blankertz und anderen vertreten wurde. "Traditionelle" Kritische Pädagogik dieses Genres war demnach als "positive" Theorie konzipiert, die im Rahmen des "schlechten Ganzen" pädagogische Praxisformen bestimmen wollte, deren Realisierung verändernd auf das Ganze zurückwirken sollte, was indes letztlich immer wieder an den Verhältnissen gescheitert sei. An der Entschärfung, Pervertierung und Integration kritisch ambitionierter Bestrebungen durch das System könne dies abgelesen werden. Die Ergebnisse der maßgeblich von Protagonisten Kritischer Pädagogik mit getragenen Bildungsreformen der 1960er und 70er Jahre seien ernüchternd, letztlich seien die Bemühungen an ihrem Technizismus, der naiv-positivistischen Rezeption der Curriculum- und Lernforschung und der bereitwilligen Verschleierung der Divergenzen zwischen Anspruch und Wirklichkeit gescheitert[62]; die Hoffnungen auf die Chancengleichheit fördernden Wirkungen der von großen Teilen der Kritischen Pädagogik favorisierten und als mögliche "Gelenkstelle der Gesellschaftsveränderung" (Keim, 1973a, S. 26) eingeschätzten Gesamtschule[63] – Hoffnungen, die, damals zur Irritation mancher Kritischer Pädagogen (vgl. z.B. Blankertz, 1972), bereits von Heydorn als illusionär betrachtet wurden[64] – seien schließlich durch die systemstabilisierende Zurichtung und Vereinnahmung der Gesamtschulkonzeption enttäuscht worden (vgl. Gruschka, 1995, S. 93; 2004c, S. 19 ff.).

Auch im Rahmen Kritischer Pädagogik diente Theorie demzufolge dazu, den immer wieder aufscheinenden Bruch zwischen den eigenen positiv-theoretischen Postulaten und der Verhinderung ihrer Umsetzung "zu kitten, Hoffnung darauf zu verbreiten, es könne doch gut gehen"; damit aber werde unfreiwillig auch Kritische Pädagogik "zu einem Musterfall für affirmative Theorie", und deshalb sei es nicht verwunderlich, dass sie "mit einem Denker, der Kitt verabscheute" – eben Adorno – "wenig anfangen konnte" (Gruschka, 2004b, S. 141).

"Negative Pädagogik" will demgegenüber auf positive Postulate verzichten und statt ihrer der Frage nachgehen, warum das "offenkundige Unterbieten pädagogischer Normen" in der Praxis "von der Theorie so leichtfüßig übergangen" wird (Bremer/Gruschka, 1987, S. 21); sie will Adornos Aufforderung ernstnehmen, *"Pädagogik als Aufklärung über sich selbst zu betreiben, also zu erkennen, was sie dazu beiträgt, dass sie nicht wird, was sie zu sein beansprucht"* (Gruschka, 2004b, S. 140):

"Eine Kritische Erziehungswissenschaft im Sinne Adornos kann – entgegen allen bisherigen Selbstverständlichkeiten der Pädagogik – nur negativ sein. Sie sieht ihre Aufgabe nicht darin, die schlechte Realität vom Podium der Normen aus zu beklagen oder zu ermahnen, sondern darin, zunächst die Nutzlosigkeit solcher Mahnungen und damit verbunden die Notwendigkeit und Funktion der Differenz zwischen Theorie und Praxis darzustellen und zu erklären. Eine solche Theorie setzt nicht am postulierten Gelingen von Erziehung und Bildung an, sondern an der nicht zufälligen Erfahrung von deren Mißlingen in der Praxis. Negativ ist eine solche Pädagogik insofern, als sie ihr Augen-

---

[62] Freilich kann mit einiger Plausibilität festgestellt werden, dass die Rede vom "Scheitern" der Bildungsreform der 1960er und 70er Jahre nicht unproblematisch ist, "weil sie (die Reform, E.W.) gar nicht abgeschlossen ist, ihre Resultate die weitere Entwicklung beeinflussen und ihre Ideen nicht einfach verschwinden werden" (Oelkers, 1990, S. 280).

[63] Vgl. Hentig (1968); Klafki (1970); (1974); Klafki/Rang/Röhrs (1972); Keim (1973b).

[64] Rückblickend gesehen hat Heydorn mit seiner Prognose, die Einführung der Gesamtschule werde sich als "großangelegter Versuch technokratischer Formierung" erweisen und tendenziell zum *generellen* Qualitätsabbau der ehedem Privilegierten vorbehaltenen schulischen "Bildungsangebote", zur "Ungleichheit für alle", beitragen (Heydorn, 1970, S. 295, 272 ff.), einstweilen gegenüber dem Gesamtschuloptimismus gewiss Recht behalten. Heydorn stand Adorno, ohne dies dessen Rezeption zu verdanken, in vieler Hinsicht gedanklich nahe, Gruschka vermutet, dass Adorno Heydorns damaliger Prognose, hätte er sie noch kennengelernt, durchaus zugestimmt hätte (vgl. Gruschka, 1995, S. 94).

merk auf die Verstrickung der Pädagogik in eine ihrem Begriff widersprechende Praxis richtet, dabei aber nicht dem Zwang folgt, den Widersprüchen unvermittelt mit einer positiven Programmatik zu begegnen in dem falschen Glauben, damit bereits zur Verbesserung der Praxis beizutragen" (Dammer, 1999, S. 192).

Gleichwohl soll "Negative Pädagogik" nicht Praxisverzicht oder Nihilismus bedeuten, sie bekennt sich vielmehr durchaus – und in diesem Zusammenhang beruft sich Gruschka wiederholt auf Horkheimers Bekenntnis zum theoretischen Pessimismus bei gleichzeitigem praktischen Optimismus (vgl. Gruschka, 2004c, S. 6, 356; 1995, S. 98 f., Fn. 13; 2004b, S. 139) – zum Interesse an einer Humanisierung der Praxis. Pädagogik habe die Aufgabe, "praktische Aufklärung zu betreiben", zugleich aber darauf zu verzichten, "ein positives Gebäude der Praxis zu errichten oder das in der Praxis Vorgefundene in idealistischer Überhöhung zu rechtfertigen"; sie habe bei ihrer Suche nach einer "Verbesserung der Praxis" aus der "Analyse der Praxis" zu erschließen, "wo und wie ein Fortschritt in der Erziehung möglich wird", nicht aber als Theorie zu fungieren, "die positiv reformerisch ausgelegt den Fortschritt instrumentell verspricht" (Gruschka, 2004c, S. 17). In diesem Sinne soll mit durchaus praktischen Ambitionen Adornos Zeitdiagnose vermittelst fortlaufender, auch mit empirischer Forschung verbundener (vgl. Gruschka, 2004a) "Kältestudien" fortgesetzt werden, die dem Aufweis und der Bedingungsanalyse dessen gelten, was Adorno "bürgerliche Kälte" genannt hat.[65]

Gruschkas Kritik an einer Unterbelichtung von Brüchen zwischen Theorie und Praxis, an defizienten Analysen misslingender pädagogischer Praxis, an mangelnder Radikalität selbstkritischer Besinnung auf gesellschaftlich bedingte Grenzen reformerisch ambitionierter Pädagogik und auf deren etwaigen eigenen Beitrag zum eigenen Scheitern ist prinzipiell gewiss begrüßenswert und dürfte auch mit Recht auf manches Defizit bisheriger Kritischer Pädagogik verweisen. Kritische Theorie und Kritische Pädagogik bedürfen fortlaufend der radikal-kritischen Selbstreflexion, und insoweit deren Bedeutung durch die "Negative Pädagogik" apostrophiert wird, ist ihr allemal beizupflichten. Jenseits dessen wirft Gruschkas "Negative Pädagogik" jedoch einige Fragen auf: Trifft ihre Kritik die "traditionelle" Kritische Pädagogik wirklich grundsätzlich oder stilisiert Gruschka diese möglicherweise zum Zweck der Plausibilisierung seines eigenen kritisch-pädagogischen Gegenentwurfs? Ist die Differenz zwischen beiden vielleicht geringer als Gruschka suggeriert? Ist zumindest die Beanspruchung der Differenz als einer paradigmatischen überzogen? Ist Gruschkas Adorno-Rekurs überzeugend oder möglicherweise verkürzt, fällt Gruschka – ungeachtet der Frage, ob Kritische Pädagogik paradigmatisch an Adorno oder vielleicht eher an andere Varianten Kritischer Theorie anschließen sollte – womöglich gar hinter

---

[65] Vgl. Bremer/Gruschka (1987); Gruschka (1994). – Zum Stellenwert der "Kältestudien" in der "Pädagogischen Korrespondenz", dem Publikationsorgan des von Gruschka geleiteten Instituts für Pädagogik und Gesellschaft in Münster, vgl. auch Ruhloff (1997).

Adorno zurück[66], so dass Adorno letztlich gegen diese Form der Rezeption zu verteidigen wäre?

Die Möglichkeit eines systematisch fest geschlossenen Theorie-Praxis-Kontinuums wird nicht erst von Gruschka bestritten, ihrer Bestreitung galt schon die geisteswissenschaftlich-pädagogische, gerade von Gruschkas Lehrer Blankertz bekräftigte Zurückweisung einer von obersten Sinn-Normen aus lückenlos-deduktiv zu konkreten Handlungskonzepten zu gelangen beanspruchenden "normativen Pädagogik" (vgl. Weniger, o.J., S. 148, 169; Blankertz, 1975, S. 18 ff.). Zudem will Gruschka, jenseits der plausiblen Kritik an Vorstellungen einer rein instrumentellen Umsetzbarkeit kritisch-pädagogischer Postulate, selbst der "falschen" Praxis durch "leidenschaftliche *praktische* Anstrengungen" begegnen, wobei die Wegbestimmung "von der Analyse der Praxis" ausgehen soll (Gruschka, 2004c, S. 356, 17), – also offensichtlich wohl doch von *theoretischen* Anstrengungen, womit augenscheinlich auch Gruschka letztlich an der Herbeiführung einer Entsprechung theoretischer Einsichten und praktischer Konsequenzen interessiert ist. In der Tat müsste ohne ein solches Interesse, das freilich nicht durch Ausblendung oder Verschleierung faktischer Diskrepanzen zur Geltung zu bringen ist, Aufklärung schließlich einer zynischen Selbstgenügsamkeit verfallen, mithin würde ohne es ein undialektisches Theorie-Praxis-Verhältnis beschworen. Mit Gruschkas Anspruch aber, zunächst "praxisentlastet" aufklärerische Theorie zu betreiben, dann aber doch theoretisch aufgeklärt nach praktischen Verbesserungswegen zu suchen, wird eine *prinzipielle* Differenz zwischen "traditioneller" Kritischer Pädagogik und einer kritisch-pädagogisch neu ansetzen wollenden "Negativen Pädagogik" in hohem Maße fragwürdig (vgl. in diesem Kontext auch Oelkers, 1990, S. 282).

---

[66] Der Rückfall Gruschkas hinter Adorno ist insbesondere von Schäfer behauptet worden, – er attestiert der "Negativen Pädagogik" einen "Rückgang hinter das Problem der Kritischen Theorie", der sich für ihn aus dem Umstand ergibt, dass Gruschka von der Möglichkeit überzeugt ist, die Dialektik der Aufklärung reflexiv einzuholen (Schäfer, 2004, S. 136 f.). Schäfer zufolge ist das "Bildungsproblem nach der humanistischen Illusion" (Schäfer, 1996) als ein aporetisches zu erkennen, das als solches schon von Adorno konstatiert worden sei. Demnach müsse davon ausgegangen werden, dass "die Perspektive einer Überwindung der Dialektik der Aufklärung... selbst dieser noch verfallen könnte" (Schäfer, 1988a, S. 61). Vor dem Hintergrund der Adorno zugeschriebenen Überzeugung, dass Aufklärung ihrem eigenen Verdacht nicht entzogen werden könne und eine unmittelbare Selbstvergewisserung der Vernunft allemal unmöglich sei (vgl. Schäfer, 1988a, S. 71, 92), will Schäfer allen aufklärerischen Ansprüchen gegenüber reserviert bleiben, und diese Perspektive bestimmt auch sein Verhältnis zur "Negativen Pädagogik". Abgesehen davon, dass Schäfer seine "aufklärerischen" Bedenken hinsichtlich der Möglichkeiten einer aufgeklärten Aufklärung kaum auf die eigenen Überlegungen zurückzubeziehen scheint, überzeugt seine postmodernistisch anmutende Adorno-Lesart – damit aber auch *sein* Modus der Gruschka-Kritik – m.E. nicht. Von Adorno, dessen mit Horkheimer geübte Kritik der Aufklärung explizit "einen positiven Begriff von ihr vorbereiten" sollte, "der sie aus ihrer Verstrickung in blinder Herrschaft löst" (Horkheimer/Adorno, 1969, S. 5), dürfte er weiter entfernt sein als die "Negative Pädagogik", der er sich überlegen wähnt.

Gruschka hat die von ihm kritisierten Vertreter "traditioneller" Kritischer Pädagogik nicht zu überzeugen vermocht. Was etwa Oelkers, der schwerlich, um Gruschkas Wortgebrauch (vgl. etwa Gruschka, 2004c, S. 9) aufzugreifen, zu den "Liebhabern" Kritischer Theorie zu zählen ist, betont hat – dass Pädagogik sich unmöglich "negativ begründen" lasse (Oelkers, 1990, S. 280) –, haben auch sie hervorgehoben. Mollenhauer, dem Gruschka nach eigenem Bekunden manche Anregung verdankt und der ihn offenkundig auch hinsichtlich der Ausformulierung seiner "negativ-pädagogischen" Vorstellungen ermutigt hat (vgl. Gruschka, 2004c, S. 13, 11), hat bekannt, dass er sich, "außer als polemisches Etikett, eine 'negative Erziehung' nicht vorstellen" könne: "Eine kritische Erziehungstheorie mit diesen Vorgaben halte ich nicht für möglich" (Mollenhauer in der Diskussion mit Gruschka, in: Kaufmann u.a., 1991, S. 84). Klafki, der Gruschka gleichwohl konzediert hat, man müsse immer prüfen, ob nicht "vorschnelle Entschärfungen der Kritischen Theorie" vorgenommen werden, hat der Möglichkeit einer nur "negativ-kritischen" pädagogischen Theorie ähnlich widersprochen und in der Reduktion Kritischer Theorie auf "die Position der Spätphase Adornos und Horkheimers" eine "fragwürdige Verkürzung" gesehen (vgl. Kaufmann u.a., 1991, S. 202 f.).

In der Tat ist gegen Gruschka einzuwenden, was voranstehend kritisch gegen Adorno eingewendet wurde: eine Verabsolutierung des Negativismus – bei Adorno etliche Male belegbar, anderseits aber wiederholt relativiert – muss zu Ungereimtheiten führen; der Anspruch einer pädagogischen Theorie, lediglich "negativ" zu sein, käme nicht umhin, diese Widersprüchlichkeit zu reproduzieren.

Während nun bei Adorno der theoretische Negativismus wiederholt durchbrochen wird, die relativierende Auskunft, in der Philosophie solle nichts ganz "wörtlich" genommen werden, zu finden ist und eine Hypostasierung des Negativismus explizit als problematisch ausgewiesen wird, ist Gruschka sichtlich bemüht, seinen negativistischen Theorieanspruch konsequent durchzuhalten. Dabei ist Adorno selbst ihm letztlich nicht negativistisch genug: Gruschka möchte, wenngleich er dies gelegentlich bestritten hat (Gruschka, 1995, S. 103), allem Anschein nach gewissermaßen den "eigentlichen" gegen den "uneigentlichen" Adorno ausspielen. Letzterer ist vor allem der Adorno der pädagogischen Schriften, die gewiss den "wohl 'positivsten' Teil seines Werkes" ausmachen (Dammer, 1999, S. 187; vgl. auch Herrmann, 1978, S. 8). Der Adorno der "Erziehung zur Mündigkeit" ließ sich demnach nahtlos "in die bis heute vorherrschende Postulatepädagogik integrieren" (Gruschka, 1995, S. 92, Fn. 6), und im Kontext des titelgleichen Rundfunkgesprächs (Adorno, 1969a) hat Adorno Gruschka zufolge "gegen seine eigenen theoretischen Skrupel verstoßen, er war in die Rolle des 'Volkshochschullehrers' geschlüpft, er agierte dort als Pädagoge" (Gruschka, 2004c, S. 57), – und dies offenbar gerade nicht als ein "negativer".

Indem aber diese "positive" Seite Adornos (die bei diesem als mit der "negativen" immer noch problematisch unvermittelt erscheint) als anfechtungs- und überwindungsbedürftig bzw. als "uneigentlicher" Teil des Adornoschen Werkes ausgewiesen wird, wird gerade jener Teil dieses Werkes attackiert, der der problematischen *Verabsolutierung* des Negativismus immerhin widerstreitet. *Insofern* dürfte "Negative Pädagogik" in der Tat einen Rückfall hinter Adorno repräsentieren.

Entsprechendes dürfte jedoch auch in anderer Hinsicht gelten, – im Hinblick auf den "negativ-pädagogischen" Umgang mit "Halbbildung". Diese hatte – unter offenkundiger Verkennung des Adornoschen Begriffsverständnisses, nämlich im Sinne eines bruchstückhaft-defizienten Wissens – bereits Hellmut Becker gegen seinen einstigen Gesprächspartner rehabilitieren wollen (Becker, 1977; dazu: Nicolin, 1978). "Negative Pädagogik" will indes nicht "Halbbildung" an sich aufwerten; sie konstatiert einige Jahrzehnte nach Adornos Feststellung des Bildungsverfalls inzwischen den progredierenden Verfall auch der Halbbildung und will, gleichsam aus der Not eine Tugend machend, wenigstens diese noch retten.

So betrüblich die Degeneration der Bildung zur Halbbildung auch war, so sehr hatte Halbbildung aus Gruschkas Sicht immerhin eine "disziplinierende Wirkung". Halbgebildete versuchten zu suggerieren, dass sie gebildet seien; insofern bezogen sie sich auf Bildung, beschworen also deren "Aura", – durch Halbbildung wurde "sozial dekretiert, es handele sich um Werte, die zu achten seien, und sei es allein, damit die Halbgebildeten durch sie Selbstachtung erwerben konnten" (Gruschka, 2001, S. 631; 2002, S. 20 f.). Diese disziplinierende Wirkung sei nun in dem Maße ein Schwundphänomen, in dem selbst noch die Halbbildung empirisch veralte.

Ein solches Veralten hat Tischer bereits 1990 behauptet. Zwar konstatierte er noch eine gewisse Expansion der Halbbildungsangebote (etwa durch neue Museumsgründungen), gleichwohl aber ziehe sich Halbbildung zunehmend in "Randbereiche" zurück und der "'echte' Halbgebildete" gelte "vielen bereits als verschroben" (Tischer, 1990, S. 10). Entscheidend dafür seien die Tauschwerteinbußen der Halbbildung: Versprach diese – besonders in Form gymnasialer Schulbildung – einmal Statusvorteile und privilegierte Berufschancen, so sei der Markt inzwischen vom alten Berechtigungswesen weitgehend entkoppelt; im öffentlichen Leben komme es nicht mehr nur auf Bildung nicht an, sondern auch nicht mehr auf Halbbildung, entscheidend seien vielmehr "Stil" und "Effekt" (Tischer, 1990, S. 10 ff.). Gewissermaßen gelte die Spruchweisheit: "Wenn jeder das Abitur habe, habe es eigentlich niemand" (Tischer, 1990, S. 5; Gruschka, 2002, S. 10). Gruschka, der an Tischers Befunde anknüpft, führt ergänzend aus, dass aus dem keine sonstigen Vorteile mehr garantierenden Erwerb des Abiturs ein Privileg allenfalls noch insofern erwächst, als mit ihm "Versuche" unternommen werden können, die ohne ihn erschwert sind, und dass Lerninhalte primär unter dem Kriterium nutzbarer Qualifikation beurteilt werden, die aber keineswegs mehr privilegierte gesellschaftliche Positionen sicherstellen, während andererseits das Erreichen solcher Positionen offenkundig nicht mehr von höherer Schulbildung abhängt (vgl. Gruschka, 2002, S. 8 ff.).

Diese Diagnose, für die es insoweit gewiss nicht an Belegen fehlt, setzt "negative Pädagogik" mit dem Befund eines tendenziellen "Veraltens" der Halbbildung gleich, aus dem dann eine allerdings bemerkenswerte Konsequenz gezogen wird, – die einer "strategischen Allianz mit dem ehemaligen Gegner: der Halbbildung":

> "Bildung als Anspruch an alle kann vielleicht nur noch überleben, wenn wir die institutionellen Voraussetzungen stark machen, die für die Mehrheit eine Orientierung an Halbbildung bedeuten wird... Die Halbbildung galt Adorno als der in der Sache selbst begründete Feind der Bildung. Wenn aber für diese die Luft immer dünner wird, kann und darf nicht auch noch an der Abschaffung der Halbbildung mit der Begründung gearbeitet werden, sie führe nicht zum Ziel bzw. sie sei als nicht erstrebenswerte auch nicht mehr zu vermitteln... mit der Inanspruchnahme der Bildung in der Halbbildung bleibt doch jene präsent" (Gruschka, 2001, S. 638; 2002, S. 30).

Was mit dieser "geradezu albern anmutenden Favorisierung" der Halbbildung im Sinne eines vermeintlich "kleineren Übels" (Claußen, 2008, S. 125) offenbart wird, ist wohl kaum weniger als eine Selbstwiderlegung des "negativ-pädagogischen" Anspruchs auf einen kritisch-pädagogischen Paradigmenwechsel. Ganz offenbar werden hier – dem beanspruchten Prinzip der theoretischen Aufklärung ohne unmittelbare Bestimmung praktisch-pädagogischer Handlungspostulate entgegen – aus einer theoretischen Verfallsdiagnose direkte (mithin überaus problematische, kritische Ansprüche zugunsten gesellschaftlicher Gegebenheiten zurücknehmende) Praxisempfehlungen hergeleitet, womit unfreiwillig auch "Negative Pädagogik" schließlich bei der von ihr doch so verfemten "positiven Postulatepädagogik" landet.

Problematisch dabei ist – vor dem Hintergrund der Inanspruchnahme Adornos als des vermeintlich maßgeblichen Gewährsmannes – bereits der Gebrauch des Begriffs "Halbbildung" an sich. Nimmt man die Ausführungen Adornos ernsthaft als Kontrastfolie in den Blick, wird "Halbbildung" von dessen "negativ-pädagogischen" Anhängern auf schwerlich als adäquat zu betrachtende Weise formalisiert, nämlich mit dem Konsum kulturindustrieller Angebote und der Aufnahme schulisch vermittelten Wissens schlechthin identifiziert, nicht aber an der für Adorno entscheidenden Absenz des Vermögens zu bewusstmachender und kritischer Reflexion festgemacht. Kritische Theorie meinte mit "Bildung" nicht die bloße Aneignung jeweils offerierter "Kulturgüter", sie implizierte vielmehr "einen Begriff von *Bildung als Herrschaft widersprechender subjektiver Aneignung von Kultur*" (Claußen, 1987, S. 158). Dem entsprach ein Begriff von "Halbbildung" als einer Degenerationsform von Bildung, der jegliches herrschaftskritische Element fehlte. Diesem Verständnis zufolge war "der Geist von Halbbildung auf den Konformismus vereidigt", "Halbbildung" also der "Todfeind" der Bildung (Adorno, 2006, S. 49, 42).

Das aber bedeutet, dass eine "strategische Allianz" mit Halbbildung, wie Gruschka sie empfiehlt, einer Fraternisierung mit dem "Todfeind" der Bildung entspricht, die auf diese Weise als emanzipatorischer Orientierungspunkt resignativ verabschiedet wird, – freilich im Kontext der ebenso aporetischen wie entlarvenden Beschwichtigung, in der Halbbildung bleibe Bildung immer noch "präsent". Ungesagt bleibt dabei, dass diese "Präsenz" nurmehr in der Gestalt der Negation, als unverstandene und vergewaltigte, pseudohaft imitierte Referenzgröße, erhalten bleibt, von deren Vortäuschung als einer Realität ein Weg zur faktischen Realisierung einer ihren Namen verdienenden Bildung kaum zu erwarten ist. Mit ihrer Verbündung mit Halbbildung ist "Negative Pädagogik" nicht mehr "theoretisch pessimistisch" und "praktisch optimistisch", sondern eher "*praktisch pessimistisch*" und "*theoretisch optimistisch*": praktisch resignativ wird nurmehr der Schulterschluss mit dem "Todfeind" der Bildung für möglich gehalten, der der "Negativen Pädagogik" augenscheinlich selbst als so unbehaglich erscheint, dass er – unter Ignoranz der Unversöhnbarkeit von Bildung und Halbbildung – eigens theoretisch legitimiert werden muss, nämlich als vermeintlich immer noch chancenträchtige Option, deren Beschwörung die verharmlosende Auskunft, in Halbbildung bleibe Bildung letztlich präsent, gilt.

Mit der Allianz mit Halbbildung aber wird sogleich der Boden Kritischer Theorie, der wesensgemäß "die Arbeit am Widerspruch Thema" ist (Euler, 2000, S. 7), verlassen, – zugunsten einer *Anpassung ans Bestehende in Form einer konservativen*, auf Erhaltung der als Schwundphänomen wahrgenommenen Halbbildung abzielenden "Strategie", die ihr strategisches Ursprungsziel – Bildung – nur noch resignativ beschwört. Das aber war sicher nicht gemeint, als Adorno forderte, "an Bildung festzuhalten, nachdem die Gesellschaft ihr die Basis entzog", wofür er gerade nicht die Fraternisierung mit der, sondern die "kritische Selbstreflexion auf die Halbbildung" als unerlässlich erachtete (Adorno, 2006, S. 61). Birgit Wellie hat dementsprechend die "negativ-pädagogische" Allianzbereitschaft mit Halbbildung als einen "Fall der Auslieferung an die herrschenden Verhältnisse" beurteilt, – als "eine Auslieferung, die sich allerdings im falschen Bewußtsein wähnt, der Rettung des Verlorenen einen Dienst zu erweisen", und die umso schwerer wiege, als sie von einem Erziehungswissenschaftler repräsentiert werde,

"der ein 'Institut für Pädagogik' mitbegründet hat, das auf zuweilen fundamentalistisch-gralshüterisch anmutende Weise die Auffassung... vertritt, die einzig wahre 'Kritische Pädagogik im Sinne Kritischer Theorie' zu vertreten" (Wellie, 2002, S. 488).

Mit den voranstehenden Ausführungen soll nicht bestritten werden, dass die kritischen Analysen der "Negativen Pädagogik" eine Reihe wichtiger Einsichten und Hinweise enthalten; die hier entfaltete Kritik gilt nicht den kritischen Implikationen "Negativer Pädagogik", sie gilt vielmehr jenen Positionsmarkierungen, mit denen "Negative Pädagogik" den Boden Kritischer Theorie verlässt, und sie gilt dem paradigmatischen Innovationsanspruch, den "Negative Pädagogik" nicht einlöst, für den zudem auf Adorno als Referenzautor allenfalls scheinbar rekurriert werden kann und für den es überdies angesichts der seit jeher nie homogen-geschlossenen und jenseits konstitutiver Essentials allemal entwicklungsoffenen, genuin auf Selbstkritik und Lernfähigkeit angelegten Kritischen Pädagogik auch keinen überzeugenden Grund gibt. Zweifellos bleibt Kritische Pädagogik in höchstem Maße von aktueller Bedeutung, aber nur um den Preis immanenter Selbstgefährdung könnte ihr Selbstverständnis ein im voranstehend diskutierten Sinne "negativ-pädagogisches" sein. Adorno bliebe gegen eine Vereinnahmung für ein solches zu verteidigen. Im übrigen dürfte eine stringent an rationaler Überzeugungskraft interessierte Kritische Pädagogik gut beraten sein, Adorno weder zu dogmatisieren noch zu marginalisieren. Adornos von Verabsolutierungstendenzen nicht freier Negativismus bleibt der Problematisierung ebenso bedürftig wie würdig. Gewiss dürfte er auch jenseits seiner "negativ-pädagogischen" Zurichtung wenig geeignet sein, Kritischer Pädagogik ein hinreichendes Begründungsfundament zu offerieren. Nichtsdestoweniger aber bleiben die maßgeblichen pädagogischen Ambitionen Adornos, sein Einsatz für eine Pädagogik der "Entbarbarisierung", der Mündigkeit und Demokratie, seine Kritik an Halbbildung, aber auch seine fortwährenden Bedenken gegen aktionistische Praxisformen unaufgebbar von immenser Relevanz für eine jede ihren Ansprüchen gerecht zu werden gedenkende Kritische Pädagogik.

Literatur

Adorno, Theodor W. (1919), Zur Psychologie des Verhältnisses von Lehrer und Schüler, in: ders. (1970 ff.), Bd. 20.2, 715-728.
- (1931), Die Aktualität der Philosophie, in: ders. (1970 ff.), Bd. 1, 325-344.
- (1946), Die revidierte Psychoanalyse, in: Görlich (1980), 119-138.
- (1951), Minima Moralia. Reflexionen aus dem beschädigten Leben, Frankfurt a.M.
- (1953a), Aufzeichnungen zu Kafka, in: ders. (1976), 302-342.
- (1953b), Über Technik und Humanismus, in: ders. (1970 ff.), Bd. 20.1, 310-317.
- (1954-58), Der Essay als Form, in: ders. (1970 ff.), Bd. 11, 9-33.
- (1955), Zum Problem der Familie, in: ders. (1970 ff.), Bd. 20.1, 302-309.
- (1956), Aktualität der Erwachsenenbildung, in: ders. (1970 ff.), Bd. 20.1, 327-331.
- (1957), Zur Musikpädagogik, in: ders. (1991), 102-119.
- (1959), Was bedeutet: Aufarbeitung der Vergangenheit, in: ders. (1981), 10-28.
- (1960), Einleitung zu einer Diskussion über die "Theorie der Halbbildung", in: ders. (1970 ff.), Bd. 8, 574-577.
- (1962a), Notiz über Geisteswissenschaft und Bildung, in: ders. (1980), 54-58.
- (1962b), Philosophie und Lehrer, in: ders. (1981), 29-49.
- (1963), Fernsehen und Bildung, in: ders. (1981), 50-68.
- (1964a), Fortschritt, in: ders. (1969g), 29-50.

- (1964b), Jargon der Eigentlichkeit. Zur deutschen Ideologie, in: ders. (1970 ff.), Bd. 6, 413-526.
- (1965), Tabus über dem Lehrberuf, in: ders. (1981), 70-87.
- (1966a), Erziehung nach Auschwitz, in: ders. (1981), 88-104.
- (1966b), Erziehung – wozu?, in: ders. (1981), 105-120.
- (1966c), Glosse über Persönlichkeit, in: ders. (1969g), 51-56.
- (1966d), Negative Dialektik, in: ders. (1970 ff.), Bd. 6, 7-412.
- (1966e) (Thesen zum Verhältnis von Soziologie und Psychologie) Postscriptum, in: Görlich (1980), 179-185.
- (1967), Vorrede, in: A. Rang, Der politische Pestalozzi, Frankfurt a.M. 1967, 7-8.
- (1968a), Erziehung zur Entbarbarisierung, in: ders. (1981), 120-132.
- (1968b), Impromptus. Zweite Folge neu gedruckter musikalischer Aufsätze, in: ders. (1970 ff.), Bd. 17, 163-344.
- (1969a), Erziehung zur Mündigkeit, in: ders. (1981), 133-147.
- (1969b), "Keine Angst vor dem Elfenbeinturm". Ein "Spiegel"-Gespräch, in: ders. (1970 ff.), Bd. 20.1, 402-409.
- (1969c), Kritik, in: ders. (1971), 10-19.
- (1969d), Kritische Theorie und Protestbewegung. Ein Interview mit der "Süddeutschen Zeitung", in: ders. (1970 ff.), Bd. 20.1, 398-401.
- (1969e), Resignation, in: ders. (1971), 145-150.
- (Hg.) (1969f), Spätkapitalismus oder Industriegesellschaft? Verhandlungen des 16. Deutschen Soziologentages vom 8. bis 11. April 1968 in Frankfurt, Stuttgart.
- (1969g), Stichworte. Kritische Modelle 2, Frankfurt a.M.
- (1969h), Zu Subjekt und Objekt, in: ders. (1969g), 151-168.
- (1970 ff.), Gesammelte Schriften, Frankfurt a.M. (hg. von R. Tiedemann).
- (1971), Kritik. Kleine Schriften zur Gesellschaft, Frankfurt a.M. (hg. von R. Tiedemann).
- (1972), Einleitung, in: ders. u.a. (1976), 7-79.
- (1973), Studien zum autoritären Charakter, Frankfurt a.M.
- (1976), Prismen. Kulturkritik und Gesellschaft, Frankfurt a.M.
- (1980), Eingriffe. Neun kritische Modelle, Frankfurt a.M., 9. Aufl.
- (1981), Erziehung zur Mündigkeit. Vorträge und Gespräche mit Hellmut Becker 1959-1969, Frankfurt a.M., 7. Aufl.
- (1991), Dissonanzen. Musik in der verwalteten Welt, Göttingen, 7. Aufl.
- (1996), Probleme der Moralphilosophie (1963). Nachgelassene Schriften, Abt. IV, Bd. 10, Frankfurt a.M.
- (2003), Vorlesung über Negative Dialektik. Fragmente zur Vorlesung 1965/66, Frankfurt a.M. (hg. von R. Tiedemann).
- (2006), Theorie der Halbbildung, Frankfurt a.M.
- /Friedeburg, Ludwig von (1968), Vorwort zu Manfred Teschner, Politik und Gesellschaft im Unterricht, in: ders. (1970 ff.), Bd. 20.2, 671-673.

- u.a. (1976), Der Positivismusstreit in der deutschen Soziologie, Darmstadt/ Neuwied, 5. Aufl.
Apel, Karl-Otto (1973), Transformation der Philosophie, Frankfurt a.M., 2 Bde.
- (1988), Diskurs und Verantwortung. Das Problem des Übergangs zur postkonventionellen Moral, Frankfurt a.M.
- (1998), Auseinandersetzungen in Erprobung des transzendentalpragmatischen Ansatzes, Frankfurt a.M.
Bauer, Fritz (1973), Kindeszüchtigung und Recht, in: Vorgänge, 12. Jg., H. 5, 21-31.
Becker, Hellmut (1977), Angst vor Bildung, in: Merkur, 31. Jg., 564-574.
Benner, Dietrich (1973), Hauptströmungen der Erziehungswissenschaft. Eine Systematik traditioneller und moderner Theorien, München.
Blankertz, Herwig (1972), Der Konservative als Revolutionär, in: betrifft:erziehung, 5. Jg., Heft 11, 63-65.
- (1975), Theorien und Modelle der Didaktik, München, 9. Aufl.
- (1979), Kritische Erziehungswissenschaft, in: K. Schaller (Hg.), Erziehungswissenschaft der Gegenwart. Prinzipien und Perspektiven moderner Pädagogik, Bochum 1979, 28-45.
Bolte, Gerhard (Hg.) (1989), Unkritische Theorie. Gegen Habermas, Lüneburg.
Bremer, Rainer/Gruschka, Andreas (1987), Bürgerliche Kälte und Pädagogik, in: Pädagogische Korrespondenz, Heft 1, 19-33.
Brezinka, Wolfgang (1981), Die Pädagogik der Neuen Linken. Analysen und Kritik, München/Basel, 6. Aufl.
Brinkmann, Wilhelm (1976), Der Beruf des Lehrers. Perspektiven der Erziehungswissenschaft und der Lehrerverbände, Bad Heilbrunn.
Brod, Max (1974), Über Franz Kafka, Frankfurt a.M.
Bubner, Rüdiger (1983), Adornos Negative Dialektik, in: Friedeburg/Habermas (1983), 35-40.
Claußen, Bernhard (1987), Didaktik der Sozialwissenschaften und Politische Bildung im Kontext Kritischer Theorie, in: Paffrath (1987a), 148-170.
- (2008), "1968" als Epochesignatur und ihre Bedeutung für die Bildung im demokratischen Staat. Zu einigen pädagogischen Aspekten systemkritischer Entwicklungsimpulse in Politik und Gesellschaft, Kiel/Köln.
-/Scarbath, Horst (Hg.) (1979), Konzepte einer Kritischen Erziehungswissenschaft, München/Basel.
Claussen, Detlev (2003), Adorno. Ein letztes Genie, Darmstadt.
Combe, Arno (1971), Kritik der Lehrerrolle. Gesellschaftliche Voraussetzungen und soziale Folgen des Lehrerbewußtseins, München.
Dahmer, Ilse/Klafki, Wolfgang (Hg.) (1968), Geisteswissenschaftliche Pädagogik am Ausgang ihrer Epoche – Erich Weniger, Weinheim/Berlin.
Dahms, Hans-Joachim (1994), Positivismusstreit. Die Auseinandersetzungen der Frankfurter Schule mit dem logischen Positivismus, dem amerikanischen Pragmatismus und dem kritischen Rationalismus, Frankfurt a.M.

Dammer, Karl-Heinz (1999), Von der kritischen zur Kritischen Erziehungswissenschaft, in: Sünker/Krüger (1999), 184-209.

Dubiel, Helmut (1989), Herrschaft oder Emanzipation. Der Streit um die Erbschaft der kritischen Theorie, in: A. Honneth u.a. (Hg.), Zwischenbetrachtungen. Im Prozeß der Aufklärung. Jürgen Habermas zum 60. Geburtstag, Frankfurt a.M. 1989, 504-518.

Dudenredaktion (1963), Duden, Bd. 7: Etymologie. Herkunftswörterbuch der deutschen Sprache, Mannheim/Wien/Zürich.

Euler, Peter (2000), Veraltet die Bildung? Oder: Kritische Bildungstheorie im vermeintlich "nachkritischen" Zeitalter!, in: Pädagogische Korrespondenz, Heft 26, 5-27.

Freud, Sigmund (1930), Das Unbehagen in der Kultur, in: ders., Studienausgabe, Frankfurt a.M. 1969 ff. (hg. von A. Mitscherlich u.a.), Bd. IX, 191-270.

Friedeburg, Ludwig von/Habermas, Jürgen (Hg.) (1983), Adorno-Konferenz 1983, Frankfurt a.M.

Fromm, Erich (1978), Psychoanalyse und Ethik, Frankfurt a.M./Berlin/Wien.

- (1980), Arbeiter und Angestellte am Vorabend des Dritten Reiches. Eine sozialpsychologische Untersuchung, München (hg. von W. Bonß).

Gamm, Hans-Jochen (1970), Kritische Schule. Eine Streitschrift für die Emanzipation von Lehrern und Schülern, München.

- (1972), Das Elend der spätbürgerlichen Pädagogik. Studien über den politischen Erkenntnisstand einer Sozialwissenschaft, München.

- (1979a), Allgemeine Pädagogik. Die Grundlagen von Erziehung und Bildung in der bürgerlichen Gesellschaft, Reinbek.

- (1979b), Umgang mit sich selbst. Grundriß einer Verhaltenslehre, Reinbek.

Gleim, Betty (1989), Erziehung und Unterricht des weiblichen Geschlechts, Paderborn (Neudruck der Ausgabe Leipzig 1810).

Görlich, Bernard (Hg.) (1980), Der Stachel Freud. Beiträge und Dokumente zur Kulturalismus-Kritik, Frankfurt a.M.

Grave, Tobias (2006), Lehrberuf und Tabustruktur. Bemerkungen zu Adornos "Tabus über dem Lehrberuf", in: Dialektik. Zeitschrift für Kulturphilosophie, 2006/2, 347-357.

Greiffenhagen, Martin (Hg.) (1973), Emanzipation, Hamburg.

Grenz, Friedemann (1974), Adornos Philosophie in Grundbegriffen. Auflösung einiger Deutungsprobleme, Frankfurt a.M.

Groothoff, Hans Hermann (1971), Über Theodor Adornos Beitrag zur Pädagogik, in: S. Oppolzer (Hg.), Erziehungswissenschaft 1971. Zwischen Herkunft und Zukunft der Gesellschaft, Wuppertal/Ratingen 1971, 73-82.

- (1985), Zur Bedeutung der Diskursethik von Jürgen Habermas für die Pädagogik, in: Pädagogische Rundschau, 39. Jg., 275-298.

- (1987), Erziehung zur Mündigkeit bei Adorno und Habermas, in: Paffrath (1987a), 69-96.

Gruschka, Andreas (1994), Bürgerliche Kälte und Pädagogik. Moral in Gesellschaft und Erziehung, Wetzlar.

- (1995), Adornos Relevanz für die Pädagogik, in: G. Schweppenhäuser (Hg.), Soziologie im Spätkapitalismus. Zur Gesellschaftstheorie Theodor W. Adornos, Darmstadt 1995, 88-116.
- (2001), Bildung: Unvermeidlich und überholt, ohnmächtig und rettend, in: Zeitschrift für Pädagogik, 47. Jg., 621-639.
- (2002), Unvermeidbar und ohnmächtig – Thesen zum Bedeutungswandel der Bildung, in: Pädagogische Korrespondenz, Heft 28, 6-31.
- (2004a), Empirische Bildungsforschung – das muss keineswegs, aber es kann die Erforschung von Bildungsprozessen bedeuten. Oder: Was lässt sich zukünftig von der forschenden Pädagogik erwarten?, in: Pädagogische Korrespondenz, Heft 32, 5-35.
- (2004b), Kritische Pädagogik nach Adorno, in: ders./Oevermann (2004), 135-160.
- (2004c), Negative Pädagogik. Einführung in die Pädagogik mit Kritischer Theorie, Wetzlar, 2. Aufl.
-/Oevermann, Ulrich (Hg.) (2004), Die Lebendigkeit der Kritischen Gesellschaftstheorie. Dokumentation der Arbeitstagung aus Anlass des 100. Geburtstages von Theodor W. Adorno, 4.-6. Juli 2003 an der Johann Wolfgang Goethe-Universität, Frankfurt a.M./Wetzlar.

Haas, Willy (1966), Nachwort, in: F. Kafka, Briefe an Milena, Frankfurt a.M. 1966, 208-217.

Habermas, Jürgen (1965), Erkenntnis und Interesse, in: ders., Technik und Wissenschaft als "Ideologie", Frankfurt a.M. 1976, 8. Aufl., 146-168.
- (1969), Urgeschichte der Subjektivität und verwilderte Selbstbehauptung, in: ders., Philosophisch-politische Profile, Frankfurt a.M. 1981, 3. erweiterte Aufl., 167-179.
- (1972), Wahrheitstheorien, in: ders., Vorstudien und Ergänzungen zur Theorie des kommunikativen Handelns, Frankfurt a.M. 1984, 127-183.
- (1977), Erkenntnis und Interesse, Frankfurt a.M., 4. Aufl.
- (1981), Theorie des kommunikativen Handelns, Frankfurt a.M., 2 Bde.
- (1985), Der philosophische Diskurs der Moderne. Zwölf Vorlesungen, Frankfurt a.M., 2. Aufl.
- (1991), Eine Generation von Adorno getrennt, in: J. Früchtl/M. Calloni (Hg.), Geist gegen den Zeitgeist. Erinnern an Adorno, Frankfurt a.M. 1991, 47-53.

Häsing, Helga u.a. (Hg.) (1981), Narziß. Ein neuer Sozialisationstypus?, Frankfurt a.M., 4. Aufl.

Hager, Frithjof/Pfütze, Hermann (Hg.) (1990), Das unerhört Moderne. Berliner Adorno-Tagung, Lüneburg.

Hegel, Georg Wilhelm Friedrich (1807), Phänomenologie des Geistes. Werke (hg. von E. Moldenhauer/K.M.Michel), Bd. 3, Frankfurt a.M. 1989, 2. Aufl.
- (1986), Nürnberger und Heidelberger Schriften 1808-1817. Werke (hg. von E. Moldenhauer/K.M. Michel), Bd. 4, Frankfurt a.M.

Hentig, Hartmut von (1968), Systemzwang und Selbstbestimmung. Über die Bedingungen der Gesamtschule in der Industriegesellschaft, Stuttgart.

Herhaus, Ernst (1970), Tod des Philosophen, in: Schweppenhäuser (1971), 95-97.

Herrmann, Berndt (1978), Theodor W. Adorno. Seine Gesellschaftstheorie als ungeschriebene Erziehungslehre, Bonn.

Hesse, Hermann (1980), Unterm Rad, Frankfurt a.M., 15. Aufl.

Heydorn, Heinz-Joachim (1970), Über den Widerspruch von Bildung und Herrschaft, Frankfurt a.M.

- (1972), Zu einer Neufassung des Bildungsbegriffs, Frankfurt a.M.
- (1973), Bildungstheorie Hegels, in: ders. (1980), 231-268.
- (1974), Überleben durch Bildung. Umriß einer Aussicht, in: ders. (1980), 282-301.
- (1980), Ungleichheit für alle. Zur Neufassung des Bildungsbegriffs. Bildungstheoretische Schriften, Bd. 3, Frankfurt a.M.
-/Koneffke, Gernot (1973), Studien zur Sozialgeschichte und Philosophie der Bildung, München, 2 Bde.

Hilbig, Norbert (1995), Mit Adorno Schule machen. Beiträge zu einer Pädagogik der Kritischen Theorie, Bad Heilbrunn.

Hörisch, Jochen (2003), Es gibt (k)ein richtiges Leben im falschen, Frankfurt a.M.

Hoffmann, Dietrich (1978), Kritische Erziehungswissenschaft, Stuttgart u.a.

Horkheimer, Max (Hg.) (1936), Studien über Autorität und Familie, Paris.

- (1949-69), Notizen, in: ders. (1985 ff.), Bd. 6, 187-425.
- (1950), Vorwort (zu *The Authoritarian Personality*), in: ders. (1985 ff.), Bd. 5, 415-420.
- (1950-70), Späne. Notizen und Gespräche mit Max Horkheimer in unverbindlicher Formulierung aufgeschrieben von Friedrich Pollock, in: ders. (1985 ff.), Bd. 14, 172-547.
- (1952), Begriff der Bildung, in: ders., Sozialphilosophische Studien. Aufsätze, Reden und Vorträge 1930-1972, Frankfurt a.M. 1981, 2. Aufl. (hg. von W. Brede), 163-172.
- (1969), Gedenkworte, in: Schweppenhäuser (1971), 45-46.
- (1970), Die Sehnsucht nach dem ganz Anderen. Ein Interview mit Kommentar von Hellmut Gumnior, Hamburg.
- (1985 ff.), Gesammelte Schriften, Frankfurt a.M. (hg. von A. Schmidt/G. Schmid Noerr).
-/Adorno, Theodor W. (1969), Dialektik der Aufklärung. Philosophische Fragmente, Frankfurt a.M.

Humboldt, Wilhelm von (1792), Wie weit darf sich die Sorgfalt des Staats um das Wohl seiner Bürger erstrecken, in: ders., Studienausgabe 2, Frankfurt a.M. 1971 (hg. von K. Müller-Vollmer), 99-113.

- (1855), Lichtstrahlen aus seinen Briefen an eine Freundin, Frau von Wolzogen, Schiller, G. Forster und F.A. Wolf, Leipzig, 3. Aufl. (hg. von E. Maier).

Jaspers, Karl (1981), Nietzsche. Einführung in das Verständnis seines Philosophierens, Berlin/New York, 4. Aufl.

Kadelbach, Gerd (1970), Vorwort, in: Adorno (1981), 7-9.
Kaiser, Joachim (2003), Was blieb von Adornos Glanz? Nichts kann unverwandelt gerettet werden: Zum hundertsten Geburtstag eines musisch-philosophischen Genies, in: Süddeutsche Zeitung vom 11.9.2003, 15.
Kant, Immanuel (1803), Über Pädagogik, in: ders. Werkausgabe, Frankfurt a.M. 1968 (hg. von W. Weischedel), Bd. XII, 693-761.
Kaufmann, Hans Bernhard u.a. (Hg.) (1991), Kontinuität und Traditionsbrüche in der Pädagogik. Ein Gespräch zwischen den Generationen, Basel.
Keckeisen, Wolfgang (1984), Pädagogik zwischen Kritik und Praxis. Studien zur Entwicklung und Aufgabe kritischer Erziehungswissenschaft, Weinheim/Basel.
Keim, Wolfgang (1973a), Einführung des Herausgebers, in: ders. (1973b), 21-29.
- (Hg.) (1973b), Gesamtschule. Bilanz ihrer Praxis, Hamburg.
- (Hg.) (1988), Pädagogen und Pädagogik im Nationalsozialismus – Ein unerledigtes Problem der Erziehungswissenschaft, Frankfurt a.M. u.a.
- (Hg.) (1990), Erziehungswissenschaft und Nationalsozialismus – Eine kritische Positionsbestimmung. Forum Wissenschaft, Studienheft 9, Marburg.
- (1995/97), Erziehung unter der Nazi-Diktatur, Darmstadt, 2 Bde. (Bd. I: Antidemokratische Potentiale, Machtantritt und Machtdurchsetzung; Bd. II: Kriegsvorbereitung, Krieg und Holocaust).
Kempski, Jürgen von (1969), Vorbild oder Verführer? Über den politischen Einfluß von Philosophie, in: Schweppenhäuser (1971), 103-109.
Klafki, Wolfgang (1970), Der konsequenteste Schulversuch in der Bundesrepublik: Die integrierte Gesamtschule, in: ders. u.a. (1970/71), Bd. 2, 53-88.
- (1971a), Die Zielsetzungen des Autorenteams, in: ders. u.a., (1970/71), Bd. 3, 254-266.
- (1971b), Erziehungswissenschaft als kritisch-konstruktive Theorie: Hermeneutik – Empirie – Ideologiekritik, in: Zeitschrift für Pädagogik, 17. Jg., 351-385.
- (1974), Gesamtschule, in: Chr. Wulf (Hg.), Wörterbuch der Erziehung, München 1974, 229-236.
- (1976), Aspekte kritisch-konstruktiver Erziehungswissenschaft. Gesammelte Beiträge zur Theorie-Praxis-Diskussion, Weinheim/Basel.
-/Lingelbach, Karl Christoph (1991), Wolfgang Klafki im Gespräch mit Karl Christoph Lingelbach, in: Kaufmann u.a. (1991), 153-191.
-/Rang, Adalbert/Röhrs, Hermann (1972), Integrierte Gesamtschule und Comprehensive School. Motive, Diagnose, Aspekte, Braunschweig, 2. Aufl.
- u.a. (1970/71), Funk-Kolleg Erziehungswissenschaft, Frankfurt a.M., 3 Bde.
Kohlberg, Lawrence (1974), Zur kognitiven Entwicklung des Kindes, Frankfurt a.M.
Kraushaar, Wolfgang (Hg.) (1998), Frankfurter Schule und Studentenbewegung. Von der Flaschenpost zum Molotowcocktail 1946-1995, Frankfurt a.M., 2. Aufl., Bd. I.

Kreis, Heinrich (1978), Der pädagogische Gedanke der Emanzipation in seinem Verhältnis zum Engagement. Untersuchungen zu den erziehungswissenschaftlichen Konzepten Klaus Mollenhauers, Hermann Gieseckes und Klaus Schallers, Bad Heilbrunn.

Krüger, Heinz-Hermann (1999), Entwicklungslinien und aktuelle Perspektiven einer Kritischen Erziehungswissenschaft, in: Sünker/Krüger (1999), 162-183.

Künzli, Arnold (1971), Linker Irrationalismus. Zur kritischen Theorie der "Frankfurter Schule", in: ders., Aufklärung und Dialektik. Politische Philosophie von Hobbes bis Adorno, Freiburg 1971, 110-156.

Lasch, Christopher (1982), Das Zeitalter des Narzißmus, München.

Lempert, Wolfgang (1971), Leistungsprinzip und Emanzipation. Studien zur Realität, Reform und Erforschung des beruflichen Bildungswesens, Frankfurt a.M.

Liebrucks, Bruno (1963), Reflexionen über den Satz Hegels: "Das Wahre ist das Ganze", in: M. Horkheimer (Hg.), Zeugnisse. Theodor W. Adorno zum 60. Geburtstag, Frankfurt a.M. 1963, 74-114.

Löbig, Michael/Schweppenhäuser, Gerhard (Hg.) (1984), Hamburger Adorno-Symposion, Lüneburg.

Löwisch, Dieter-Jürgen (1974), Erziehung und Kritische Theorie. Kritische Pädagogik zwischen theoretischem Anspruch und gesellschaftlicher Realität, München.

Lüth, Paul (1969), Brief aus einer Landpraxis, in: Schweppenhäuser (1971), 117-123.

Mann, Heinrich (1951), Professor Unrat, Hamburg.

Marcuse, Herbert, (1963), Das Veralten der Psychoanalyse, in: ders., Kultur und Gesellschaft, Bd. I, Frankfurt a.M. 1973, 11. Aufl., 128-168.

Marx, Karl (1845), Thesen über Feuerbach, in: ders./Engels (1956 ff.), Bd. 3, 5-7.

-/Engels, Friedrich (1845), Die heilige Familie oder Kritik der kritischen Kritik, in: dies. (1956), Bd. 2, 3-223.

-/Engels, Friedrich (1956 ff.), Werke, Berlin.

Meyer, Hilbert (1997), Schulpädagogik, Berlin, Bd. II.

Mitscherlich, Alexander (1976), Auf dem Weg zur vaterlosen Gesellschaft. Ideen zur Sozialpsychologie, München, 11. Aufl.

Mollenhauer, Klaus (1968), Erziehung und Emanzipation. Polemische Skizzen, München.

- (1974), Theorien zum Erziehungsprozeß, München, 2. Aufl.

Moritz, Peter (1992), Kritik des Paradigmenwechsels. Mit Horkheimer gegen Habermas, Lüneburg.

Müller-Doohm, Stefan (2003), Adorno. Eine Biographie, Frankfurt a.M.

- (2009), Die Soziologie Theodor W. Adornos. Eine Einführung, Frankfurt a.M./New York, 2. Aufl.

Musil, Robert (1957), Die Verwirrungen des Zöglings Törleß, Hamburg.

Naeher, Jürgen (Hg.) (1984), Die Negative Dialektik Adornos, Opladen.

Negt, Oskar (1995), Adornos Begriff der Erfahrung, in: G. Schweppenhäuser/M. Wischke (Hg.), Impuls und Negativität. Ethik und Ästhetik bei Adorno, Hamburg/Berlin 1995, 169-180.
Nicolin, Friedhelm (1978), Eine neue Theorie der Halbbildung? Anmerkungen zum bildungspolitischen Sprechen von Bildung, in: Pädagogische Rundschau, 32. Jg., 300-307.
Nietzsche, Friedrich (1873 ff.), Unzeitgemäße Betrachtungen, in: ders. (1980), Bd. I, 135-434.
- (1889), Götzen-Dämmerung, oder: Wie man mit dem Hammer philosophiert, in: ders. (1980), Bd. IV, 939-1033.
- (1980), Werke in sechs Bänden, München/Wien (hg. von K. Schlechta).
Oelkers, Jürgen (1990), Rezension: Andreas Gruschka, Negative Pädagogik, in: Zeitschrift für Pädagogik, 36. Jg., 279-283.
Paffrath, F. Hartmut (Hg.) (1987a), Kritische Theorie und Pädagogik der Gegenwart. Aspekte und Perspektiven der Auseinandersetzung, Weinheim.
- (1987b), Theodor W. Adornos Skepsis gegenüber Pädagogik und Erziehung, in: H. Retter/G. Meyer-Willner (Hg.), Zur Kritik und Neuorientierung der Pädagogik im 20. Jahrhundert. Festschrift für Walter Eisermann zum 65. Geburtstag, Hildesheim 1987, 29-37.
- (1992), Die Wendung aufs Subjekt. Pädagogische Perspektiven im Werk Theodor W. Adornos, Weinheim.
- (1998), Mit Adorno Schule machen? Gedanken zur Theodor-W.-Adorno-Schule in Elze, in: K.-P. Hufer/B. Wellie (Hg.), Sozialwissenschaftliche und bildungstheoretische Reflexionen: fachliche und didaktische Perspektiven zur politisch-gesellschaftlichen Aufklärung. Festschrift für Bernhard Claussen, Glienicke/Berlin 1998, 349-354.
Paulsen, Friedrich (1893), Bildung, in: ders., Zur Ethik und Politik. Gesammelte Vorträge und Aufsätze, Bd. I, Berlin o.J., 4. Aufl., 78-103.
Peukert, Helmut (1983), Kritische Theorie und Pädagogik, in: Zeitschrift für Pädagogik, 29. Jg., 195-217.
- (1990), "Erziehung nach Auschwitz" – eine überholte Situationsdefinition? Zum Verhältnis von Kritischer Theorie und Erziehungswissenschaft, in: Neue Sammlung, 30. Jg., 345-354.
Piaget, Jean (1976), Das moralische Urteil beim Kinde, Frankfurt a.M., 2. Aufl.
Piecha, Detlev/Zedler, Peter (1984), Die Erinnerung erziehen. Negative Dialektik und Erziehungswissenschaften, in: Naeher (1984), 330-358.
Rademacher, Claudia (1993), Versöhnung oder Verständigung? Kritik der Habermasschen Adorno-Revision, Lüneburg.
Rath, Norbert (1982), Adornos Kritische Theorie. Vermittlung und Vermittlungsschwierigkeiten, Paderborn u.a.
Rathenow, Hans-Fred/Weber, Norbert H. (Hg.) (1989), Erziehung nach Auschwitz, Pfaffenweiler.
Reijen, Willem van (1984), Philosophie als Kritik. Einführung in die kritische Theorie, Königstein.

Rolff, Hans-Günter (1997), Sozialisation und Auslese durch die Schule, Weinheim/München, überarbeitete Neuausgabe.

Ruhloff, Jörg (1997), Zehn Jahre Pädagogische Korrespondenz, in: Pädagogische Korrespondenz, Heft 20, 115-122.

Schäfer, Alfred (1988a), Aufklärung und Verdinglichung. Reflexionen zum historisch-systematischen Problemgehalt der Bildungstheorie, Frankfurt a.M.

- (1988b), Zwischen Rezeption und Konstitution. Anmerkungen zur pädagogischen Habermas-Rezeption, in: Vierteljahrsschrift für wissenschaftliche Pädagogik, 64. Jg., 186-202.

- (1991), Kritische Pädagogik – Vom paradigmatischen Scheitern eines Paradigmas, in: D. Hoffmann (Hg.), Bilanz der Paradigmendiskussion in der Erziehungswissenschaft. Leistungen, Defizite, Grenzen, Weinheim 1991, 111-126.

- (1996), Das Bildungsproblem nach der humanistischen Illusion, Weinheim.

- (1997), Paradigmenwechsel als Traditionssicherung. Zum Übergang von der geisteswissenschaftlichen Pädagogik zu einer kritischen Erziehungswissenschaft, in: W. Brinkmann/W. Harth-Peter (Hg.), Freiheit – Geschichte – Vernunft. Grundlinien geisteswissenschaftlicher Pädagogik (Festschrift für Winfried Böhm), Würzburg 1997, 573-593.

- (2004), Theodor W. Adorno. Ein pädagogisches Porträt, Weinheim/Basel/Berlin.

Scheible, Hartmut (1989), Theodor W. Adorno mit Selbstzeugnissen und Bilddokumenten, Reinbek.

Schiller, Joachim (1992), Schülerselbstmorde in Preußen. Spiegelungen des Schulsystems?, Frankfurt a.M. u.a.

Schlüter, Carsten (1990), Praxisverzicht und Kritik der Praxis, in: Hager/Pfütze (1990), 67-87.

Schmidt, Alfred (1969), Adorno – ein Philosoph des realen Humanismus, in: ders., Kritische Theorie. Humanismus. Aufklärung. Philosophische Arbeiten 1969-1979, Stuttgart 1981, 27-55.

Schmucker, Joseph F. (1977), Adorno – Logik des Zerfalls, Stuttgart-Bad Cannstatt.

Schnädelbach, Herbert (1983), Dialektik als Vernunftkritik. Zur Konstruktion des Rationalen bei Adorno, in: Friedeburg/Habermas (1983), 66-93.

Schütte, Wolfram (Hg.) (2003), Adorno in Frankfurt. Ein Kaleidoskop mit Texten und Bildern, Frankfurt a.M.

Schwanitz, Dietrich (2006), Bildung. Alles, was man wissen muß, Gütersloh.

Schweppenhäuser, Hermann (Hg.) (1971), Theodor W. Adorno zum Gedächtnis, Frankfurt a.M.

Stein, Gerd (Hg.) (1979), Kritische Pädagogik. Positionen und Kontroversen, Hamburg.

- (1980), Ansätze und Perspektiven Kritischer Erziehungswissenschaft, Stuttgart.

Sünker, Heinz/Krüger, Heinz-Hermann (Hg.) (1999), Kritische Erziehungswissenschaft am Neubeginn?!, Frankfurt a.M.
Tenorth, Heinz-Elmar (1999), Die zweite Chance. Oder: Über die Geltung von Kritikansprüchen "kritischer Erziehungswissenschaft", in: Sünker/Krüger (1999), 135-161.
Tischer, Michael (1990), Veraltet die Halbbildung? Überlegungen beim Versuch, die *Theorie der Halbbildung* zu aktualisieren, in: Pädagogische Korrespondenz, Heft 6, 5-21.
Theunissen, Michael (1983), Negativität bei Adorno, in: Friedeburg/Habermas (1983), 41-65.
Wedekind, Frank (1971), Frühlings Erwachen. Eine Kindheitstragödie, Stuttgart.
Weiß, Edgar (1987), Ethik, Psychoanalyse und Pädagogik. Studien zur Grundlegung mündigkeitsorientierter Moralerziehung, Frankfurt a.M./Bern/New York.
- (1999), Friedrich Paulsen und seine volksmonarchistisch-organizistische Pädagogik im zeitgenössischen Kontext. Studien zu einer kritischen Wirkungsgeschichte, Frankfurt a.M.
- (2008), Kritische Pädagogik – Notizen zur brüchigen Karriere, verbliebenen Defizienz und unverminderten Aktualität einer "Hauptströmung" der Erziehungswissenschaft, in: A. Bernhard/W. Keim (Red.), 1968 und die neue Restauration. Jahrbuch für Pädagogik 2008, Frankfurt a.M. 2008, 301-322.
- (2010), Grundlagen Kritischer Theorie, in: B. Lösch/A. Thimmel (Hg.), Kritische politische Bildung. Ein Handbuch, Schwalbach (Ts.) 2010, 77-88.
Wellie, Birgit (2002), Zu Aktualität, Notwendigkeit und Perspektiven kritisch-emanzipatorischer Bildungstheorie. Pädagogische Dimensionen des politisch-gesellschaftlichen Spannungsfeldes von Globalisierung und Individualisierung, in: B. Claußen/S. Zschieschang (Hg.), Politik – Bildung – Gesellschaft. Studien zur exemplarischen Verhältnisbestimmung in sozialwissenschaftlicher und zeitdiagnostischer Perspektive (Festschrift für Wolfgang Lobeda), Glienicke/Cambridge 2002, 479-497.
Wellmer, Albrecht (1974), Kommunikation und Emanzipation. Überlegungen zur "sprachanalytischen Wende" der kritischen Theorie, in: U. Jaeggi/A. Honneth (Hg.), Theorien des Historischen Materialismus, Frankfurt a.M. 1977, 465-500.
Weniger, Erich (o.J.), Die Eigenständigkeit der Erziehung in Theorie und Praxis. Probleme der akademischen Lehrerbildung, Weinheim.
Wigger, Lothar (2006), Kritik der Halbbildung, in: A. Dörpinghaus/A. Poenitsch/L. Wigger, Einführung in die Theorie der Bildung, Darmstadt 2006, 104-116.
Wiggershaus, Rolf (1987), Theodor W. Adorno, München.
- (1988), Die Frankfurter Schule. Geschichte – Theoretische Entwicklung – Politische Bedeutung, München.
Wilhelm, Theodor (1975), Jenseits der Emanzipation. Alternativen zu einem magischen Freiheitsbegriff, Stuttgart.

Wittgenstein, Ludwig (1977), Tractatus logico-philosophicus. Logisch-philosophische Abhandlung, Frankfurt a.M., 12. Aufl.
Wulf, Christoph/Wagner, Hans-Josef (1987), Lebendige Erfahrung und Nicht-Identität. Die Aktualität Adornos für eine kritische Erziehungswissenschaft, in: Paffrath (1987a), 21-39.
Ziehe, Thomas (1981), Pubertät und Narzißmus. Sind Jugendliche entpolitisiert?, Frankfurt a.M./Köln, 4. Aufl.